피터의 원리

피터의 원리

승진할수록 사람들이 무능해지는 이유

로런스 피터·레이먼드 헐 지음 | 나은영·서유진 옮김

21세기북스

| 일러두기 |

1. 이 책은 2002년과 2009년에 국내 발간된 『피터의 원리The Peter Principle』 (로런스 피터·레이먼드 헐 저, 나은영 역)와 이 책의 후속작으로 국내 미발간된 『피터의 처방The Peter Prescription』(로런스 피터 저, 서유진 역, 나은영 감수)의 합본 개정판입니다.

2. 각각 1969년, 1972년 초판 발간된 책으로 현 시대 상황에 다소 맞지 않는 부분이 있을 수 있습니다. 그러나 시대를 관통하는 날카로운 통찰은 여전히 살아 있습니다.

3. 이 책에 등장하는 도시와 기업, 인물 중 영문 병기가 없으면 모두 가명입니다. 실제 존재했던 기업이나 인물인 경우, 영문을 함께 표기하였습니다 (반복 등장할 경우 생략).

4. '편집자주', '옮긴이주'가 없는 용어 설명은 국립국어원의 표준국어대사전을 참고했습니다.

능력을 넘어서는 불행보다는
능력 안의 행복을 추구하라

『피터의 원리The Peter Principle』는 사람들이 계속 위로만 승진하려는 욕구 때문에 마침내 자기 능력으로는 감당할 수 없는 무능의 단계에 도달하게 되어 개인에게나 사회에게나 불행이 될 수 있음을 경고했던 책이다. 그 후속작으로 나온 『피터의 처방The Peter Prescription』은 그러한 무능의 단계에 도달하지 않기 위해 어떻게 해야 하는지를 알려주는 지침서라고 할 수 있다. 전작은 관료주의의 병폐를 잘 설명해주며, 후작은 그에 대한 일련의 해결책을 제시한다. 끊임없이 능력을 개발하여 계속 승진하라고 주문하는 수많은 자기계발서에 익숙해진 독자들에게는 이 책이 마음에 와닿지 않을 수도 있다. 자칫 열심히 살 필요가 없다거나 최선을 다하지 말라는 뜻처럼 들릴 수도 있기 때문이다.

그러나 저자는 이 두 권의 책을 통해 열심히 살지 마라는 메시지를 전하고 있는 것이 아니라, '우리는 무엇을 위해 사는가'에 대한 근본적인 질문을 던진다. 삶의 '방향성'보다 더 중요한 것이 삶의 '목적'이라는 것이다. 매일 바쁘게 에너지를 다 소진해가며 쳇바퀴 돌리듯 열심히 살면, 우리는 궁극적으로 어디에 도달하게 되는가? 다른 사람들이 하는 대로 뒤쫓아가다 보면 우리는 결국 '행렬하는 애완동물Processionary Puppet' 신세가 된다.

행렬하는 애완동물이란 관료주의 공해Bureaucratic Pollution에 희생되어 창의력을 발휘하지 못하는 '침묵하는 다수'를 말한다. 저자는 유럽에 서식하는 어떤 나비의 애벌레가 각자 자기 앞에 있는 애벌레의 뒤꽁무니에 머리를 갖다 댄 채로 줄지어 이동한다는 데서 착안하여 이 용어를 썼다. 한 곤충학자가 이 애벌레의 행렬을 동그란 반지 모양으로 만들어 화분가에 올려놓고 실험을 했더니, 각자 자기 앞 애벌레의 뒤꽁무니에 머리를 박은 채로 화분가를 계속 빙글빙글 돌다가 모두 굶어 죽었다는 것이다. 무능의 쳇바퀴를 돌리고 있는 인간의 모습은 과연 이들보다 얼마나 나은 것일까. '평범한 다수'로 구성된 사회를 중우사회Mediocracy라고 하며, 이는 행렬하는 애완동물들에 의해 번성한다는 것이 저자의 생각이다.

승진과 능력에 대한 사회적 통념을 깨다

1, 2부에서는 인간 사회에 대한 통찰과 풍부한 사례를 들어 무조건적인 발전과 승진의 허구성을 밝힌다. 그런 다음, 자신의 능력을 충분히 발휘할 수 있는 수준을 꾸준히 유지하며 행복을 영위하는 방법에 대해서 말해준다. 저자는 유능의 수준을 유지하는 단계에서 승진을 거부하라고 말한다. 그러나 무작정 승진을 거부하려 하지 말고 남들이 눈치채지 못하도록 교묘히 '의도된 실수'를 하라고 한다. 이것이 책에서 말하는 '창조적 무능력'이다.

사람마다 무능에 이르는 단계는 다르다. 어떤 이는 평사원일 때부터 무능하여 일찌감치 승진 대열에서 멀어지고, 어떤 사람들은 최고의 직위에 올라서야 뒤늦게 자신의 무능력을 발견하기도 한다. 하지만 어느 단계에서 무능해지든 관계없이, 그들은 자신의 무능을 인정하지 않으려 하고 이를 교묘하게 감춘다. 혹시 주변에 종이 자체를 싫어하거나 반대로 자질구레한 서류까지 끌어안고 있는 사람이 있는가? 오색찬란한 필기구를 갖추거나 전화, 메일, 내선 등 통신수단에 과도하게 집착하는 사람이 있다면 그는 무능을 어떻게든 감추고 싶어 하는 사람일지도 모른다. 이 책은 이처럼 일상의 소소한 행동에서도 무능의 행동방식을 발견하여 이를 흥미로운 사례와 함께 제시하고 있다.

일반적으로 '성공한 사람들'은 이런저런 병을 앓고 있으며 이를 당연한 것으로 여기기까지 한다. 하지만 피터의 시각에서 보면 이 역시 역량을 넘는 일을 무리하게 하다가 생긴 질환일 뿐이며, 그 자체로 무능을 드러내는 또 하나의 표시다. 하지만 이 점을 알지 못하는 의사들은 질환 그 자체만 치료하려 한다. 성공한 사람들이 신체적 고통에서 해방되어 행복한 삶을 누릴 수 있으려면 무엇보다도 먼저 '무능한 상태'에서 벗어나야 한다는 것을 저자들은 설득력 있게 보여주고 있다.

피터의 원리를 이해하지 못하여 생긴 오류는 비단 의료계에만 국한되지 않는다. 저자들은 사회적으로나 심리적으로 인간을 설명하려 했던 많은 학자들 역시 위계조직의 생리를 이해하지 못했다고 지적한다. '능력에 따른 생산, 필요에 따른 분배'를 주장한 마르크스는 무능의 단계에까지 상승하려는 인간의 본질을 간과했으며, 파킨슨은 위계조직을 지키려는 의지를 무시한 채 사람들이 그저 자신의 안위만을 위해 직원을 늘린다고 주장하였다. 정신분석학의 창시자 프로이트조차 '실현 가능한 것'에 대한 열망 때문에 좌절할 수 있다는 점은 간과한 채 오직 '도달할 수 없는 소망'을 가졌기 때문에 좌절하는 인간에만 천착했다. 저자들은 무능에 대한 통찰과 위계조직학이 앞선 학자들의 이론 체계 위에 있음을 밝히고 있다.

3, 4부에서는 우리 삶의 모든 측면에서 '행복'을 얻는 방법을 알려준다. 무작정 위로만 올라갈 것이 아니라, 삶의 질을 향상시켜 창조적이고 자신감 넘치며 유능한 상태로 살아가기 위한 길

을 알려주고 있다. 위대한 개인적 성취, 그리고 진정한 성취의 기쁨을 얻기 위해서는 어떻게 하는 것이 좋은가? 이 질문에 대한 구체적인 행동강령을 소개하면서, 저자는 여기저기 많은 인용구들을 자유롭게 삽입해놓고 있다. 심각하기보다는 풍자적이고 유머러스하게 자신의 생각을 전달하는 저자의 스타일에 어울리는 시도다.

건강을 지키며 생기를 회복하고 마음의 평정을 찾으라는 제안으로 시작되는 3부는 동양의 철학 사상이나 종교관과 유사한 점을 지닌다. 선, 마음 비우기, 삶을 있는 그대로 바라보며 즐기는 것, 소유의 삶이 아닌 존재의 삶, 양보다 질, 삶의 질—이러한 것들은 성취 지향적인 서양 문화의 소산에 환멸을 느낀 사람들이 추구하는 동양 사상의 핵심들이다.

저자는 '내가 누구인가'를 파악한 후에 자기가 현재 어떤 위계조직에 있는지를 파악하라고 말한다. 자기가 지금 발을 올려놓고 있는 사다리의 단계 사이의 폭은 어떠한지, 어느 정도로 움직이는 계단인지 하는 것들을 살펴보아야 한다. 저자에 따르면 (1) 피라미드의 하층에 있던 계단이 사라지면 신입 직원이 처음부터 무능의 단계에 도달하게 될 가능성이 높아지며, (2) 피라미드의 중간에 있던 계단이 사라지면 남아 있는 계단 사이의 간격이 벌어져 다음 단계로 승진한 사람들이 새로운 업무를 익히기가 더욱 어려워진다. 그 결과 조직 내의 모든 승진은 '무능의 단계로 가는 늪'이 된다.

이러한 기본적인 처방들을 바탕으로, 자신의 능력을 수호하기 위한 다음 단계는 외부의 시선에서 벗어나 자기 자신의 방향을 아는 것이다. '내가 바라는 나의 모습'을 그려보고, '내 능력으로 할 수 있는 일들에 집중'하기를 권한다. 3부의 끝부분에서는 '원치 않는 승진'을 거부하기 위한 풍자적인 방법까지 제안한다. 얼버무리거나 난해한 용어를 사용하여 승진을 제안한 사람이 무슨 말인지 알아듣지 못하게 만들라는 것이다. 소통을 중요시하는 역자로서, 이 방법은 실제로 그리 권하고 싶지 않다. 다만, 저자의 풍자적 서술 방식이 잘 드러나는 부분으로 이해하면 무난하다.

3부가 무능에 도달하지 않고 행복하게 살기 위한 개인적 대응 방식을 제안한 것이라면, 4부는 기업의 경영자 또는 리더 수준에서의 대응 방식을 제안한다. 부하직원들이 무능의 단계에 도달하지 않게 하려면 어떻게 해야 하는지에 대한 지침이라고 할 수 있다. 저자는 "내가 지금 어디로 가고 있는지를 모르면 모르는 곳에 도착하게 된다."라고 주장하면서, 방향보다 목표 설정이 더 중요하다고 본다. 즉, 이 방향으로 쭉 가면 어디에 도달하게 되는지 그 목표를 생각하지 않은 채 그 방향으로 따라가다 보면 원하지 않았던 곳에 도달할 수도 있다는 것이다.

목표를 잘 정했으면 성공의 기준을 세워야 한다. 구체적으로 어떻게 하는 것이 잘하는 것인지에 대한 기준도 없이 '더 잘하라'라고 채찍질만 해서는 개선이 되지 않는다. 저자는 이성적인 의사결정 과정을 활용하라고 하면서 '(1) 나는 지금 어디에 있는가? (2) 나는 어디로 가고 싶은가? (3) 그곳에 가려면 어떻게 해야 하는가?'에 대해 생각하는 과정을 거쳐 결정을 하라고 제안한다. 또한 바람직한 행동을 하지 못하도록 막는 것은 지성이 아니라 감정이며, 심리적 장벽 중 특히 두려움과 조바심이 가장 결정적인 해가 된다고 저자는 지적한다. 두려워서 결심을 하지 못하는 것도 문제가 될 수 있고, 조바심 때문에 너무 빨리 결정해버리는 것도 문제가 될 수 있다.

부하직원들을 무능에 도달하지 않게 하려면 경영자의 입장에서 승진 대상자를 잘 선택하는 것이 중요하다. 이를 위해 승진 후보자의 상사가 휴가를 떠난 사이에 승진 후보자에게 그 상사의 일을 맡겨보는 방법도 있고, 상사인 '나'를 도와달라며 일의 일부를 승진 후보자인 부하직원에게 맡겨보며 해결 과정을 관찰하는 방법도 있다. 또는 임시 승진을 시켜보는 방법도 있다.

4부의 마지막에서는 우리가 어떤 행동을 지속하게 되는 데는 '보상'의 메커니즘이 있음을 지적한다. 사람들은 보상이 따라오는 일을 하고자 하기 때문이다. 이 부분은 보상 체계를 이용한 사회설계가 가능함을 시사한다. 즉, 사회 전체로 보아 바람직한 결과로 이어질 수 있는 행동에 보상을 주는 것이다. 이 부분에서는 무엇이 바람직한지에 대한 판단이 가장 중요할 수 있다. 잘못된 경영자를 만나 엉뚱한 행동이 강화되는 일이 있어서는 안 되기 때문이다.

피터의 원리, 시대를 뛰어넘는 조직사회의 작동 원리

이 책을 읽으며 한 가지 염두에 둬야 할 점은 원전이 무려 30여 년 전에 나온 책이라는 점이다. 그럼에도 여전히 이 책의 핵심적인 주장들은 우리 사회에 적용될 수 있을 정도로 보편성을 지녔다. 그러나 한편으로는 저자 자신도 언급했듯이 '모든 것은 변한다.'라는 사실 이외에는 모든 것이 변한다. 예전에 가치 있던 것들이 지금 시대에서는 가치를 잃을 수도 있고, 능력이 부족했던 사람이 장기간 꾸준히 노력하여 어느 정도 능력의 한계를 극복할 수도 있다.

따라서 역자로서 피터의 원리를 너무 일찍 적용하지 말라고 조언하고 싶다. 즉, 최선을 다한 연후에야 비로소 자신의 가장 적절한 능력의 단계를 파악할 수 있는 것이지, 최선을 다 해보지도 않고 바로 "이 정도가 내 능력의 한계다. 더이상 승진하면 나는 무능의 수준에 도달할 것이다. 그래서 나는 더이상 올라가지 않겠다."라고 너무 일찍 포기해버리면 안 된다는 것이다. 그것은 무능한 사람이 높은 위치에서 많은 사람들에게 해를 끼치는 것만큼이나 많은 사람들에게 도움을 줄 수 있는 기회를 놓치는 것이고, 또 개인적으로도 최상의 플로우flow(몰입감 속의 행복감 또는 성취감)를 경험할 기회를 놓치는 것이기 때문이다.

결국 최적의 플로우를 느낄 수 있는 수준은 자기 자신이 가장 잘 아는 법이다. 간혹 다른 사람들의 눈에는 보이지만 이미 높은 곳에 올라간 사람 스스로의 눈에는 보이지 않는 무능력도 있지만 말이다. 자신의 최적 능력 수준을 잘 알기 위해서는 스스로 하고 싶고 잘할 수 있는 일을 찾아 최선을 다해야 한다. 이후에는 능력 이상의 것을 탐하거나 관성에 밀려가기보다 스스로를 돌아보며 행복하게 능력을 발휘할 수 있도록 삶의 뿌리를 내리는 것이 좋다.

요즘은 수평적 리더십이 필요한 다원적 사회다. 위로 가는 것만큼이나 옆을 보는 것이 중요하고, 혼자서만 잘나서는 아무것도 이룰 수 없는 경우가 많다. 자기 혼자서만 위로 가는 것을 거절하여 무능의 단계에 도달하지 않으면 그만인 것이 아니라, 옆사람과 소통하며 함께 일할 때 혼자서 위로 가는 것 이상으로 큰 성과를 올릴 수 있는 시대다. '변화 가능성'과 '수평적 리더십' 그리고 '소통'의 문제를 보완할 필요가 있기는 하지만, 이 책은 중요한 메시지를 전달하고 있다. 스스로 통제할 수 없는 영역에까지 도달하여 에너지를 소진한 채 자기 자신도 불행해지고 다른 사람도 불행하게 만들기보다는, 스스로 충분히 통제할 수 있는 영역에서 삶을 즐기며 멋지게 능력을 발휘하라는 것이다.

또 한 가지 짚고 넘어가야 할 점은 다원화된 첨단미디어 사회에서는 통제 자체가 불가능한 상황이 많다는 점이다. 모든 것을 '내가 통제할 수 있는 범위' 안에 둘 수 있었던 사회가 더이상 아닌 것이다. 이런 사회 안에서는 전지전능한 통제력보다 근본적인 인간성과 도덕성을 바탕으로 한 '자정 능력'이 더 큰 역할을 할 수 있다. 도리에 맞는 것이 결국은 이기게 된다는 것이다. '지속 가능 경영'이니 '윤리 경영'이니 하는 용어들이 요즘 들어 더욱 강조되는 이유도 이러한 자정 능력의 힘을 반영하는 것이다.

5부의 내용 중 '남자들이 만들어놓은 무능한 사회의 전철을 왜 여성운동가들이 또 밟으려 하느냐'고 역설하는 부분도 조심해서 읽어야 할 부분이다. 얼핏 보면 남성과 여성 모두를 화나게 할 수 있는 대목이기 때문이다. 독자는 이 부분을 읽을 때 이 책이 30여 년 전에 집필되었다는 사실을 상기할 필요가 있다. 어쩌면 기를 쓰고 승진하려 하지 않는 여성들(혹은 남성들)이 미래 사회에 더 '적자'로서 생존 가능성이 높을 수 있다. 위만 바라보는 전형적인 위계조직의 단점을 극복하기 위해서는 자신의 위치에서 아래와 옆을 함께 바라볼 수 있는 배려와 소통의 여유가 필요하기 때문이다.

저자들이 제시하는 많은 사례들이 지금은 다소 시시콜콜해 보이기까지 하지만 보다 건강한 사회를 만들기 위해 서구 사회가 어떤 노력을 했는지를 반증하는 것이기에 그냥 웃어넘길 내용은 아니다. 서양의 저자들이 서양의 상황들을 예로 들어가며 썼음에도 불구하고 안에 담겨 있는 내용들이 마치 우리 자신을 이야기하는 것 같고, 한국 사회를 묘사하고 있는 듯한 착각이 드는 것은 그 때문일 것이다. 특히 행정관료와 정치가들의 대책 없는 무능력을 지적하는 부분은 공감을 불러일으킨다. 이것은 피터의 원리가 인간이기 때문에 지니는 보편성에 근거했다는 것을 뜻한다.

긍정적 사고가 위로, 그리고 앞으로 나아가는 인간의 추진력을 자극한다면, 이 책이 강조하는 부정적 사고는 잠시 멈추고 속도조절을 할 수 있는 여유와 이성을 되찾게 한다. 빨리 나아 갈수록 더 빨리 부정적 결과에 이르게 된다면 속도를 낼 이유가 없는 것이다. 이 책이 온 힘을 다하여 살아가기를 권고하는 기존의 책들과 대조되는 역설적인 주장을 하면서도 우리에게 시종일관 고개를 끄덕이게 만드는 것은 그런 이유에서다. 최초의 원리이기에 참고문헌 같은 것이 없는 대신, 저자들의 생활 속에서 제시하는 수많은 사례들을 나 자신과 주위 사람을 떠올리며 읽을 수 있는 것도 이 책만이 줄 수 있는 또 다른 재미다. 이 책을 읽노라면 웃으면서 인생의 진리를 깨달을 수 있으리라는 사실을 믿어 의심치 않는다.

대표 역자 나은영

: 차례 :

1부

피터의 원리

승진할수록 무능해진다

1장

모든 직위는
무능한 사람들로 채워진다

나는 뭔가가 잘못됐다는 것을 느끼기 시작했다.

-M. 드 세르반테스

소년시절에 나는 높은 자리에 있는 사람은 자신이 무엇을 하고 있는지 항상 알고 있다고 배웠다. "아는 것이 많을수록 더 크게 성공한단다, 피터야."라는 얘기도 종종 들었다. 그래서 나는 대학을 졸업하는 날까지 열심히 공부했고, 어른들의 가르침을 가슴 깊이 간직한 채 교사 자격증을 쥐고 세상 속으로 뛰어들었다. 하지만 나는 교사생활 1년 만에 교사와 교장은 물론 대다수의 장학사와 교육감들조차도 자신이 책임져야 할 업무가 무엇인지 모르고 있으며, 이를 수행할 능력도 없다는 사실을 알고는 실망했다.

예를 들면, 내가 재직하던 학교의 교장은 교실 창문의 블라인드가 모두 똑같은 높이까지 내려와 있는지, 교실은 조용한지, 그리고 장미 화단에 누가 들어가거나 근처에서 놀지는 않는지를 살피는 데만 관심을 쏟았다. 교육감의 관심사는 소수집단이 아무리 과격하게 행동하더라도 그들의 비위를 거슬러서는 안 된다든가, 서류는 반드시 제시간에 제출해야 한다는 것 따위였다. 그의 머릿속에서 아이들의 교육문제는 언제나 뒷전이었다.

처음에 나는 이런 문제가 이 학교만의 병폐겠거니 생각하고 다른 지역에 있는 학교에 지원서를 냈다. 나는 각종 증빙서류를 구비하고 요구하는 양식에 맞게 지원서를 작성한 후, 관청에서 정한 온갖 절차를 거쳐 지원서를 제출했다. 하지만 몇 주 후, 애써 작성한 문서가 전부 되돌아오는 일이 발생했다. 내가 보낸 증빙서류에는 아무런 문제가 없었다.

지원서도 정확히 작성했고 우표에도 교육부에 제대로 도착했다는 소인이 찍혀 있었다. 함께 동봉된 엽서에는 다음과 같은 말이 적혀 있었다.

"새 규정에 따라, 등기로 발송하지 않은 문서는 접수되지 않습니다. 지원서를 등기로 다시 보내주시기 바랍니다."

그때서야 나는 무능력이 비단 내가 일했던 학교에만 있었던

게 아니라는 사실을 깨달았다. 그리고 연구 영역을 넓혀가면서, 어떤 조직에나 맡은 일을 제대로 할 줄 모르는 사람들이 많다는 사실을 알게 되었다.

무능한 사람은 어디에나 있다

직업상의 무능력은 어디에나 존재한다. 당신 주변에도 무능한 사람이 있을 것이다. 우리는 우유부단한 정치가가 소신 있는 지도자 행세를 하거나 자기의 판단 실수를 '예기치 못한 상황' 탓으로 돌리는 경우도 많이 보아왔다. 게으르고 무례한 공무원, 행동은 소심하면서 말만 과격하게 하는 군인, 수동적으로만 움직여서 조직을 효율적으로 관리하지 못하는 관리자 또한 셀 수 없이 많다. 하지만 세상 물정에 밝은 우리는 타락한 종교 지도자나 부패한 판사, 비논리적인 변호사, 그리고 제대로 글을 쓸 줄 모르는 작가와 맞춤법도 모르는 국어교사를 못 본 척한다. 대학 행정 관리자들은 정작 자기 사무실의 의사소통은 구제불능의 수준으로 망쳐놓으면서 성명서만 그럴듯하게 작성하고, 교수들은 이해할 수도 없는 말을 우물거리면서 지루한 강의를 계속한다. 그래도 우리는 이들을 그저 지켜볼 뿐이다.

정치, 법률, 교육, 산업 등 각계각층의 모든 단계에서 나타나는 무능력을 보면서 이런 현상이 사람을 배치하는 방식 자체의 문제에서 비롯된 것이 아닐까 하는 의문이 들었다. 그래서 나는 피고용인들이 계층구조 내에서 어떻게 승진을 하고, 승진 후에는 무슨 일이 일어나는지를 연구하기 시작했다. 또 과학적인 연구 자료를 확보하기 위해 수백 가지 사례를 수집했다. 전형적인 몇 가지 예를 소개하면 다음과 같다.

지방정부 No. 17

미니언은 엑셀시어시市 공공사업부에서 유지보수를 담당하는 감독관이었다. 그는 시청 간부들이 가장 좋아하는 직원이었다. 사람들은 그가 누구에게나 호의적이라고 칭찬했다. 공공사업부 부장은 이렇게 말했다. "난 미니언을 좋아해요. 판단력이 뛰어난 데다 매사 긍정적이고 유쾌하거든요."

감독관이라는 지위는 미니언에게 적격이었다. 감독관은 정책 결정에 관여하지 않기 때문에 의사결정 과정에서 상사와 얼굴 붉힐 일도 없었다. 공공사업부 부장이 은퇴하자 미니언이 뒤를 이어 부장 자리에 올랐다. 하지만 미니언은 승진을 한 후에도 전혀 바뀌지 않았다. 그는 모든 사람의 의견에 동의하고 상부에서 내려오는 이런저런 지시를 감독관에게 그대로 전달하기만 했다. 그 결과 정책 결정 과정에 혼선이 빚어졌고, 그때마다 계획을 바꾸는 바람에 부서는 신용을 잃고 말았다. 시장을 비롯한 시청 간부와 납세자, 그리고 유지보수노동자연합으로부터도 항의가 빗발쳤다.

그런데도 미니언은 여전히 누구에게나 "예."라고만 대답하고 간부와 부하직원 사이를 오가며 메시지를 전달하기에 바빴다. 겉으로 보기에는 책임자였지만 사실상 그는 메신저일 뿐이었다. 유지보수 부문은 번번이 예산을 초과했고 목표를 달성하지도 못했다. 한마디로, 유능한 감독관이던 미니언은 무능한 부장이 된 것이다.

서비스 산업 No. 3

리스 자동차 정비 공장의 견습공인 팅커는 누구보다 끈기 있고 똑똑한 청년이었다. 금방 정식 기술자가 된 그는 자동차의 불분명한 고장을 진단하는 데 탁월한 능력을 발휘했고, 한 번 수리를 시작하면 끝까지 놓지 않는 인내심으로 사람들을 놀라게 했다. 이러한 점을 인정받아 팅커는 감독관으로 승진했다.

하지만 이때부터 기계에 대한 그의 애정과 완벽주의는 골칫거리가 되었다. 공장이 아무리 바빠도 흥미를 끄는 일은 반드시 하고 말았다. 그때마다 "어떻게든 이 일은 하고 말겠어."라고 말하곤 했다. 팅커는 자기가 만족할 때까지 계속 부품들을 만지작거렸다.

사무실에는 거의 나타나지도 않았다. 그가 이리저리 분해해 놓은 자동차에 몰두해 있을 동안 정작 그 일을 해야 할 사람은 옆에 서서 지켜보고 있었고, 다른 기술자들은 새로운 작업이 할당될 때까지 하릴없이 기다려야 했다. 이 때문에 처리해야 할 일은 항상 밀려 있었고 절차는 뒤죽박죽이었으며, 제때 차를 인도하지 못하는 경우도 많았다.

팅커로서는 고객들이 완벽한 수리에는 관심이 없고 그저 제시간에 수리를 끝내주기만을 바란다는 것을 이해할 수 없었다. 마찬가지로 공장 직원들이 자동차보다는 월급에 더 관심을 보이는 것도 이해할 수 없었다. 결국 팅커는 고객과도 부하직원들과도 잘 지낼 수 없었다. 그는 능력 있는 기술자에서 무능한 감독관이 된 것이다.

군대 No. 8

굿윈 장군은 따뜻한 마음과 재치 있는 말솜씨를 가졌고 행동도 예의 발랐다. 또한 하찮은 규율은 무시할 줄 아는 대범함과 누구나 인정하는 용기로 부하들의 존경을 한몸에 받았다. 그는 부대를 이끌면서 역사에 회자될 수많은 승리를 거두었다. 문제는 굿윈이 육군 사령관으로 승진한 뒤부터 발생했다. 정치인이나 연합국 원수들을 상대하는 자리에서 그는 기본적인 의전 절차를 따르지 않았고, 틀에 박힌 인사말이나 아첨을 할 줄도 몰랐다. 그래서 고위인사들과 종종 갈등을 빚었고, 그때마다 상심한 장군은 술에 취한 채 며칠씩 이동막사에 드러누워 있었다. 전투지휘는 그의 손을 떠나 부하에게 맡겨진 지 오래였다. 그에게 육군 사령관이라는 지위는 너무 힘겨웠던 것이다.

승진 후 무능해진 사람들

나는 수집한 모든 사례에서 한 가지 공통점을 발견했다. 그것은 모든 사례의 주인공들이 처음에는 유능했다가 무능력이 드러나는 지위로 승진했다는 사실이다. 나는 이런 경향이 위계조직에 속해 있는 모든 사람들에게 똑같이 나타난다는 사실을 알았다.

당신이 어떤 제약 회사를 소유하고 있는데 공장 감독관이 위궤양으로 사망해서 새 감독관을 찾아야 하는 상황에 있다고 가정해보자. 우선 여자 직원 중에서 오벌이나 실린더 부인을 평가해보고, 남자 직원 중에서는 엘립스와 큐브를 고려해봤지만 모두 단점이 있었다. 그들은 당연히 승진에서 탈락할 것이고, 당신은 아마도 가장 능력이 뛰어난 스피어를 감독관으로 승진시킬 것이다.

이제 스피어가 감독관의 역할을 잘 해냈다고 가정해보자. 나중에 총감독관 리그리가 공장장으로 승진하면 스피어가 총감독관의 자리로 올라갈 것이다. 반면 스피어가 무능한 감독관이라면 더이상 승진할 수 없을 것이다. 이미 '무능의 단계level of incompetence'에 도달했기 때문이다. 스피어는 아마 감독관으로 직장생활을 끝내게 될 것이다. 그리고 엘립스나 큐브 같은 사원들은 가장 낮은 수준에서 이미 무능의 단계에 도달했기 때문에 결코 승진할 수 없다. 만약 스피어가 무능한 감독관이라면 그는 한 번 승진한 후 무능의 단계에 도달한 경우라 할 수 있다.

앞의 사례에서 등장한 자동차 정비 공장 감독관인 팅커는 위계조직의 세 번째 직급에서 무능의 단계에 도달했다. 굿윈 장군은 위계조직의 정상에서 무능의 단계에 도달한 경우다. 이렇게 수백 가지의 직업 사례를 분석한 끝에 도출한 '피터의 원리The Peter Principle'는 다음과 같다.

> **위계조직 안에서 일하는 모든 사람은 자신의 '무능의 단계'에 도달할 때까지 승진하려는 경향이 있다.**

새로운 학문

나는 이 원리를 공식화하는 과정에서 '위계조직학hierarchiology'이라는 새로운 학문 분야를 개척하게 되었다. '위계조직hierarchy'이라는 용어는 원래 귀족계급인 성직자들이 교회의 행정조직을 묘사할 때 사용하던 말이다. 하지만 오늘날에는 구성원이나 직원을 지위나 계급, 등급으로 서열화한 시스템을 일컬을 때 사용된다. 위계조직학의 역사는 짧지만 공공행정이나 인사관리에 응용할 가능성이 큰 학문이다.

바로 당신의 모습이다

피터의 원리는 모든 위계조직을 이해하는 열쇠다. 따라서 이 원리는 전체 문명구조를 이해하는 데 도움이 된다. 몇몇 괴짜들은 위계조직에 속하기를 꺼리겠지만 비즈니스, 노동운동 및 정치, 군대, 종교, 그리고 교육에 종사하는 모든 이들이 위계조직에 속해 있다는 사실을 부인하지는 못할 것이다. 그리고 그들 모두 피터의 원리의 지배를 받는다.

위계조직에 속해 있는 대다수 사람들은 한두 차례 승진을 하면서 자기 능력을 발휘한다. 그리고 새 지위에서 능력을 인정받으면 또 승진하게 된다. 이렇게 따져볼 때 당신과 나를 비롯한 우리 모두에게 마지막 승진은 유능의 단계에서 무능의 단계로 이행하는 것이라 할 수 있다(보통 '상층으로 쫓겨났다'고 표현되는 '파격적인 승진'과 '수평이동' 현상은 피터의 원리에서 예외가 아니다. 이 두 현상은 가짜 승진일 뿐이다. 이에 대해서는 2장에서 자세히 살펴보기로 한다).

다시 말해, 계층이 세분화되어 있고 시간이 충분하다면 모든 직원들은 무능의 단계로 승진하거나 무능의 단계에 머물러 있게 된다. 피터의 원리로 추론해보면 다음과 같다.

시간이 지남에 따라 모든 조직은 임무를 제대로 수행할 수 없는 무능한 직원들로 채워질 것이다.

물론 모든 구성원이 무능의 단계에 도달해 있는 경우는 거의 없다. 대부분의 위계조직은 존립에 필요한 공적인 목적을 실현하기 위해 무엇인가를 수행한다. 이를 요약하면 다음과 같다.

아직 무능의 단계에 도달하지 않은 사람들이 일을 완수한다.

무능은 어떻게 나타나는가

전형적인 위계조직인 엑셀시어 시립학교의 시스템을 연구해보면 피터의 원리가 교직에 어떻게 적용되는지 알 수 있다. 우선 평직원인 교사부터 살펴보자. 나는 그들을 세 개 그룹, 즉 무능한 교사, 비교적 유능한 교사, 유능한 교사로 나누어 연구했다. 대부분이 '비교적 유능한 교사'에 포함되었고 무능한 교사와 유능한 교사 그룹으로 분류된 교사는 소수였다. 다음의 그래프가 세 그룹의 분산도를 설명해준다.

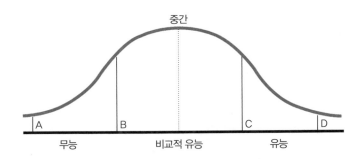

규칙만을 신봉하는 무능력자

먼저 무능한 교사의 경우를 살펴보자. 이들은 승진하기 어렵다. 그 예로 도로시아 디토의 사례를 들 수 있다. 그녀는 학창시절에 지나칠 정도로 규칙에 순응하는 학생이었다. 숙제를 할 때도 언제나 교과서와 참고서를 그대로 베끼거나 선생님의 강의 내용을 그대로 옮겨 써서 제출했다. 무엇이든 한 치의 오차 없이 시키는 대로만 했다. 이렇게 해서 그녀는 뛰어난 학생으로 인정받아 엑셀시어 사범대학을 우등으로 졸업했다. 디토는 교사가 된 후에도 자신이 학생 때 했던 그대로 가르쳤다. 수업도 교과서와 교과과정 지도서에 나와 있는 대로 진행했으며, 수업시간도 정확하게 지켰다.

그녀의 교사생활은 나름대로 평탄했다. 하지만 규칙이나 선례를 적용할 수 없는 사건이 발생하면 사정이 달라졌다. 일례로 어느 날 수도관이 터져서 교실 바닥에 물이 가득 찼는데도 그녀는 수업을 계속 진행했다. 교장이 달려와서 수업을 중단시킨 후 이렇게 소리쳤다. "디토 선생! 바닥에 물이 7센티미터가 넘게 찰 동안 학생들을 대피시키지도 않고 수업을 했다니 말이 됩니까?"

그녀는 이렇게 대답했다. "비상벨 소리를 못 들었는데요. 저도 수도관이 터진 건 알고 있었습니다. 그래서 벨소리가 울리길 계속 기다렸어요. 제가 그럴 거라는 걸 알고 계시잖아요? 하지만 교장선생님은 비상벨을 울리지 않으셨어요." 그녀의 말도 안 되는 항변에 기가 막힌 교장은 유사시에 교장이 비상지휘권을 행사할 수 있도록 한 학교 규정에 따라 학생들을 건물 밖으로 내보냈다. 설사 디토 선생이 규율을 어기거나 명령을 거스르는 일이 없다고 해도 이와 같은 문제가 종종 발생할 것이고, 결국 그녀는 승진할 수 없을 것이다. 학생으로서는 유능했지만 교사로서는 무능의 단계에 도달한 것이다.

처음에는 대부분 유능하다

대부분의 신참 교사는 유능하거나 유능한 축에 속한다. 그들은 모두 승진할 자격이 있다. 다음의 경우를 살펴보자.

유능한 학생이었던 비커는 학생들에게 인기 있는 과학교사가 되었다. 그의 강의와 실험 수업은 학생들에게 감동을 주기까지 했다. 학생들은 그에게 협조적이었고 실험실도 잘 정리했다. 비커는 서류처리 업무에는 서툴렀지만 그의 상관은 비커의 수업 능력을 높이 샀기 때문에 큰 문제는 없었다. 결국, 비커는 과학부 주임으로 승진했고 모든 과학 실험기구를 주문하고 광범위한 자료를 관리하는 일을 맡게 되었다. 바로 이때부터 그의 무능력이 드러나기 시작했다. 3년의 주임 임기 동안 그는 분젠 버너Bunsen burner(독일의 화학자 R. W. 분젠이 1855년에 발명한 기구로 흔히 '버너'로 통칭한다 – 편집자주)를 주문할 때 한 번도 버너를 연결하는 배관을 같이 주문하지 않았다. 배관이 낡아서 쓸 수 있는 버너의 수가 점점 줄어드는 동안 배관이 없는 새 버너는 선반 위에 그대로 쌓여 있었다. 당연한 결과지만 비커는 다음번 승진에서 떨어졌다. 그는 무능력이 판명된 바로 그 자리에 영원히 머물러 있을 것이다.

승진한 후 무능이 드러나다

런트는 똑똑한 학생이었고, 유능한 교사이며 주임이었다. 교감이 된 후에도 런트는 교사와 학생, 학부모들과 잘 지냈으며 매우 유능했다. 결국 그는 교장의 자리까지 올랐다.

교장이 되기 전까지 그는 학교위원회 위원이나 교육감을 직접 만나본 적이 없었다. 교장이 되고 얼마 안 돼서 그가 고위관리자와 일하는 데 서툴다는 사실이 드러났다. 일례로 런트는 두 학생의 싸움을 말리느라 교육감을 기다리게 한 적이 있었다. 병가를 낸 교사의 수업을 대신하기 위해 교육감이 요청한 교육과정개편위원회에 불참하기도 했다. 또한 학교 운영에 너무 열중한 나머지 지역단체와 돈독한 관계를 유지하지 못했다. 그는 학부모-교사협의회 의장직이나 지역사회개선협회 회장직, 문학윤리위원회 고문직도 맡으려 하지 않았다. 이 때문에 학교는 지역사회의 지지를 잃었고, 런트는 교육감의 눈 밖에 났으며 지역주민과 상관의 눈에 무능한 교장으로 비치기 시작했다. 교육위원회는 부교육감 자리가 비었을 때 런트를 추천하지 않았다. 그는 은퇴할 때까지 무능한 교장으로 지금 자리에 남을 것이다.

승진 후에 무능이 드러난 사례는 얼마든지 있다. 다음의 두 사례도 여기에 해당된다.

유능한 학생이었던 드라이버는 평교사와 주임을 거쳐 교감과 교장을 역임하고 드디어 부교육감의 자리에 올랐다. 부교육감이 되기 전에는 교육위원회의 정책을 판단하고 이를 자신의 학교에 효율적으로 적용하기만 하면 됐지만 부교육감이 된 후로는 위원회의 정책토론회에 참석하여 회의를 민주적으로 진행할 책임을 지게 되었다. 하지만 드라이버는 민주적인 절차를 싫어했다. 그는 스스로 전문가라고 자부하면서 교사시절에 학생을 가르치던 식으로 위원회 위원들을 가르치려 들었다. 그리고 교장이었을 때 직원들을 다룬 식으로 위원회를 지배하려고 했다. 위원회는 이제 드라이버를 무능한 부교육감이라고 생각한다. 따라서 그는 더이상 승진할 수 없을 것이다.

뛰어난 학생이었던 스펜더는 영어교사와 주임을 거쳐 교감과 교장을 역임하고, 6년 동안 부교육감으로서 능력을 발휘했다. 그는 애국심이 강하고 외교에 능했으며, 누구에게나 상냥하게 대해 많은 이들의 사랑을 받았다. 그는 곧 교육감으로 승진하여 학교 재정 부문을 맡게 되었는데, 이때부터 쩔쩔매기 시작했다. 그는 정체가 불분명한 회사가 만든 학습 보조기구를 잔뜩 샀는데, 그 회사가 응용프로그램도 만들지 않은 채 파산해서 야반도주해버린 것이다. 또 모든 학교의 교실에 텔레비전을 설치하도록 했으나, 그 지역에서 볼 수 있는 프로그램은 특정 학년을 위한 것뿐이었다. 스펜더는 무능의 단계에 도달한 것이다.

또 다른 승진에서의 무능력

위의 사례들은 '수직 승진line promotion'의 전형적인 예다. 위계조직에는 또 다른 승진 형태가 있는데 '스태프 승진staff promotion'이 바로 그것이다. 다음 사례는 전형적인 스태프 승진의 예다.

유능한 학생이었던 토틀랜드는 초등학교 교사로서의 능력을 인정받아서 초등부 장학사로 승진했다. 그녀는 이제 아이들이 아닌 교사들을 가르쳐야 했다. 하지만 그녀는 어린아이들을 가르치던 방법 그대로 교사들을 가르치려 했다. 그녀는 개인 혹은 그룹을 상대로 연설할 때, 한두 음절로 된 쉬운 단어만을 사용하여 또박또박 천천히 말했다. 그리고 안건을 설명할 때는 교사들이 확실히 이해할 수 있도록 다양한 방법을 동원하여 반복 설명했다. 언제나 환한 웃음을 띠는 것 역시 잊지 않았다. 하지만 교사들은 토틀랜드의 적절치 않은 행동과 생색을 내는 듯한 태도를 좋아하지 않았다. 심지어 토틀랜드에게 적의를 갖고 그녀가 내놓는 안을 추진하기보다는 반대할 구실만 찾는 교사도 있었다. 토틀랜드는 교사들과 의사소통을 하는 과정에서 무능력을 드러냈다. 그녀는 더이상 승진하는 일 없이 초등부 장학사로 남을 것이다.

자신에 대해 판단해보라

모든 위계조직에서 이와 비슷한 사례를 찾을 수 있을 것이다.

지금 당신의 주위를 둘러보고 무능의 단계에 도달한 사람을 찾아보라. 아마 모든 위계조직에서 무능이 포화상태에 이른 현상을 볼 수 있을 것이다. 그렇다면 "나는 어떤가?"라고 자문해보라. 어쩌면 당신은 이렇게 묻고 싶을 것이다. "피터의 원리에 예외는 없을까? 그런 상황에서 벗어날 방법은 없을까?" 다음 장에서 이 질문에 대해 생각해보자.

2장

피터의 원리에
예외는 없다

재판이 불리하게 돌아가면 피고는 이의를 제기하고
온 힘을 다해 배심원들을 설득하려 할 것이다.
−J. 드라이든

그동안 많은 사람들에게 피터의 원리를 설명했지만 진지하게 받아들이는 사람은 별로 없었다. 그들 중 내 이론의 결함을 찾았다는 사람들도 있었다. 나는 그들에게 이렇게 충고하고 싶다. "허구적인 예외에 속지 마라." 이 장에서는 사람들이 흔히 생각하는 '허구적 예외'를 제시하고, 피터의 원리가 이 예외들을 어떻게 지배하는지 설명할 것이다.

허구적 예외 1 : 파격적인 승진

"월트 블로켓이 승진했다니 어떻게 된 거죠? 그 사람은 정말 무능해요. 골칫거리를 내쫓을 심산으로 사장이 그를 이름뿐인 자리에 앉힌 걸까요?" 나는 종종 이런 질문을 받는다. 이제 내가 '파격적인 승진'이라고 부르는 이 현상에 대해 알아보자.

블로켓은 무능했던 직책에서 능력을 발휘할 수 있는 자리로 승진한 것인가? 아니다. 그는 그저 또 다른 비생산적인 자리로 옮겨갔을 뿐이다. 이제 그는 예전보다 더 큰 책임을 맡게 되었는가? 아니다. 그러면 새 자리에서 예전보다 더 많은 일을 처리하는가? 그것도 아니다.

'파격적인 승진'은 가짜 승진이다. 블로켓과 같은 사람들은 자신이 진짜 승진을 했다고 믿지만 다른 사람들은 진실을 알고 있다. 가짜 승진의 목적은 위계조직 밖에 있는 사람들을 속이는 것이다. 외부인들이 속아넘어가면 일단 이 방법은 성공한 것이다. 그러나 위계조직학에서 볼 때 진짜 승진은 '유능한 사람'이 위로 올라가는 것뿐이다.

그렇다면 파격적인 승진의 효과는 무엇인가? 경영진은 블로켓을 승진시킴으로써 다음의 세 가지 목적을 달성하게 된다. 첫째, 기존의 승진제도가 잘못되었다는 것을 감출 수 있다. 경영진이 블로켓의 무능을 인정하게 되면, "경영진은 블로켓을 지금의 자리에 승진시키기 전에 그가 적임자가 아니라는 걸 알았어야 한다."라는 비난을 듣게 될 것이다. 하지만 파격적인 승진을 감행함으로써 예전의 승진을 정당화할 수 있다(직원이나 외부인의 눈에는 그렇게 보일 것이다). 둘째, 직원들의 사기를 북돋울 수 있다. '블로켓도 승진을 하는 마당에 나라고 못할 것 없지.'라고 생각하는 직원이 적어도 몇 명은 있을 것이다. 파격적인 승진은 많은 직원들에게 달콤한 자극제가 된다. 셋째, 위계조직을 유지할 수 있다.

비록 블로켓이 무능하더라도 해고해서는 안 된다. 직원을 쉽게 해고하는 것은 비즈니스의 위계조직에 위험하기 때문이다.

파격적인 승진이 불러오는 역설적인 결과

피터의 원리는 이렇게 예언한다. "번영하고 있는 조직의 경영층은 결국 죽은 나무들이 차곡차곡 쌓이는 모양이 될 것이다." 즉, 위계조직의 상층부는 파격적인 승진을 한 사람과 그 후보자들로 가득 채워질 것이라는 의미다.

웨이벌리 방송사의 제작부는 창조적인 것으로 유명하다. 이런 명성을 얻는 데 파격적인 승진제도가 한몫을 했다. 웨이벌리는 고리타분하고 비생산적이며 딱히 할일도 없는 내부 인사들을 300만 달러나 들인 궁전 같은 본사로 모두 올려 보냈다. 본사에는 카메라나 마이크, 전송장치 같은 장비가 전혀 없었고, 제일 가까운 스튜디오와도 수 킬로미터 떨어져 있었다. 하지만 본사에 있는 사람들은 보고서와 차트를 작성하고 미팅 약속을 잡느라 정신없이 바빴다. 최근에 웨이벌리는 본사의 기능을 합리화한다는 명목으로 고위임원에 대한 인사이동을 단행했다. 그 결과 4명이던 부회장이 8명으로 늘어났다. 이처럼 파격적인 승진을 이용해 게으름뱅이들이 유능한 직원들의 일을 방해하지 못하게 만들기도 한다.

허구적 예외 2 : 실속 없는 수평이동

수평이동은 또 하나의 가짜 승진이다. 이는 직급을 올리지도 않고 심지어 월급도 그대로 둔 채, 무능한 직원을 본사에서 좀 떨어진 곳에 있는 한적한 사무실로 발령하는 것이다. 대신 그에게는 새롭고 긴 직책을 하나 붙여준다.

파일우드는 커틀리 문구 회사의 총무부장으로, 무능하기로 소문난 사람이었다. 수평이동이 시행된 후에 그는 똑같은 월급을 받으면서 부서 사이의 의사소통을 조율한답시고 사무실을 오가는 메모의 복사본을 정리하고 관리하는 일을 하고 있다. 또 다른 예를 들어보자. 한 정부 부서에서 최고 책임자인 국장을 제외한 82명 전 직원이 다른 부서로 자리를 옮긴 일이 있었다. 국장은 꽤 많은 연봉을 받지만 할일도 감독할 직원도 없는 처지였다. 여기에서 우리는 받쳐줄 기반도 없이 머리만 남아 있는 이상한 형태의 위계조직 피라미드를 볼 수 있다. 이 재미있는 형태를 두고, 나는 '공중에 떠다니는 정점free-floating apex'이라고 이름 붙였다(5장 참조).

자동차 공장 No. 8

휠러 자동차 부품 회사는 다른 위계조직보다 수평이동을 잘 활용하는 편이다. 휠러 사업부는 여러 지역에 분포되어 있는데, 내가 들은 마지막 소식은 25명의 이사들이 지역 담당 부회장이라는 직함을 달고 본사에서 쫓겨났다는 것이었다. 이 밖에도 회사는 모텔 하나를 사서 이사 한 명에게 관리를 맡기기도 하고, 어떤 부사장에게는 3년간의 사사社史를 집필하는 일을 배정하기도 했다. 위계조직이 크면 클수록 수평이동 방법을 쓰기도 쉬운 법이다.

허구적 예외 3 : 피터의 도치

내 친구 한 명이 정부가 주류 판매를 독점하는 나라를 여행한 적이 있다. 집으로 돌아오기 전 그는 정부가 운영하는 주류 판매소에 가서 물었다. "술을 몇 병까지 국외로 갖고 갈 수 있습니까?" 그러자 점원은 "국경 근처에 있는 세관원에게 물어봐야 할 겁니다."라고 대답했다.

내 친구는 "지금 알 수 없을까요? 그래야 한도만큼 살 수 있죠. 너무 많이 샀다가 세관에 압수당할 수도 있잖아요."라고 말했다. 이에 점원은 이렇게 대답했다. "그게 세관 규칙이에요. 저희는 모르는 일입니다."

"하지만 당신은 세관 규칙을 알고 있지 않습니까!" 친구의 다그침에 점원은 이렇게 대꾸했다. "물론이죠. 하지만 세관 규칙을 말해주는 게 제 임무는 아니거든요. 제가 직접 말씀드리기는 어렵습니다."

당신도 이런 일을 겪었거나 혹은 "우리는 그 정보를 제공할 수 없습니다."라는 말을 들어본 적이 있는가? 상대방은 당신이 궁금해 하는 점에 대한 답을 알고 있다. 당신도 그가 답을 알고 있다는 것을 안다. 그러나 이런저런 이유로 당신에게 말해줄 수 없다고 하는 경우를 겪은 적이 있는가?

새로 설립된 대학에서 교수생활을 할 때 나는 경리과에서 특별신분증을 하나 받았다. 경리과 직원은 그 신분증을 구내 서점에 가지고 가면 수표를 현금으로 바꿔줄 거라고 말했다. 그래서 나는 며칠 후 서점에 가서 그 신분증을 제시하고 20달러짜리 아메리칸 익스프레스 수표를 현금으로 바꿔달라고 했다. 하지만 서점 직원은 "급여 수표와 개인 수표만 받는다."라고 하며 현금으로 바꿔주지 않았다. 그래서 나는 이렇게 말했다. "이건 개인 수표나 급여 수표보다 더 확실한 것 아닙니까? 이 이상한 신분증 없이도 어떤 가게에서나 현금처럼 쓸 수 있는 수표란 말입니다. 여행자 수표는 현금하고 똑같아요." 한참을 옥신각신하다가 나는 책임자를 만나고 싶다고 했다. 그는 내 말에 한참 동안 멍한 표정을 짓더니 "저희는 여행자 수표를 현금으로 바꿔드릴 수 없습니다."라고 딱 잘라 말했다.

당신은 병원에서 응급환자를 치료하기 전에 한 다발의 서류 양식을 작성하느라 귀중한 시간을 허비한다는 사실을 알고 있을 것이다. 간호사가 "일어나세요! 수면제 먹을 시간입니다."라고 말하는 것도 들은 적이 있을지 모른다. 또 어떤 아일랜드 사람은 11개월 동안 페리보트에 발이 묶인 채 홍콩과 마카오 사이를 오간 적이 있었다. 그는 구비서류를 갖추지 않았기 때문에 항구에 상륙하지 못했는데, 문제는 어느 항구도 그에게 서류를 작성해주지 않았다는 것이다. 특히 재량권이 없는 하급관리 중에는 자신이 작성하고 있는 서류가 유용하게 쓰이는지에 아무

관심도 없고 그저 서류를 제때 작성했는지에만 지나치게 신경 쓰는 사람들이 많다. 아무리 사소한 일이라도 일반 절차에서 벗어나는 것은 허용되지 않기 때문이다.

업무에 대한 기계적 태도

이와 같은 행동 유형을 나는 '직업적 기계화professional automatism' 라고 부른다. 이런 사람들에게는 수단이 목적보다 중요하다. 서류 업무는 서류 업무의 원래 목적보다 중요하다. 직업적으로 기계화된 사람들은 더이상 일반 대중을 위해 일하지 않는다. 그들에게는 일반 대중이 자신과 서류 양식, 관례, 위계조직을 유지하기 위한 부속물 정도밖에 되지 않는다.

하지만 이들에게 희생된 사람이나 고객의 입장에서 본다면 직업적으로 기계화된 사람은 무능력 그 자체다. 그들이 이렇게 묻는 것도 당연하다. "어떻게 그 많은 기계 인간들이 승진할 수 있나요? 그들에게는 피터의 원리가 적용되지 않는 건가요?"

나는 이 질문에 답하기 전에 먼저 "누가 무능력을 결정하는가?"라는 문제부터 생각해보고자 한다.

업무 평가 기준이 문제다

직원의 능력을 판단하는 사람은 위계조직의 밖에 있는 사람이 아니라 바로 상관들이다. 유능한 상관이라면 부하직원이 어떤 결과를 내는지를 바탕으로 업무를 평가한다. 의료서비스 회사든 소시지나 탁자를 생산하는 회사든 위계조직의 목표를 달성한 직원이 높은 평가를 받을 것이다. 즉 능력 있는 상관은 '성과output'로 평가한다. 하지만 무능의 단계에 이른 상관들은 조직내 부수적인 가치를 기준으로 부하들의 등급을 매긴다. 그는 부하들이 회사 규칙이나 관례를 잘 따르는지, 별 말썽없이 현재의 체제를 잘 유지하는지를 두고 능력을 평가할 것이다. 그런 상관들은 부하직원의 민첩성과 단정함, 상관을 대하는 태도, 내부 업무처리 능력 등을 가장 먼저 고려한다. 간단히 말해 그 상관은 '투입물input'로 평가한다.

"로그먼은 믿을 만한 사람이다."

"루브릭은 사무실 분위기를 부드럽게 만드는 데 한몫한다."

"루서는 일 처리를 꼼꼼하게 한다."

"트루드젠은 꾸준하고 착실한 사원이다."

"프렌들리는 동료와 협조를 잘 한다."

이런 상황에서는 개인적인 성향이 업무 능력보다 더 높이 평가된다. 이것이 바로 '피터의 도치Peter's Inversion'다. 수단과 목적이 뒤바뀐 직업적 기계화도 피터의 도치라 할 수 있다. 이제 당신은 앞서 설명한 피터의 도치 현상을 이해할 수 있을 것이다. 만약 그 주류 판매소 직원이 세관 규정을 바로 설명해주었다면 내 친구로부터 "정말 친절하군요."라는 칭찬은 듣겠지만 그의 상관은 직원이 내부 규칙을 어겼다고 생각해 그를 과소평가할 것이다. 그리고 구내 서점의 직원이 내가 내민 여행자 수표를 접수했다면, 나는 고맙게 생각했겠지만 책임자는 월권행위라고 생각해 직원을 야단쳤을 것이다.

피터의 도치는 무능을 감추지 못한다

이처럼 피터의 도치 혹은 직업적 기계화 사례에서는 하급자들이 독자적으로 판단할 수 있는 여지가 거의 없다. 그들은 복종만 할 뿐 결코 결정하지는 않는다. 하지만 위계조직에서는 그런 행동이 유능한 것으로 통하기 때문에 오히려 승진에는 유리하다. 따라서 기계화된 사람들은 의사결정을 해야 하는 자리가 아닌 한 계속 승진할 것이다. 의사결정을 해야 하는 위치에 올라야만 그들은 자신의 무능력을 깨닫게 될 것이다. 내가 관찰한 바로는 피터의 도치 사례에서 승진하는 사람들은 대개 두 가지 반응을 보인다. 첫째는 규정에 따라 실천을 강화하는 것이고, 둘째는 새 규정을 만들어 기존의 규정에 딱 적용되지 않는 모호한 사례를 통제하는 것이다. 이 두 가지 결정 모두 피터의 도치를 강화하기 위한 것이다.

허구적 예외 4 : 지나친 유능과 절망적인 무능

지금부터는 평범한 사람들에게는 굉장히 혼란스럽게 느껴질 사례들이다. 매우 뛰어나고 생산적인 사람이 승진은커녕 오히려 해고를 당하는 이야기다. 우선 몇 가지 사례를 살펴보자.

엑셀시어시의 신입교사들은 1년간 수습기간을 거친다. 부치먼은 대학시절 아주 뛰어난 영문학도였다. 그는 영어 수습교사로 있는 동안 고전과 현대문학을 향한 자신의 열정을 학생들에게 불어넣기 위해 노력했다. 그의 노력으로 엑셀시어 시립 도서관의 열람증을 만들거나 서점을 찾는 학생들이 늘어나기 시작했다. 몇몇 학생들은 엑셀시어시의 학교들이 선정한 도서목록에 없는 책들까지 읽기 시작했다. 그러자 얼마 후 성난 학부모들과 보수적인 종교단체 두 곳의 대표가 교육감을 찾아와 학생들이 '바람직하지 못한' 문학작품을 공부하고 있다고 항의했다. 결국 부치먼은 다음해 그 학교에서 근무하지 못하게 되었다.

또 다른 수습교사인 클리어리는 부진아들로 구성된 특수학급을 맡게 되었다. 아이들이 교사를 잘 따르지 않을 것이라는 말을 듣긴 했지만 클리어리는 학생들을 열심히 가르쳤다. 그 결과, 1년 과정이 끝나갈 무렵 클리어리의 학생들 중 상당수는 읽기와 산수 부문 성취도 평가시험에서 우수학급의 아이들보다 좋은 성적을 기록했다. 하지만 클리어리는 '구슬 꿰기'나 '모래

상자 놀이' 같은 실습활동을 하지 않았다는 이유로 해고되었다. 엑셀시어시 특수교육부에서 제안하는 찰흙공작과 나무판 놀이, 그리고 핑거페인트finger paint를 활용하여 아이들을 지도하지 않았다는 이유로 쫓겨난 것이다.

초등학교에서 교편을 잡은 베버 역시 매우 총명한 학생이었다. 그녀는 대학에서 학생들의 개인차를 인정해야 한다고 배웠고 교사가 된 후 배운 그대로 실천했다. 그녀의 지도에 따라 똑똑한 학생들은 2~3년이 걸리는 교육과정을 1년 만에 마치기도 했다. 하지만 교장은 그녀와 종신계약을 맺을 수 없다는 결정을 내렸다. 교장은 베버가 학교 시스템에 혼란을 일으켰고 교과과정을 따르지 않았으며, 다음해 진도를 못 따라갈 아이들을 고생시켰다고 말했다. 그리고 그녀가 공식적인 평가제도와 교과서 발간 프로세스를 엉망으로 만들었으며, 몇몇 아이들이 이미 내년 과정까지 배웠기 때문에 다른 교사들을 난처하게 했다는 말도 덧붙였다.

지나치게 뛰어나면 오히려 해가 된다

앞의 사례는 대부분의 위계조직에서 지나치게 유능한 사람은 무능한 사람보다 더 불리하다는 사실을 보여준다.

우리가 흔히 볼 수 있는 무능력은 승진에 걸림돌이 되는 정도이지 '해고'로까지 이어지지는 않는다. 하지만 지나치게 유능하면 해고되기 십상이다. 왜냐하면 지나치게 유능한 사람은 위계 질서를 어지럽히고, "위계조직은 반드시 유지되어야 한다."라는 계층구조의 첫 번째 규율을 위반하기 때문이다.

당신은 1장에서 논의한 교사의 세 가지 유형인 무능한 교사, 비교적 유능한 교사, 유능한 교사를 기억할 것이다. 그때는 단순하게 설명하기 위해 그렇게 나누었지만, 사실 분포도의 양 끝에는 두 계층이 더 있다. 새로 완성된 분포도는 다음의 그림과 같다.

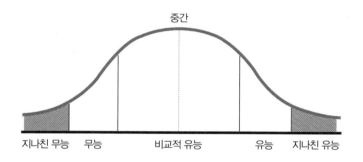

양쪽 끝에 있는 계층, 즉 지나치게 무능한 사람과 지나치게 유능한 사람은 해고되기 쉽다. 그들 중 대부분은 고용되자마자 곧 해고되는데, 앞에서 말한 것처럼 위계조직의 질서를 어지럽힐 수 있기 때문이다. 이처럼 양 극단의 사람들을 해고하는 것을 '위계조직상의 축출hierarchal exfoliation'이라고 부른다.

절망적인 무능력

앞에서는 지나치게 유능한 사람들의 운명에 대해 얘기했다. 그럼 지나치게 무능한 사람들은 어떻게 될까.

소시어는 로마크 백화점의 가전제품 코너 판매원으로 고용되었다. 처음부터 소시어는 평균 이하의 판매실적을 보였다. 하지만 이런 이유만으로 그녀를 해고하지는 못했는데, 평균 판매량에 못 미치는 판매원들이 그녀 외에도 많았기 때문이다. 문제는 소시어가 판매실적뿐만 아니라 다른 면에서도 탐탁지 않다는 데 있었다. 그녀의 서류 정리는 한심한 수준이었다. 또 다른 예를 들면 현금등록기에 버튼을 잘못 누르거나 경쟁회사의 신용카드를 받는 등 실수를 연발하곤 했다. 설상가상으로 그녀는 상사에게 무례하기까지 했다. 결국 그녀는 한 달 만에 해고되었다.

개신교 목사인 커크는 신의 본질과 성찬식의 의미, 예수의 재림과 사후 세계에 대해 급진적인 사상을 갖고 있었다. 그것은 종파의 공식적인 가르침과는 명확히 대립되는 것이었다. 게다가 커크는 목사로서 자신의 교구민들이 바라는 정신적 길잡이 역할을 제대로 수행하지 못했다. 그는 당연히 승진하지 못한 채 몇 년 동안 제자리에 머물러 있었다. 그러면서 책을 한 권 썼는데 그 책을 통해 케케묵은 교회의 위계조직을 비판하고 모든 교회에 세금을 부과해야 한다는 입장을 밝혀 논쟁을 불러일으키기도 했다. 커크는 교회가 동성애나 마약 복용, 인종차별 같은 사회문제에도 관심을 기울여야 한다고 주장했다. 이러한 주장 때문에 커크 목사는 단순히 무능한 수준에서 지나치게 무능한 수준으로 급격히 추락했고 즉각 해고되었다. 지나치게 무능한 사람들은 다음과 같은 두 가지 특성을 가지고 있다.

- 성과를 내지 못한다.
- 위계조직의 내적인 일관성을 지키지 못한다.

당신도 축출의 대상인가

지금까지 지나친 유능함과 무능함이 전형적인 위계조직에서는 똑같이 불리하다는 사실을 살펴보았다. 아울러 이러한 위계조직상의 축출 역시 피터의 원리에 따른 현상이라는 것을 알 수 있었다. 새로운 조직으로 옮기고 싶은가? 현재 당신이 서 있는 자리는 스스로 선택한 것인가? 아니면 처한 상황과 가족의 압력에 못 이겨 희생된 것인가? 어떻게 계획하고 결정하느냐에 따라 당신은 지나치게 유능한 사람이 될 수도, 지나치게 무능한 사람이 될 수도 있다.

허구적 예외 5 : 아버지의 후광

옛날식의 가족기업을 운영해온 사람들 중 일부는 자기 자식을 일반 직원처럼 다루기도 한다. 그 자식은 위계조직의 밑바닥에서 시작해서 피터의 원리대로 승진하게 된다. 그런 아버지들은 기업에 대한 애정과 기업을 효율적으로 운영하여 이익을 남기려는 욕망, 그리고 공정하게 판단하겠다는 개인 의지가 강하기 때문에 가족에 대한 애틋한 감정까지 억눌렀을 것이다.

하지만 대부분의 오너들은 곧바로 자식들을 높은 자리에 앉힌다. 그들 자식들은 때가 되면 위계 절차를 밟지 않더라도 최고 자리를 이어받거나 말 그대로 본인이 '후임이 되어야 한다'고 생각한다. 나는 이러한 유형의 배치를 '아버지의 가업 계승'이라고 부른다. 이를 수행하는 방법에는 두 가지가 있다.

첫 번째 방법은 기존 직원을 해고하는 것이다. 혹은 수평이동이나 파격적인 승진 요법을 사용할 수도 있다. 하지만 이 방법은 다음의 두 번째 방법보다 많이 쓰이지 않는다. 왜냐하면 기존의 직원들이 새로 부임한 자녀에게 좋지 않은 감정을 갖게 될 위험이 크기 때문이다. 두 번째 방법은 자식을 위해 회사 안에 특별히 새 자리를 만드는 것이다. '아버지의 가업 계승'은 계급구조가 존재하는 곳에서 가끔 보이는 작은 사례다. 계급구조하에서는 특혜를 받는 사람들이 밑바닥에서 출발하는 대신 단계를 뛰어넘어 위계조직의 상층에 진입한다.

위계조직의 높은 자리에 새 인물을 억지로 앉혀서 성과가 좋아지는 경우도 가끔 있다. 따라서 위계조직 밖에서 보기에는 '아버지의 가업 계승' 방법에 아무 문제가 없는 것처럼 보이기도 한다. 하지만 위계조직의 다른 구성원들은 '가업 계승자'가 들어오는 것을 아주 싫어한다. 직원들은 실제로 지금까지 자신이 거쳐왔고, 앞으로도 밟게 될 승진 절차를 옹호하는 경향이 있다. 그런 그들에게 그 외의 방법으로 승진한 경우가 좋아 보일 리 없다.

요즘은 자기 자식을 단번에 고위직에 앉힐 수 있는 권한을 가진 경영자가 많지 않다. 그럼에도 '아버지의 가업 계승'은 예전과 똑같은 방법으로 시행되고 있다. 다만 승진 대상자가 상관과 직접적인 혈연관계에 있지 않다는 점만 다를 뿐이다. 전형적인 예를 한번 살펴보자.

이와 비슷한 사례들

정부에서 '아버지의 가업 계승' 사례를 만들어내기도 한다. 정부 예산은 여러 가지 새로운 목적을 위해 쓰인다. 예를 들어 공해와 빈곤, 문맹, 무의탁 노인 문제, 불법행위 근절, 문화적 소외층 지원, 혹은 우주여행의 가능성 등을 연구하는 데 쓰인다. 정부 부서는 돈이 생기는 대로 쓸 곳을 찾아야 한다. 이를 위해 새 직책이 생겨난다. 즉 빈곤 추방 운동 실무진행자, 헤드스타트 head start(빈곤층 아동을 돕기 위한 미국의 교육 복지 프로그램-편집자주) 감독자, 도서 선정 자문위원, 노인복지와 행복 프로젝트 진행자 등 무엇이 됐든 누군가는 그 자리를 채우기 위해 고용될 것이다. 그가 그 자리에 적합하든 아니든 상관없다. 그저 기꺼이 돈을 쓸 수 있기만 하면 된다.

가업 계승 No. 7

엑셀시어시의 보건위생국장인 퓨어포이는 회계연도 말에 예산이 남을 것이라는 사실을 알았다. 다른 해와는 달리 시민들이 유행병으로 고생하지도 않았고, 강이 범람하면서 침전물이 흘러들어 배수관을 막는 일도 없었다. 그것은 보건부와 공중위생부를 맡은 부국장들이 성실하고 유능하며 경제관념이 남달랐기 때문이었다. 이런 이유로 책정된 예산을 다 쓰지 못했고 퓨어포이가 어떤 조치를 재빨리 취하지 않으면 다음해 예산이 삭감될 것이 분명했다.

그래서 그는 쓰레기 안 버리기와 도시 환경미화 프로그램을 진행하기로 하고 새로운 부국장을 물색했다. 그는 이 자리에 자신의 모교 경영대학원을 나온 픽윅을 앉히기로 했다. 부국장이 된 픽윅은 쓰레기 방지 감독관과 6명의 조사관, 3명의 여직원과 공보관 1명을 포함하여 11개의 새로운 자리를 만들어냈다. 공보관인 워즈워스는 어린이를 대상으로 한 수필 경연대회와 시민들을 위한 노래 및 포스터 디자인 공모행사를 하고, 쓰레기 방지 및 도시 환경미화를 홍보할 영화도 두 편 제작했다. 영화는 워즈워스와 픽윅과 함께 대학에서 동아리 활동을 했던 독립영화 제작자가 맡았다. 모든 일은 순조롭게 진행되었다. 결국 퓨어포이 국장은 예산을 초과 집행했고, 다음해에 더 많은 예산을 확보하는 데 성공했다.

피터의 원리는 깨지지 않는다

'아버지의 가업 계승'은 피터의 원리에 부합하는 현상이다. 자리가 채워지는 한, 일을 잘하고 못하고는 문제가 되지 않는다. 물론 그 사람이 유능하다면 더 승진할 수 있고, 더 높은 자리에서 무능력을 발견할 수도 있을 것이다. 따라서 이 장에서 언급한 예외들은 사실 예외가 아니다. 피터의 원리는 모든 위계조직에 있는 모든 구성원들에게 적용된다.

3장

연줄이냐
노력이냐

강력하고 질긴 연줄, 그런 연줄을 잡아라.

−C. 디킨스

이제 피터의 원리가 모든 위계조직을 지배한다는 사실을 알았을 것이다. 그러나 여전히 승진하려면 어떻게 해야 하는지가 궁금할 것이다. 이 장에서 이에 대한 답을 찾아보기로 하자.

연줄, 싫지만 부러운 것

나는 연줄을 '위계조직 내의 구성원이 임원과 혈연, 결혼 혹은 친밀함 등으로 연결된 관계'라고 정의한다. 연줄을 타고 승진하는 사람은 인기가 없다. 우리는 연줄을 통해 승진하는 것을 좋아하지 않는다. 정확히 말하자면 나 아닌 다른 사람이 그런 식으로 승진하는 것을 좋아하지 않는다. 동료들은 연줄의 혜택을 받는 사람을 무능하다고 공격함으로써 이러한 감정을 드러낸다.

킨스먼은 엑셀시어시의 교육감이 되자마자 자신의 사위인 하커를 음악 담당 장학사로 임명했다. 그러자 몇몇 교사들은 청력도 안 좋은 하커가 그 자리에 앉는 것을 못마땅해했다. 그들은 연공서열에 따라 로엔이 장학사가 되었어야 한다고 말했다. 하지만 수많은 학교의 합창단과 오케스트라 단원들은 로엔이 학생과 음악을 싫어한다고 말했다. 그렇다고 로엔이 하커보다 능력이 특별히 뛰어난 것도 아니었다. 이렇게 볼 때 교사들이 불평하는 이유는 하커가 무능하기 때문이 아니라, 연공서열에 따라 승진하는 관행을 깨버렸기 때문임이 분명하다. 위계조직에 있는 사람들이 정말 무능력을 싫어하는 것은 아니다(이것을 '피터의 역설Peter's Paradox'이라고 부른다). 그들은 단지 연줄을 잡은 사람들에 대한 부러움을 숨기기 위해 무능력을 들먹이는 것뿐이다.

어떻게 연줄을 잡을 것인가

나는 연줄을 잡은 사람들과 연줄은 없으나 이들과 똑같은 능력을 가진 사람들을 비교해보았다. 연구 결과, 연줄을 통해 승진하기 위해서는 5가지를 실행해야 한다는 것을 알 수 있었다.

첫째, 후원자를 찾아라

후원자란 위계조직에서 당신 위에 있으면서 당신의 승진을 도울 수 있는 사람이다. 누가 그런 권력을 갖고 있는지 알아내기 위해서 탐색해야 할 때도 있을 것이다. 대부분의 사람들은 직속상관의 평가에 따라 승진이 결정된다고 생각한다. 물론 그럴 수도 있다. 하지만 경영자가 당신의 직속상관이 이미 무능의 단계에 도달했다고 판단하여 그의 평가나 권고, 선호도, 발언을 듣는 둥 마는 둥 할 수도 있다. 그러니 피상적으로 생각하지 말고 깊게 파고들어라. 그러면 찾을 수 있을 것이다.

둘째, 그들에게 동기를 부여하라

동기부여가 안 된 후원자는 후원자가 아니다. 당신을 도와줌으로써 후원자가 얻는 것이 있거나 혹은 당신을 돕지 않음으로써 손해를 보게 된다는 사실을 알게 하라. 내가 발견한 동기부여 사례 중에는 매력적인 것도 있고 야비한 것도 있었다. 여기서 그 사례들을 소개하는 대신, 나는 당신에게 다음 항목에 있는

'피터의 다리Peter's Bridge'라는 시험을 치르게 할 것이다. 만약 혼자 힘으로 그 다리를 건너지 못한다면 당신은 이미 무능의 단계에 도달한 것이고, 어떠한 충고도 당신을 도울 수 없을 것이다.

셋째, 밑바닥에서 벗어나라

당신이 수영장에서 다이빙대에 올라간다고 상상해보자. 그런데 앞서 올라가던 사람이 사다리 중간에서 겁을 먹고 당신의 길을 막고 있다. 그 사람은 눈을 감은 채 손잡이에 필사적으로 매달려 있다. 그는 아래로 떨어지지는 않겠지만 더 높이 갈 수도 없다. 그가 길을 막고 있으니 당신도 올라갈 수 없다. 이와 마찬가지로 직업의 위계조직에서 무능의 단계에 도달한 사람이 당신의 앞길을 막고 있다면 당신이 아무리 노력하거나 후원자가 끌어주더라도 소용이 없다. 이처럼 곤란한 상황을 '피터의 난처한 입장Peter's Pretty Pass'이라고 부른다.

다시 수영장으로 돌아가보자. 다이빙대로 오를 때 앞이 막혀 있는 사다리에서 내려와 다른 사다리로 건너간다면 아무 장애 없이 꼭대기까지 오를 수 있다. 직장의 위계조직에서도 위로 올라가려면 지나치게 무능한 상관의 그늘에서 벗어나야 한다. 그리고 장애가 없는 승진 채널로 옮겨야 한다. 이 방법을 '피터의 우회Peter's Circumambulation'라고 부른다.

하지만 피터의 우회 작전에 시간과 노력을 투자하기 전에 우선 당신이 정말로 '피터의 난처한 입장'에 처해 있는지, 즉 당신의 상관이 정말 무능한지를 잘 살펴야 한다. 만약 그 사람이 승진할 수 있다면 무능한 사람이 아니므로 피할 필요가 없다. 그저 약간의 인내심을 발휘해서 잠시 기다리면 그는 승진할 것이고, 그 결과 공백이 생기면 연줄은 놀라운 힘을 발휘할 것이다. 당신의 상관이 무능력자인지 아닌지를 확실하게 알아보려면 최종 승진final placement에서 나타나는 신체적·정신적 증후군을 살펴보면 된다(7장 참조).

넷째, 후원자의 한계를 인지하라

어느 후원자든 당신을 위해 할 수 있는 일에는 한계가 있게 마련이다. 등산 경험이 풍부한 사람이 미숙한 등산가를 자신이 있는 위치까지 데리고 올라갈 수는 있다. 하지만 그 미숙한 등산가를 더 끌어올리려면 자신이 먼저 더 높이 올라가야만 한다. 만약 첫 번째 후원자가 더 높이 올라가지 못한다면 더 높이 올라갈 수 있는 다른 후원자를 찾아라. 그전에 첫 번째 후원자보다 더 높은 지위에 있는 후원자에게 당신의 충성을 바칠 수 있도록 항상 준비하라.

다섯째, 여러 명의 후원자를 확보하라

여러 명의 후원자가 발휘하는 연줄의 힘은 후원자 수에 후원자

개개인이 가진 연줄을 곱한 것과 같다. 후원자들은 서로 대화를 하면서 당신의 장점에 대한 각자의 의견을 끊임없이 보강하게 되고, 결국 당신에게 유리한 결정을 내리게 된다. 한 명의 후원자에게는 이와 같은 증식 효과를 기대할 수 없다. 후원자가 많을수록 승진은 쉬워진다.

이상과 같은 충고를 따름으로써 당신은 연줄을 잡을 수 있다. 연줄은 위계조직을 통해 상승하려는 당신을 도와 원하는 수준에 훨씬 빨리 닿도록 만들 것이다.

노력은 힘이 없다

이번에는 개인의 노력이 승진에 어떤 영향을 주는지 살펴보자. 우리가 조사한 결과에 따르면 조직에서 연공서열의 힘은 노력의 힘을 무산시킬 만큼 막강하다. 또한 우리는 연줄이 노력보다 더 강하다는 것도 알 수 있었다. 연줄은 연공서열의 요인을 능가하는 경우가 많지만 노력은 거의 그렇지 않다. 노력만으로는 '피터의 난처한 입장'에 빠진 자신을 구해낼 수 없다. 그리고 '피터의 우회'에 성공할 수도 없다. 연줄의 도움 없이 피터의 우회 전략을 쓴다면 상관은 이렇게 말할 것이다. "이 친구는 도대체 오랫동안 한 가지에 전념할 줄 몰라." "끈기가 없어!"

노력은 최종 승진 단계에서 어떤 효력도 발휘하지 못한다. 왜냐하면 적극적인 사람이든 수줍음이 많은 사람이든 모든 직원은 피터의 원리하에 있고, 그에 따라 언젠가는 스스로 무능의 단계에 도달해서 머물게 되기 때문이다.

노력의 증상

노력하는 사람은 때때로 이상하리만치 공부에 열중하거나 직업적 훈련, 자기계발에 비정상적인 관심을 보인다. 드문 경우지만 아주 작은 위계조직에서는 이런 노력 덕분에 능력이 향상되어 미약하나마 승진이 촉진되기도 한다. 하지만 연공서열의 힘이 강한 큰 위계조직에서는 별 효과가 없다.

극단으로 치닫는 경우

학습과 자기계발을 통해 능력이 향상되면 승진 단계를 빨리 거쳐 무능의 수준에 일찍 도달할 수도 있다. 이는 노력이 오히려 부정적인 결과를 가져오는 경우다.

예를 들어 엑셀시어 매트리스 회사의 지역 판매사무소 대표인 셀러스가 열심히 공부해서 외국어에 능통하게 되었다고 가정해보자. 이 때문에 그는 본사로 가는 대신 해외 출장소를 전전하게 될 것이다. 그런 뒤에 본국으로 돌아와서 판매 관리자라는 최종 직위, 즉 무능의 단계에 도달할 것이다. 열심히 학습한 것이 오히려 셀러스의 승진 계획을 바꿔버린 것이다. 내 생각에 학습과 훈련으로 생기는 긍정적인 효과와 부정적인 결과는 서로 상쇄되는 것 같다. 가령 일찍 출근하고 늦게 퇴근하는 사람은 칭찬과 비난을 동시에 받는 경우가 많다. 이런 식의 근무 태도를 회사에 대한 애정과 일에 대한 열정으로 보기도 하지만 출세지향적이고 윗사람에게 아부하는 수법으로 보기도 하는 것이다.

규칙을 증명하는 예외

우리는 자신의 자리를 마련하기 위해 공정한 방법뿐만 아니라 반칙을 써서 현직자를 내쫓기까지 하는 적극적인 사람들이 예외적으로 빨리 승진하는 경우를 보기도 한다. 셰익스피어William Shakespeare는 「오셀로」에서 다음과 같은 예를 들고 있다. 1장 1막에서 야망에 차 있는 이아고는 승진이 엄격한 연공서열의 규칙을 따르지 않고 연줄에 의해 결정되는 것을 보고는 비탄에 빠진다.

아… 저주받을 일이 벌어지고 있구나
승진이 추천장과 애정에 의해 결정되다니
오래된 관습을 지키지 않고, 매번 오래된 고참이
첫 번째 후계자로 기다리고 있는데.

이아고가 바라던 자리는 마이클 카시오에게 주어진다. 그래서 이아고는 카시오를 죽이는 한편 통수권자인 오셀로가 카시오를 의심하도록 만드는 이중 계획을 세웠다. 계획은 거의 성공할 뻔했다. 하지만 이아고의 수다쟁이 아내 에밀리아가 문제였다. 에밀리아는 남편의 음모를 누설하고, 이아고는 그렇게 원하던 승진을 끝내 이루지 못한다. 우리는 이아고의 운명을 통해 노력을 통해 승진하려면 비밀을 목숨처럼 지켜야 한다는 사실 또한 알 수 있다. 하지만 이아고만큼 의지가 강한 경우는 별로 없다. 따라서 노력이 승진에 그다지 큰 영향을 미치지 않는다는 내 주장에는 변함이 없다.

노력이 과대평가되는 이유

노력의 힘이 종종 과대평가되는 이유는 두 가지다. 첫째, 보통 사람보다 더 노력하는 사람은 보통 사람보다 더 멀리, 그리고 더 빨리 승진할 만하다는 고정관념 때문이다. 물론 그런 고정관념에는 아무런 과학적인 근거도 없다. 그저 내가 '앨저 콤플렉스Alger Complex'[저자는 호레이쇼 앨저Horatio Alger, Jr.(1832~1999, 미국의 소설가)가 '하면 된다'는 불굴의 의지를 가진 인물의 성공스토리를 창작함으로써 노력의 유용함을 과장했다고 비난한다–편집자주]라고 붙인 도덕적 환상 때문에 만들어진 것뿐이다.

둘째, 의지가 강한 사람들이 종종 '허위 성취 증후군Pseudo-Achievement Syndrome'을 보이기 때문이다. 이 때문에 미숙한 관찰자들에게는 때때로 노력의 힘이 실제보다 더 크게 보인다. 허위 성취 증후군을 보이는 사람들은 신경쇠약, 위궤양, 불면증과 같은 병에 시달린다. 결국 적극적인 노력이 가져다주는 결과는 행정관료의 성공 휘장과도 같은 궤양뿐이다. 이런 상황을 이해하지 못하는 동료들은 허위 성취 증후군 환자를 '최종 승진 증후군Final Placement Syndrome'의 한 예라고 생각하고 그 사람이 최종 승진 단계에 도달했다고 생각하기도 한다. 하지만 이런 사람들은 사실 앞으로 몇 단계 더 승진할 수도 있다.

허위 성취 증후군과 최종 승진 증후군의 차이점은 '피터의 뉘앙스'를 통해 구별할 수 있다. 두 가지 증후군을 구별하려면 스스로에게 "그 사람이 유용한 일을 하고 있는가?"라고 자문해보면 된다. 그 대답으로 '예', '아니오', '모른다'가 의미하는 바는 다음과 같다.

- 예 : 그는 무능의 단계에 도달하지 않았고 단지 허위 성취 증후군을 보이는 것이다.
- 아니오 : 그는 무능의 단계에 도달했고 최종 승진 증후군을 보이는 것이다.
- 모른다 : 당신이 무능의 단계에 도달한 것이다. 자신의 증상을 먼저 조사해보라.

당부의 말

당신이 앉을 수 있을 때는 절대 서 있지 말고, 탈 수 있을 때에 걷지 말며, 연줄을 이용할 수 있을 때는 절대 혼자의 힘으로 승진하려 하지 마라.

충실한 부하는 리더가 되지 못한다

나는 사람들이 으레 맞는다고 생각하는 여러 가지 잘못된 생각들을 바로잡고 싶다. 그중 하나가 "한번 일이 잘 풀리면 모든 일이 잘 된다."라는 말이다. 사람들을 잘못된 길로 인도하는 말로 이보다 더 잘못된 말이 있을까? 우리는 이미 무능의 단계로 승진할 때 '최대의 실패는 성공nothing fails like success'임을 잘 알고 있다. 그리고 뒤에서 '창조적인 무능력'을 논의할 때 설명하겠지만 '최대의 성공은 실패nothing succeeds like failure'라는 사실도 미리 말해둔다.

이제 "훌륭한 리더가 되려면 먼저 훌륭한 부하가 되어야 한다."라는 오래된 격언에 대해 생각해보려고 한다. 이 말은 행정 분야에서 떠돌아다니는 위계조직학적 오류의 전형이다. 예를 들어 조지 워싱턴의 어머니에게 아들이 어떻게 그와 같은 용맹을 떨칠 수 있는지를 물었을 때, 그녀는 이렇게 대답했다. "나는 아들에게 복종하라고 가르쳤다." 이 때문에 미국에는 또 하나의 불합리한 추론이 등장했다. 어떻게 리더십이 복종하는 능력에 달려 있다는 말인가? 물에 뜨는 능력이 가라앉는 능력에 달려 있다고 말하는 것과 무엇이 다른가?

부하의 리더십은 발현되지 못한다

두 계급이 존재하는 위계조직을 생각해보자. 명령을 충실히 따르는 직원은 곧 명령하는 자리로 승진할 것이다. 더 복잡한 위계조직에서도 똑같은 논리가 적용된다. 낮은 계급에서 유능했던 사람이 승진할 가능성은 매우 높다. 하지만 승진과 함께 리더로서의 무능력이 서서히 드러날 것이다. 조사에 따르면 사업 실패의 53퍼센트가 경영상의 무능력 때문이라고 한다. 이런 사람들도 전에는 리더가 되려고 노력했던 유능한 부하들이었을 것이다.

군대 No. 17

채터스는 군대에서 행정관으로서의 능력을 유감없이 발휘했다. 그는 모든 계급의 사람들과 어울려 일을 원만히 처리했고 상부의 지시를 적극적으로 또 정확히 수행했다. 한마디로 그는 훌륭한 부하였다.

소령으로 진급한 채터스는 이제 혼자 결정해서 일을 처리하게 되었다. 하지만 리더라면 갖게 마련인 고독을 참아낼 수 없었다. 그는 부하들과 어울려 이런저런 얘기와 농담을 건네면서 그들의 일을 방해했다. 그리고 명령을 전달하는 일에도 서툴러서 한 번에 일이 성사되는 경우가 거의 없을 정도였다. 이런 지긋지긋한 간섭 때문에 부하들의 업무 능률은 떨어졌으며 모두가 불행해졌다.

채터스는 주로 대령의 사무실 주변을 어슬렁거리면서 시간을 보냈다. 그는 대령과 이야기하지 못할 때는 대령의 비서와 이런저런 이야기를 나눴다. 마음 약한 비서는 그만 가달라고 분명히 말하지도 못했기 때문에 일이 지체될 수밖에 없었다. 보다못한 대령이 채터스를 떼어놓기 위해 비서에게 기지의 모든 사무실로 쓸데없는 심부름을 시킬 정도였다.

이 예를 통해 우리는 유능한 부하가 리더의 자리로 승진하면 다음과 같이 된다는 사실을 알 수 있다.

- 리더십을 발휘하는 데 실패한다.
- 부하들의 업무 효율을 저하시킨다.
- 상관의 시간을 낭비한다.

자수성가 No. 2

사실 대부분의 위계조직에서는 내면에 훌륭한 리더십을 가지고 있는 부하들이 리더로 크지 못한다. 다음의 예를 살펴보자.

휠러는 머큐리 배달서비스 회사에서 자전거 배달을 하는 소년이었다. 휠러는 전례가 없을 정도로 신속하고 체계적으로 배달했다. 예를 들어 자신이 담당한 배달 구역의 모든 도로와 골목길, 지름길을 조사해서 지도를 만들고, 모든 교통신호의 간격을 재서 배달 지연 사고를 미연에 방지했다. 그 결과 항상 두 시간 이상 일찍 배달을 마칠 수 있었다. 휠러는 남은 시간에 카페에서 경영에 관한 책을 읽었다.

하지만 휠러가 다른 배달원의 루트까지 다시 짜주기 시작했을 때 그는 해고되고 말았다. 어떤 이는 그를 실패자라고 생각했다. 하지만 휠러는 해고된 직후 페가수스 플라잉 운송 회사를 세워서 승승장구했고, 머큐리는 3년 만에 망했다.

이 사례는 예외적으로 뛰어난 리더십은 기존의 위계조직에서는 통하지 않는다는 사실을 말해준다. 그렇게 뛰어난 능력을 가진 사람은 일반적으로 기존의 위계조직에서 벗어나 다른 곳에서 새롭게 출발을 한다.

> ## 유명인사 No. 902
>
> 에디슨은 신문 배달에 무능하다는 이유로 해고되었지만 자신의 조직을 훌륭하게 이끌었다.

몇 가지 드문 예외

때로는 특수한 상황에서 잠재적인 리더십이 드러나기도 한다. 일례로 전쟁 중이던 어떤 부대의 장교들이 밤새 공격을 당해 모두 전사하자, 데어 하사가 지휘권을 받아서 적군을 물리치고 군대를 무사히 끌고 나왔다. 이러한 공로를 인정받아 데어 하사는 전장에서 바로 승진되었다. 전쟁 중이 아니었다면 데어는 그렇게 승진하지 못했을 것이다. 그는 지나치게 노력하는 사람이었다. 그런 그가 승진할 수 있었던 것은 계급과 연공서열을 따르는 정상적인 체계가 무너지고, 위계조직이 파괴되거나 일시적으로 체계가 정체되었기 때문이다.

부하의 리더십은 조직에 위험하다

이 시점에서 당신은 내가 혹시 피터의 원리를 흠집 내고 있는 것은 아닌가 의심하며 혼란스러워할지도 모른다. 물론 피터의 원리는 유능한 부하라면 언제나 승진할 수 있다고 말한다. 여기에는 어떤 예외도 있을 수 없다. 하지만 2장에서 살펴본 것처럼 직원의 유능함을 평가하는 사람은 당신이나 나처럼 제삼자가 아니라 고용주, 더 정확하게 말하면 위계조직의 상위 계층에 있는 임원이다. 그들의 눈에 잠재적인 리더십은 곧 반항이고, 반항은 무능력을 뜻한다. 훌륭한 부하는 훌륭한 리더가 되지 못한다. 물론 유능한 부하가 여러 차례 승진을 할 수는 있어도 승진을 한다고 해서 저절로 리더가 되는 것은 아니다.

이제 대부분의 위계조직은 전통 및 규범, 공공 법률이 정한 범위 안에서 조직의 방향과 속도를 정하기 때문에 누군가가 리더십을 발휘해서 부하들을 하나하나 지도할 필요가 없어졌다. 그들은 마치 뱃머리를 장식하는 상像이 배를 이끄는 식대로 그저 선례를 따르고 규정에 복종하기만 하면 된다. 이런 환경에서 진정한 리더를 만난다는 것이 얼마나 두렵고도 유감스러운 일인지는 쉽게 예상할 수 있다. 이 같은 현상을 '승자 공포증 Hypercaninophobia' 혹은 더 정확한 표현으로는 '승자 공포증 콤플렉스Hypercaninophobia Complex(패자가 최고의 승리자가 될 수도 있다는 공포)'라고 한다.

4장

정치에서 나타나는
피터의 원리

인류의 역사는 여기저기에서 모호한 진리가 발견될 수도 있는,

실수로 가득찬 바다와 같다.

−C. 베카리아

내 강의를 듣고 있던 한 학생이 내게 이렇게 말했다. "교수님, 저는 우리를 가지고 장난치는 똑똑한 사람들이 세상을 움직이는 건지, 아니면 말 그대로 바보들이 움직이는 건지 모르겠습니다."

이 학생의 질문은 많은 사람들의 생각과 느낌을 대변해주고 있다. 하지만 사회과학은 이 질문에 대해서 어떤 일관된 답도 내놓지 못하고 있다. 지금까지 어느 정치학 이론가도 정부의 활

동을 만족스럽게 분석하거나 정치의 미래를 정확하게 예측하지는 못했다. 마르크스주의자들의 분석 역시 자본주의 이론가들이 내놓은 분석만큼이나 틀렸다는 것이 증명되었다. 연구를 진행하면서 나는 자본주의나 사회주의, 공산주의 체제 모두 쓸데없이 많은 무능한 인사들로 채워져 있다는 사실을 발견했다. 경제적·정치적 위기가 닥칠 때마다 많은 전문가들이 저마다 다른 구제책을 내놓느라 정신없는 풍경을 떠올리면 알 수 있다.

예산이 균형을 이루지 못한다 싶으면 A는 세금을 올리라고 말하고, B는 세금을 깎으라고 외친다. 외국 투자자들이 달러화를 믿지 못하면 C는 긴축경제를 주장하는 반면 D는 인플레이션을 옹호한다. 거리에 폭동이 일자 E는 "빈민층에게 보조금을 지급해야 한다."라고 제안하고, F는 "부자들을 더욱 격려해야 한다."라고 말한다. 외세의 위협이 거세지면 G는 무시하라고 말하고, H는 회유하라고 주장한다.

왜 이런 혼란이 생길까? 그 이유는 세 가지다.

첫째, 많은 전문가들이 실제로 무능의 단계에 도달했다. 그들의 충고는 대부분 말도 안 되는 것이거나 적합하지 않다. 둘째, 몇몇 이론은 타당하지만 실행 가능성이 없다. 셋째, 타당한 제안이든 말도 안 되는 제안이든 효율적으로 수행될 수 없다. 이미 정부기관은 송두리째 무능력으로 가득찬 일련의 거대한 위계조직들로 구성되어 있기 때문이다. 그렇다면 이제부터 법을 만드는 입법부와 이를 집행하는 행정부에서 피터의 원리가 어떻게 나타나는지 구체적으로 살펴보자.

입법부에서 나타나는 피터의 원리

현대의 입법부는(비민주적인 국가에서조차도) 대부분 국민투표로 선출된다. 유권자들은 각자의 판단에 따라 국민을 대표할 가장 유능한 정치인을 뽑는다. 이것은 대의정치를 가장 단순하게 설명한 이론이다. 하지만 현실에서는 그 절차가 더 복잡하다.

오늘날의 정치는 정당 체제로 운영된다. 어떤 나라에는 공식적인 정당이 한 개뿐이다. 물론 정당을 두 개 가진 나라도 있고 여러 개 가진 나라도 있다. 일반적으로 정당이란 정치적 입장이 같은 사람들이 그들의 공통된 관심사를 발전시키기 위해 서로 협조하는 단체를 의미했다. 하지만 그런 의미는 더이상 유효하지 않다. 지금은 전적으로 로비 활동이 의회의 기능을 대신하고 있으며, 특정 이권이 개입되면 로비 활동은 극에 달한다. 이에 반해 오늘날의 정당은 주로 후보자를 선출하고 당원들을 공직에 진출시키기 위한 하나의 도구 역할밖에 수행하지 못한다. 물론 '무소속' 후보가 정당의 추천 없이 혼자의 노력으로 선출되기도 하지만 정치 캠페인에 소요되는 엄청난 비용 때문에 지역 및 지구 수준에서도 무소속 후보가 나오는 경우는 드문 편이다. 현대 정치에서는 정당이 후보자의 선출을 지배한다고 보는 것이 맞다.

정당은 위계조직이다

당원이라면 모든 정당이 위계조직이라는 사실을 쉽게 이해할 것이다. 물론 대부분의 당원은 무보수로 일하고 특권을 위해서는 정치자금을 내놓기도 한다. 그럼에도 정당에는 뚜렷한 계급 구조가 있고, 한 계급에서 다음 계급으로 승진하는 제도가 명확히 마련되어 있다. 나는 지금까지 피터의 원리를 일반 비즈니스 조직에만 적용하여 설명했다. 이제 당신은 정당이라는 위계조직에도 피터의 원리가 유효하다는 사실을 알게 될 것이다.

공장이나 군대에서처럼 정당에서도 현재 계급에서의 능력은 다음 계급으로의 승진을 위해 반드시 필요하다. 유능한 선거운동원은 승진해서 선거운동원을 조직하는 임무를 맡을 수도 있다. 무능하고 신임을 못 받는 선거운동원은 승진은 꿈도 못 꾼 채 계속 유권자의 집을 방문하지만 별 성과도 거두지 못하고 오히려 후보자의 이미지만 망칠 수 있다.

봉투에 홍보전단을 빨리 집어넣는 사람은 전단지 관리팀의 책임자가 될 수 있다. 반면 전단지를 봉투에 넣는 솜씨가 서툴러서 어떤 봉투에는 전단지 두 개를 넣고 다른 봉투에는 하나도 안 넣거나, 전단지를 잘못 접어 넣는 사람은 정당에 남아 있는 내내 서투르게 전단지를 넣는 일만 하게 될 것이다.

유능한 자금 모금원은 후보자 공천위원회에 발탁될 수도 있다. 하지만 그가 자금을 모으는 데는 능숙하지만 국회의원의 자질을 판단하는 데는 서툴러서 무능한 후보자를 지지할 수도 있다. 설령 공천위원회가 판단력이 뛰어난 사람들로 구성되었다고 할지라도 위원회는 입법가로서 잠재적 능력을 지닌 사람보다는 그저 선거에서 승리할 가능성이 높은 사람을 후보자를 선택할 수도 있다.

유세를 잘한다고 유능한 후보는 아니다

대중 집회에서 대표가 결정되던 시절, 그리고 연설이 고도의 예술로 인정받던 시절에는 청중을 사로잡는 연설가가 정당의 공천을 받을 확률이 높았고 실제 당선될 가능성도 컸다. 하지만 이제는 수십만 명의 유권자들을 목소리와 몸놀림으로 매료시키고 즐겁게 한다는 이유만으로 그 후보자가 국가사업에 대해 분별력 있게 판단하고 차분히 논쟁하며 현명하게 표결할 것이라고 누구도 생각하지 않는다.

선거 캠페인이 정교해지면서 정당은 텔레비전 화면에 가장 멋있게 보이는 사람을 공천하기도 한다. 하지만 화장과 조명의 도움으로 스크린에 매력적으로 비친다고 해서 국회에서도 유능하게 일을 처리할 것이라는 보장은 없다. 예나 지금이나 많은 후보자들은 국회의원으로 상승이동을 했지만 그 결과 자신의 무능을 드러냈을 뿐이다.

의회의 직위도 무능력자들로 채워진다

의회 또한 위계조직이다. 무능하다고 판명된 국회의원은 어떤 승진 기회도 얻을 수 없을 것이다. 하지만 유능한 국회의원은 중요한 위원회의 위원 및 의장을 맡고, 특정 시스템 아래에서는 장관이라는 더 높은 자리로 승진할 수 있다. 물론 어떤 자리에서든 승진한 사람은 무능의 단계에 이를 수 있다.

우리는 피터의 원리가 가장 하급의 당원에서부터 선거를 통해 선출된 최고위 인사에까지 입법부 전체를 지배하는 것을 보았다. 모든 사람은 힘에 부치는 수준으로 올라가려는 경향이 있고, 모든 직위는 때가 되면 임무를 수행하기 힘든 무능한 사람들로 채워지는 것이다.

행정부에서 나타나는 피터의 원리

이제는 피터의 원리가 국가 및 지역 수준의 모든 행정부, 즉 사무국과 각 부처, 기구에 어떻게 적용되는지 살펴보자. 경찰부터 군대에 이르기까지 모든 행정조직은 월급을 받는 고용인들로 구성된 견고한 위계조직이다. 또한 어느 조직이나 직무를 제대로 수행할 수 없고 승진할 가능성이 없으면서도 아직 쫓겨나지 않은 무능한 사람들을 적절히 다루지 못하고 있다.

민주주의 체제든 독재 체제든 혹은 공산주의든 자유기업적인 관료주의든 모든 정부는 그 위계조직이 더이상 견딜 수 없는 성숙의 상태에 도달하면 무너질 것이다. 위계조직의 능률은 조직의 성숙지수Maturity Quotient, MQ에 반비례한다. MQ를 공식으로 나타내면 다음과 같다. 그리고 MQ의 값이 100에 이르면 어떤 일도 달성되지 않는다.

$$MQ = \frac{\text{무능의 단계에 있는 직원 수}}{\text{위계조직 내의 모든 직원 수}} \times 100$$

평등주의가 무능력을 양산한다

지금 시대는 공무원이나 군대의 진급이 정실情實 관계에 의해 결정되던 때보다 더 나쁘다. 이 말이 요즘과 같은 평등주의 시대에 이상하게 들리겠지만 다음의 설명을 들으면 고개를 끄덕이게 될 것이다.

'폴로비아'라는 상상의 나라가 있다고 가정해보자. 그곳에서는 시험에 의한 공무원 선발, 기회균등, 능력에 따른 승진이라는

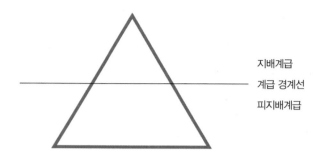

지배계급
계급 경계선
피지배계급

개념이 통하지 않는다. 풀로비아는 엄격한 계급 체계를 갖추었고, 정부 및 기업, 군대, 교회와 같은 모든 위계조직의 고위직은 지배계급만이 차지할 수 있다. 당신은 내가 '상류계급'이라는 표현을 피한다는 것을 알아챘을지도 모른다. 일반적으로 이 용어는 귀족 출신이거나 가문이 좋다는 이유로 우월함을 갖는 계급을 뜻한다. 하지만 이외에도 종교, 신체, 인종, 언어 혹은 정치적 연합에 따라 지배계급과 피지배계급이 구별되는 체제를 가리킬 때도 쓰인다.

풀로비아에서 판단 기준이 무엇인지는 문제가 되지 않는다. 중요한 것은 그 나라에 지배계급과 피지배계급이 존재한다는 사실이다. 위의 그림은 전통적인 피라미드 구조를 띠는 풀로비아의 전형적인 위계조직을 보여준다.

하위직은 피지배계급이 차지한다. 그들 중 아무리 뛰어난 사람이 있더라도 계급 경계선을 뛰어넘을 수는 없다. 고위직은 지배계급이 차지하고 있다. 그들은 피라미드의 바닥에서부터 경력을 쌓지 않고 계급을 나누는 경계선에서 시작한다.

하위 영역에 있는 많은 직원들은 계급 경계 때문에 자신의 무능의 단계까지 올라가지도 못한다. 그들은 일하는 내내 자신이 잘할 수 있는 업무를 처리하면서 보낼 것이다. 어떤 사람도 하위 영역을 넘어 승진할 수는 없기 때문에 이 조직은 직원을 유능한 상태로 유지하면서 지속적으로 활용할 수 있다. 즉 위계조직의 하위 영역을 효율적으로 운영하려면 계급 경계가 있는 것이 없는 것보다 더 유리하다.

이제 계급 경계선 위에 있는 지배계급 영역을 보자. 우리가 이미 보아왔던 것처럼 위계조직 내의 계급 수가 많을수록 구성원들이 무능의 단계에 도달할 가능성이 커진다. 즉 계급이 많을수록 무능력자도 많아진다. 이런 이유 때문에 지배계급 영역은 실리를 추구하기 위해 소수의 계급으로 운영되는 폐쇄적인 형태를 띠게 된다. 그럼으로써 많은 구성원들이 무능의 단계에 도달하지 않을 수 있다. 더욱이 밑바닥에서 출발했다면 결코 정상에 이르지 못했을 사람들에게는 피라미드의 정상 부근에서 시작할 수 있다는 점이 매력적으로 느껴질 것이다.

다른 각도로도 살펴보자. 뒤의 6장에서 나는 능률 진단에 대해 논의하고 위계조직의 효율성을 높이는 유일한 방법은 조직의 상층부에 새로운 인물을 배치하는 것뿐이라는 사실을 보여줄 것이다. 오늘날 대부분의 제도에서는 이러한 정책이 조직 개편 후나 급속한 확장 시기에만 가끔 쓰일 뿐이다. 하지만 폴로비아의 위계조직에서는 유입 정책을 지속적으로 쓸 수 있다. 새로운 인물이 정기적으로 계급 경계선 위에 있는 지배계급으로 유입되기 때문이다.

이렇게 볼 때 폴로비아의 위계조직은 피지배계급이나 지배계급 모두에게 계급이 아예 없거나 평등주의를 원칙으로 하는 조직보다 훨씬 효율적이라고 할 수 있다.

현대의 계급구조 : 학력

이제 와서 새삼스럽게 '계급 체계를 만들자'고 선동하는 것으로 비난받기 전에 나는 우리 사회가 이미 그런 계급 체계를 가지고 있다는 것을 지적하고 싶다. 현대의 계급은 출생 신분에 의해서가 아니라 출신 대학의 명성에 바탕을 둔다. 예를 들어 하버드 대학을 졸업한 사람은 '하버드 사람'으로 지칭되지만 그저 그런 대학을 나온 사람을 '○○ 대학 졸업자'라고 말하지는 않는다. 심지어 어떤 위계조직에서는 유명하지 않은 대학을 졸업한 경우 그 사람이 아무리 유능하더라도 명문 대학을 졸업한 사람보다 승진을 못 하게 되기도 한다.

하지만 점점 대학 졸업이 필수 요건으로 인식되면서 어떤 위계조직은 말단직에도 대학 졸업장을 요구하고 있다. 이러한 추세에 따라 모든 학위 소지자들의 승진 가능성은 커지고, 특정 학교나 학위 소지자만이 누렸던 희소가치는 점점 떨어지게 된다. 해가 갈수록 기업에서 일하는 대학 졸업자든 정부기관에서 일하는 대학 졸업자든 승진을 함에 따라 무능의 단계에 도달할 기회는 더 많이 갖게 될 것이다.

무능력과
창조적 무능력

5장

그들은 무능력을
이렇게 말했다

시인은 보통 사람들이 깨닫지 못한 영감을 이끌어내는 창조자다.

−P. B. 셸리

인간과 무능력에 관한 날카로운 관찰

이 책은 위계조직학에 관한 첫 번째 책이기 때문에 참고도서 목록이 없다. 그러나 위계조직, 무능력에 관해 직관적인 통찰을 보여준 사람들이 몇 명 있다. 비록 그들은 이 주제에 관해 책을 쓴 적은 없지만 위계조직학 개념을 떠올렸다면 책을 썼을지도 모르는 사람들이다.

속담 속 무능력

먼저 흔히 말하는 속담에서 무능력에 관한 통찰을 찾아보자.

"구두 수선공이여, 자기 본분을 지켜라."라는 말은 구두 수선공에게 구두 수리점의 관리자로 승진되는 것을 경계하라는 경고다. 송곳과 망치는 솜씨 좋게 휘둘렀겠지만 펜과 시간표, 작업 계획표를 다루는 데는 서툴 것이기 때문이다. "요리사가 너무 많으면 수프를 망친다."라는 말은 어떤 일에 참여하는 사람이 많을수록 무능한 사람이 함께할 확률도 커지기 때문에 문제가 생긴다는 뜻을 내포하고 있다. "여자의 일은 끝이 없다."라는 말은 주부로서 무능의 단계에 도달한 많은 여성들이 하는 슬픈 하소연이다.

수학자가 본 무능력

페르시아의 수학자이자 시인인 오마르 카이얌Omar Khayyam (1050~ 1122)은 자신의 시집 『루바이야트Rubaiyat』(루바이야트는 4행시를 뜻하는 루바이의 복수형으로 4행시 모음집을 말한다-편집자주)에서 "교육과 종교 분야의 위계조직은 무능의 수준으로 떨어질 확률이 높다."라는 의견을 다음과 같이 품위 있게 표현했다.

젊어서 나는 열심히, 그리고 자주
석학들과 성인들의 책을 읽었다.

그리고 위대한 논쟁을 듣고 또 들었다.

하지만 언제나 내가 들어갔던 똑같은 문으로 나왔다.

교황이 본 위계조직의 본능

사람에게는 자신에게 등급을 매기려는 어쩔 수 없는 성향, 즉 '위계조직의 본능'이 존재한다. 몇몇 비평가들은 그런 본능은 없다고 반박했지만 어떤 교황은 이미 2세기 전에 그런 본능이 있음을 지적했고 심지어 그것을 신성한 원리의 발현으로 보았다.

질서는 하느님이 만든 첫 번째 법이다. 이 때문에 어떤 사람들은
다른 사람들보다 위대해져야 한다. 반드시 그래야 한다.
(「인간에 대하여」, 서간체 작품 IV, 11. 49~50)

그는 자신의 일을 유능하게 해냄으로써 얻는 만족감에 대해서도 뛰어난 통찰력을 보여주었다.

나는 안다, 각자가 발견한 그 모든 좋은 것과
단순한 인간에게 신과 자연이 의미하는 것,
이성의 온전한 기쁨과 모든 감각의 즐거움,
그리고 건강, 평화, 능력이라는 세 단어 속에 있는 것이 무엇인지를.
(「인간에 대하여」, 서간체 작품 IV, 11. 77~80)

나아가 교황은 위계조직학의 주요 원리 중 하나를 다음과 같이 명확하게 표현했다.

이 사람은 어떻게 될까? 이제 그는 위로 날아오를 것이다.
천사보다 못할 것도 없이, 더 높이 오를 것이다.
(「인간에 대하여」, 서간체 작품 I, 11. 173~174)

이를 위계조직학적으로 해석하면 유능한 수준에서 만족하여 가만히 있는 고용인은 없다는 것이다. 누구나 자신의 힘이 닿지 못하는 단계로 오르려고 애쓴다.

철학자가 본 직업적 무능력

시드니 스미스Sydney Smith(1771~1845, 영국의 작가·성공회 성직자)는 직업적 무능력을 너무나 생생히 설명했기 때문에 다음의 내용은 지금도 자주 인용되고 있다.

탁자 위에는 여러 모양의 구멍이 나 있다. 어떤 것은 둥글고 어떤 것은 세모꼴이며, 어떤 것은 정사각형 모양이고, 또 어떤 것은 직사각형 모양을 하고 있다. 이 구멍은 삶의 다양한 형태를 상징한다고도 할 수 있다. 당신은 자신에게 맞는 한 구멍을 선택할 수 있다. 그런데 우리는 일반적으로 세모꼴의 사람이 정사각형의 구멍으로 들어가고, 직사각형의 사람은 세모꼴 구멍으로. 그리고 정사각형 사람은 몸을 움츠려서 동그랗게 만드는 것을 보게 된다. 사무원과 사무실, 완성된 일과 그 일을 한 사람 등이 딱 맞아떨어지는 경우는 별로 없다.

(『윤리철학에 대한 스케치Sketches of Moral Philosophy』, 1850.)

소설가가 본 무능력

미국의 소설가 워싱턴 어빙Washington Irving(1783~1859)은 "머리가 둔한 사람은 보통 공공 업무를 선호하고 특히 공직에서 존경받는 자리에 오르고 싶어 한다."라고 지적했다. 그 사람은 낮은 자리에 있을 때는 명석했을지 모르지만 중요한 자리로 승진한 후에는 무능해진다는 사실을 깨닫지 못한 것이다. 마치 촛불이 저녁 식탁을 밝힐 때는 적합하지만 가로등이 있는 길 구석에서는 소용이 없는 것처럼 말이다.

경제학자가 본 인간과 위계조직

카를 마르크스Karl Heinrich Marx(1818~1883)는 위계조직의 존재를 분명히 알아차렸지만 그것은 자본주의 사회에서만 존재하는 것으로 믿었던 것 같다. 위계조직이 없는 사회를 주장한 마르크스는, 사람이라면 가부장적이든 봉건적이든, 자본주의적이든 사회주의적이든 간에 본질적으로 위계조직을 만든다는 사실을 간과한 것이 분명하다.

　마르크스는 이러한 모순을 안은 채 "능력만큼 일하고 필요한 만큼 가져간다."라는 꿈같은 사회 원리를 주장한다. 하지만 이러한 원리를 따르더라도 능력과 필요라는 두 개의 가치가 떠받드는 위계조직이 만들어질 것이다. 비록 우리가 마르크스의 이론 체계에서 생기는 이런 모순을 관대히 봐준다고 하더라도 문제는 위계조직에서 "능력만큼 일한다."라는 말이 성립될 수 없다는 것이다. 그렇게 하려면 직원들을 영원히 유능한 단계에 묶어둬야 한다. 왜냐하면 모든 사람은 무능의 단계까지 올라가기 마련이고, 일단 그 단계에 도달하면 자신의 능력만큼 일할 수 없기 때문이다. 그래서 나는 마르크스의 이론은 몽상이며 대중을 현혹하는 또 하나의 마취제라고 생각한다. 실제로 그의 이론은 어떤 정부에서도 제대로 작동되지 못했다.

시인이 본 무능력

"성공은 가장 달콤한 것으로 여겨진다. 한 번도 성공해보지 못한 사람들에게 말이다." 이 경구는 에밀리 디킨슨Emily Dickinson (1830~1886, 미국의 시인)이 쓴 것이다. 이 경구의 '성공'이라는 말은 위계조직학적 의미로는 무능의 단계로 올라가는 최종 승진을 뜻하기도 한다.

　루이스 캐럴Lewis Carroll(1832~1898, 본명은 찰스 럿위지 도슨

Charles Lutwidge Dodgson, 대표작으로 『이상한 나라의 앨리스』가 있다-편집자주)이 쓴 『거울 나라의 앨리스』에서 여왕은 이렇게 말한다. "자, 한번 보세요. 당신이 죽어라 뛰어왔는데도 똑같은 자리잖아요." 이것은 그의 삶이 무능의 단계에 도달했다는 말이기도 하다. 다시 말해서 일단 최종 승진을 하고 나면 제아무리 노력한다고 하더라도 더이상 승진하지 못한다는 말이다.

프로이트의 통찰과 한계

정신분석학의 창시자 지그문트 프로이트Sigmund Freud(1856~1939)는 어느 누구보다도 피터의 원리에 가까이 접근한 것 같다. 신경증, 불안, 정신·신체 질환, 건망증, 정신병 등의 사례를 분석하면서 그는 이미 많은 사람들이 고통받고 있던 '생활 무능력 증후군Life-Incompetence Syndrome'을 발견했다.

이 생활 무능력 증후군은 뼈아픈 좌절감을 부른다. 풍자가이기도 한 프로이트는 이러한 좌절감을 남근 선망, 거세 공포증, 오이디푸스 콤플렉스 등과 같은 성적 용어를 사용하여 설명했다. 즉 여성은 남자로 태어나지 않아서, 남성은 아이를 낳을 수 없어서, 그리고 소년은 어머니와 결혼할 수 없어서 좌절한다는 식이다. 하지만 프로이트는 다음과 같은 사실은 발견하지 못했다. 즉, 좌절은 더 바람직한 위치(남자, 아버지, 어머니의 남편, 아버지의 아내 등)에 서고 싶은 마음에서, 달리 말하면 '승진을 바라는 마음'에서 비롯되기도 한다는 점을 놓쳤다.

이러한 프로이트의 오류는 지독히 내부지향적인 성격 때문이다. 그는 환자의 내면에 무슨 일이 있었는지, 혹은 그가 무슨 일이 일어났다고 상상하는지에 대해서 집요하게 연구했다. 반면에 위계조직학은 환자의 '외부'에서 무슨 일이 일어나고 있는지를 관찰하며 인간을 움직이는 사회질서를 연구한다. 이를 통해 사회질서 안에서 인간의 기능을 현실적으로 설명한다. 프로이트가 무의식의 어둡고 으슥한 곳을 찾아 헤매는 동안 나는 식별할 수 있고 측정 가능한 인간의 행동을 조사하는 데 노력을 기울였다. 사회 속에서 인간의 기능을 연구하지 않은 프로이트 학파는 마치 컴퓨터의 용도를 알아내려 하지 않고 컴퓨터의 내부 구조와 작동 원리만을 이해하려는 사람과 같다.

물론 프로이트의 선구적인 업적을 과소평가하는 것은 아니다. 비록 그가 잘못 이해한 것도 많지만 발견한 것도 많다. 그는 환자의 내면을 진단하면서 사람은 자신의 동기를 인식하지 못하고 느낌을 이해하지 못하기 때문에 좌절감에서 벗어날 수 없다는 사실을 발견했다. 누구도 무의식의 본질과 의미를 이처럼 이성적이고 합리적으로 접근하지 못했기 때문에 그의 이론은 절대적인 입지를 구축할 수 있었다. 직업적인 천재성으로 그는 정신분석학을 창시했고, 이를 통해 환자들이 무의식을 의식하게 만들 수 있다고 했다.

하지만 지적할 부분도 있다. 그는 자기 자신을 대상으로 정신분석을 시도했고 자신의 무의식에 대해 의식한다고 주장했다(몇몇 비평가들은 프로이트의 업적이라고는 그의 환자들이 프로이트의 무의식을 알게 만든 것뿐이라고 말한다). 자가 정신분석을 시도함으로써 그는 발밑에 있는 사다리를 차버린 꼴이 되었다. 만약 프로이트가 위계조직을 이해했더라면 마지막 발걸음을 떼지 않았을 것이고, 결코 무능의 단계에 도달하지 않았을 것이다. 이렇게 프로이트는 무의식의 불가해성에 관하여 자신이 쌓아온 거대한 구조의 토대를 무너뜨림으로써 훌륭한 후계자인 스티븐 포터Stephen Potter (1900~1969)를 위한 길을 마련했다.

프로이트처럼 포터도 풍자적인 심리학자(혹은 심리학적인 풍자가)였다. 그는 예리하게 관찰했으며, 그것을 인상적으로 표현할 수 있는 용어를 만들었다는 것만으로도 프로이트와 나란히 설 수 있다. 포터도 프로이트처럼 인간의 좌절감에 대한 여러 가지 현상을 조사하고 분석했다. 그는 좌절의 기본 조건을 '하락one-down'이라고 하고, 좌절을 제거하여 생기는 유쾌한 기분을 '상승one-up'이라고 불렀다. 그는 사람은 하락에서 상승으로 나아가려는 천성적인 추진력을 가지고 있다고 믿었다. 그리고 이 움직임을 만드는 기능을 '상승기제one-upmanship'라고 했다.

프로이트와 포터의 중요한 차이점은 포터가 무의식의 동기에 대한 프로이트의 견해를 거부했다는 것이다. 포터는 인간의 행동을 남보다 더 잘하고 상황을 극복하여 상승하려는 의식으로 설명한다. 또한 좌절한 환자는 반드시 전문가의 도움을 받아야 한다는 프로이트의 주장을 거부하고 환자 스스로가 혼자서 치료할 수 있는 심리학적 지침을 자세히 설명한다. 포터는 다양한 구상과 전략 등을 제시하고 이를 적절히 사용한다면 환자를 상승시킬 수 있다는 것을 보여주었다.

포터의 이론을 요약해보면 '상승 인간One-upman', '활력 인간Lifeman', '유희 인간Gamesman'은 모두 사회나 계급, 전문직 혹은 스포츠 등의 모든 위계조직에서 자신의 위치를 높이기 위해 불쾌한 행동도 불사한다는 것이다.

포터의 글은 사람을 아주 유쾌하게 만들기 때문에 그의 이론 체계가 지니는 오류도 종종 간과된다. 그의 이론에 따르면 상승 인간이 전략만 제대로 배울 수 있다면 그 사람은 계속해서 올라 갈 것이고 영원히 상승할 것이다. 그러나 실제로는 상승 인간이 아무리 뛰어나도 무능의 단계를 극복할 수는 없다. 상승을 돕는 기술을 배우고 난 결과는 무능의 단계에 더 빨리 도달하는 것뿐 이다. 그리고 일단 무능의 단계에 도달하면 활력 인간도 어떻게 할 수 없는 하락의 상태에 빠진다. 행복을 유지하기 위해서는 최종 승진을 피하고, 발전의 어느 시점에서 상승하려는 욕망을 포기한 다음 '정지 상태Staticmanship'를 체화해야 한다. 이런 약점이 있긴 하지만 포터가 피터의 원리와 프로이트의 가치 체계 사이에 훌륭한 다리를 놓은 것은 높이 살 만하다.

파킨슨의 통찰

시릴 노스코트 파킨슨C. Northcote Parkinson(1909~1993)은 저명한 사회 이론가로 위계조직에서 직원의 누적 현상을 정확하게 관찰하고 재미있게 기술했다. 그는 고위관리자들이 자기강화의 수단으로 위계조직을 비효율적으로 만드는 '분할 후 정복divide and conquer' 전략을 사용하고 있다는 가정을 세우고 '떠오르는 피라미드rising pyramid'에 대해 설명하고자 하였다.

　하지만 이 이론은 다음과 같은 이유에서 실패했다. 첫째, 그는 관리자의 위치에 있는 일부 사람들이 어떤 의도나 계획을 가지고 있을 것이라고 가정한다. 하지만 내가 조사한 바로는 대다수의 고위관리자들에게는 분할이나 정복, 혹은 어떤 다른 목적을 위해 효율적인 계획을 마련할 능력이 전혀 없다. 둘째, 파킨슨이 설명한 직원 과잉과 생산 저하 현상은 감독 및 관리 직원의 이익에 정면으로 배치된다. 효율성이 아주 낮아지면 비즈니스는 망한다. 그러면 고위관리자들은 사태를 책임지고 물러나야 한다. 정부의 위계조직이라면 의결위원회나 정부 활동을 감시하고 평가하는 관계 기관들로부터 추궁과 모욕을 당하게 될지도 모른다. 그들이 일부러 자신을 고통스럽게 한다는 것은 상상할 수도 없는 일이다. 셋째, 다른 조건이 동일하다면 부하들의 연봉으로 쓰이는 돈이 적을수록 사업 이익은 커지고, 고위직의 연봉과 보너스, 이익배당금과 특별급여로 사용될 돈이 더 많아질 것이다. 즉, 1,000명의 사원을 데리고 효율적으로 움직일 수 있는데 1,200명이나 고용할 이유가 없는 것이다.

하지만 어떤 위계조직이 1,000명의 직원으로는 효율적으로 굴러가지 않는다고 가정해보자. 피터의 원리에 적용하면 많은 아니, 대부분의 고위관리자들이 무능의 단계에 도달했다고 볼 수 있다. 이미 모든 직원들은 최선을 다하고 있기 때문에 현재 인력으로 상황을 개선시키기는 무리다. 그래서 효율을 높이기 위한 절박한 심정으로 직원을 더 고용할 것이다. 앞에서 이미 살펴본 것처럼 직원이 늘어나면 일시적으로 효율이 높아지지만 승진 과정이 새로 들어온 직원에게도 점차 효력을 발휘하게 되면 그들 역시 무능의 단계에 도달한다. 그들이 취할 수 있는 유일한 방안은 또 다른 직원을 고용하고 또 한 번 일시적인 급성장을 한후 점차 무능력으로 쇠퇴하는 것뿐이다. 이것이 바로 직원의 수와 업무 처리량 사이에 직접적인 관계가 없는 이유다. 직원 누적 현상은 파킨슨의 음모 이론으로 설명될 수 없다. 그것은 위계조

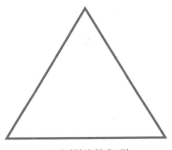

봉건사회의 위계조직

직의 상층부에 있는 사람들이(소용없는 시도지만) 효율성을 높이기 위해 진심으로 노력한 결과일 뿐이다.

또 다른 문제점은 파킨슨은 봉건사회의 위계조직을 이론의 근간으로 삼고 있다는 점이다. 그는 군대에서 자신의 이론을 발견했다. 그러나 군대야말로 진부한 전통과 조직이 가장 굳건하게 남아 있는 대표적인 곳이다.

봉건사회의 위계조직이 우리 사회에 남아 있는 것은 사실이다. 하지만 위계조직학의 체계가 완벽해지려면 반드시 다양한 위계조직의 형태가 있다는 것을 인식해야 하고, 이들의 기능에 대해서도 설명할 수 있어야 한다. 예를 들어 다음의 T자형 비행대형Flying T Formation을 살펴보자. 3개의 주요 부서와 23명의 부사장, 그리고 1명의 사장으로 구성되어 있는 이 회사는 분명히 전통적인 피라미드형이 아니다.

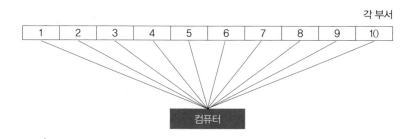

아래의 그림은 변화된 형태로, 직원들이 차지하고 있던 넓은 피라미드의 하부가 컴퓨터로 대체된 모습을 보여준다. 즉, 여러 부서가 컴퓨터 한 대의 지원을 받는 역 피라미드 모양이다. 수 많은 임원과 관리자, 판매 직원이 고도로 자동화된 생산 프로세스의 지원을 받는다면 역시 이와 비슷한 형태를 띠게 된다.

나는 이미 2장에서 존재하지도 않는 부서를 맡거나 직원들이 아무도 없는 사무실에 국장만을 남겨둔 채 다른 부서로 배정될

국장

공중에 뜬 처지

때 나타나는 현상에 대해 설명했다. 그리고 이를 '공중에 떠다니는 정점'이라고 이름 붙였다. 위의 그림은 이를 나타낸다.

　그러나 파킨슨은 이 부분을 충분히 조사하지 않았다. 우리는 업무 시간을 채우는 정도로만 일할 수도 있지만 그 수준을 훨씬 넘을 수도 있다. 조직체의 수명을 넘어 업무가 확대될 수도 있고 회사가 파산할 수도 있으며, 정부는 무너질 수 있고, 문명이 파괴되고 야만상태로 돌아갈 수도 있다. 그동안에도 무능력자들은 계속 업무를 수행할 것이다. 그래서 안타깝게도 파킨슨의 매력적인 이론은 더이상 유효하지 않다.

6장

누구도 자신의 무능력은
인정하지 않는다

가엾도다! 어리석은 인간들이 운명을 무시하고 놀아나는구나.

−T. 그레이

어느 날 강의가 끝나고 한 학생이 다음과 같은 질문을 적은 쪽지를 주었다. "교수님, 무능한 사람의 마음은 어떨까요? 최종 승진을 하고 나면 그 사람은 자신의 무능력을 깨닫게 될까요? 그 사람은 자신이 조직에 기생하고 있다는 걸 인정하나요? 자신이 고용주를 속이고 부하들을 실망시키고, 사회의 경제구조를 갉아먹는 암적인 존재라는 걸 알까요?"

자신의 무능력을 어떻게 이해하는가

먼저, 위계조직학은 사회과학의 한 분야이기 때문에 평가를 내릴 때 '기생', '암'과 같은 감정적인 용어보다는 객관적인 판단 기준을 사용한다. 나는 항상 객관적인 관찰자의 자세로 행동과학에 접근했다. 피터의 원리도 표출된 행동을 관찰하는 과정에서 발견했고, 다른 사람의 마음속에 무슨 일이 벌어지고 있는지를 감안해 추론하거나 성찰하지 않으려고 했다.

진실을 직시하기

"사람은 어떻게 자신의 부족함을 받아들이게 되는가?"라는 질문에 나는 과학적이고 객관적인 답을 할 수 없다는 사실을 먼저 밝힌다.

나는 대부분의 사례에서 심리 상태를 통찰할만한 징표를 거의 찾지 못했다. 그러나 몇 가지 사례를 분석한 정신의학 보고서에 따르면 환자들이 자신의 처지를 정당화하고 힘든 상황을 다른 사람의 탓으로 돌리는 것을 알 수 있다. 분석이 극도로 심화되면 자신을 더 받아들일 수도 있다. 하지만 아직 어떤 개인도 위계조직 체계나 승진이 무능력의 원인이 된다는 사실을 이해하지 못하고 있다.

정신의학 No. 12

스티클은 배도스 브라더스 사의 유능한 재고 담당 직원이었다. 그는 열심히 야간학교를 다녀서 재고관리와 기초 비철금속 야금술에 관한 과정을 이수했다. 얼마 후 스티클은 창고 보조 감독관으로 승진했다. 보조 감독관으로 6년을 지낸 스티클은 다시 승진을 요구했지만 리더십이 부족하다는 이유로 거절당했다. 창고 직원들이 그를 따르지 않기 때문에 감독관으로 승진할 수 없다는 것이었다.

하지만 스티클은 자신이 감독관으로 부적합하다는 사실을 받아들일 수 없었다. 그는 키가 크고 건장한 창고 직원들이 자신의 작은 키를 얕보기 때문이라고 자신을 합리화했다. 그래서 그는 키높이 구두를 신고, 창고에서는 모자를 쓰고 다녔다. 그리고 보디빌딩을 해서 몸무게를 늘리고 울룩불룩한 근육도 만들었지만, 창고 직원들은 여전히 그의 말을 따르지 않았다. 스티클은 신체적인 결함에 대해 지나치게 고민한 나머지 심각한 열등감을 갖게 되었고, 결국 정신과 의사의 상담을 받아야 할 지경에 이르렀다. 의사는 그를 위로하려고 키가 작지만 성공한 사람들에 대한 이야기를 들려주었다. 그러나 그런 이야기는 스티클을 더욱 상심하게 만들 뿐이었다. 이제 그는 자신을 키 작

은 사람으로만 보는 것이 아니라 미천한 실패자로 바라보기 시
작했다. 자신감은 더욱 없어졌고 감독관으로서도 더욱 무능해
졌다.

정신의학만으로는 안 된다

스티클의 사례는 피터의 원리를 이해하지 않은 채 단순히 정신
의학만으로 직업적인 무능력의 문제를 해결하기란 상당히 힘들
다는 사실을 보여준다.

의사는 스티클의 상태를 잘못 진단하여 키 문제에 초점을 맞
추었다. 스티클의 문제는 회사의 위계조직 내에서 그가 무능의
단계에 도달했다는 것이다. 어떤 정신의학적 치료로도 그 사실
을 바꿀 수는 없다. 스티클은 창고 보조 감독관의 자리에 머무
는 것이 '실패가 아니라 완성'이라고 생각하면서 자신을 위로할
수도 있었다. 그리고 무능력으로 인한 불행이 자기 혼자만 겪는
특수한 상황이 아니라 위계조직 내 모든 사람들에게 해당된다
는 사실을 깨달았다면 더 행복했을 것이다.

통찰력만으로는 안 된다

때때로 관리자는 승진을 시킨 후에야 그 사람이 새로운 임무를
제대로 수행할 수 없다는 사실을 깨닫는다.

"그린들리는 현장 감독관 일을 제대로 수행하지 못한다."

"구디가 베터의 일을 대신하는 것은 무리다."

"커딩턴은 서류 정리 감독을 착실하게 하지 않는다."

승진한 이들도 새로운 자리가 자신에게는 벅차다는 사실을 알아차리곤 한다. 하지만 그런 사실을 깨달았다고 해서 잘못된 승진을 바로잡는 일은 거의 없다.

통찰력 No. 2

오브리치는 엑셀시어시의 한 학교에서 유능한 교감으로 인정받아 교장으로 승진했다. 하지만 한 학기를 마치기도 전에 자신이 교장으로서는 무능하다는 사실을 깨달았다. 그는 곧 강등을 요청했지만 거절당했다. 오브리치는 자신의 무능의 단계에서 불행하게 보내게 되었다.

제삼자가 무능력을 개선시킬 수 있을까

앞서 나는 관리자와 직원이 때때로 직업적인 무능력을 발견하지만 이를 해결하기 위한 조치는 거의 취하지 않는다고 말했다.

그러면 당신은 이렇게 말할지도 모르겠다. "직업 적성검사나 능률 진단이 있잖아요. 공평한 외부 전문가가 무능력을 진단하고 적절한 처방책을 제시할 수도 있지 않을까요?" 정말 그럴까? 조사 전문가들이 이 문제를 어떻게 처리하는지 한번 살펴보자.

부서 배치 방법의 변천

과거에는 고용주의 독단이나 직원의 희망, 아니면 우연히 자리가 생겨서 일을 시작하는 등 대체로 무작위로 고용이 이뤄졌다. 사정이 이렇다보니 가끔은 능력이 부족한 사람이 고용되는 경우도 있었다. 하지만 사람들은 그가 일을 잘 못하는 이유가 의지가 약하거나 게으르기 때문이라고 생각했다. 그래서 더 열심히 일하라는 충고와 함께 "뜻이 있는 곳에 길이 있다.", "처음에 성공하지 못했다면 두 번 세 번 시도해라."라는 말을 들려주었다.

만약 상관의 눈 밖에라도 나는 날에는 승진은 꿈같은 일이 된다. 이런 사람들은 자신이 쓸모없고 어떤 대접도 받을 자격이 없다고 생각하기도 한다. 나는 이런 현상을 '자기 비하 증후군Uriah Heep Syndrome'(유라이어 힙Uriah Heep은 찰스 디킨스Charles Dickens의 소설 『데이비드 코퍼필드David Copperfield』에 등장하는 인물로, 눈썹이 거의 없고 속눈썹은 아예 없는 창백한 얼굴을 가졌다. 특히 '물고기 같은 손'으로 묘사되는 차갑고 끈적끈적하며 야린 손을 갖고 있다-편집자주)이라고 부른다.

과거의 무작위적 고용 방식은 이제 사전 조사와 적성검사로 대부분 대체되었다. 이러한 변화는 "처음에 성공하지 못했다면 다른 것을 시도해라."라는 말에서 가장 잘 드러난다. 물론 점수를 산정하기에 너무 무능한 사람일 경우에는 적성검사를 할 필요도 없다. 또한 허술한 검사 시스템은 무작위적인 고용을 위장한 형태에 지나지 않는다.

하지만 제대로 된 적성검사는 매우 유용하다. 일반적인 적성검사나 지능 검사는 언어, 창의력, 계산 능력 등을 검사한다. 숫자를 기억하고 이름과 주소를 옮겨 적는 능력을 알아보는 사무 능력 측정도 있다. 이 밖에 기계를 다루는 능력, 예술적 기량, 신체적 능력, 사회적 이해력, 과학적 추리력과 설득력으로 등급을 매기는 검사도 있다. 검사 결과가 나오면 직원의 다양한 기술과 능력을 그래프로 나타낼 수 있다. 다음은 어떤 직원의 검사 결과다.

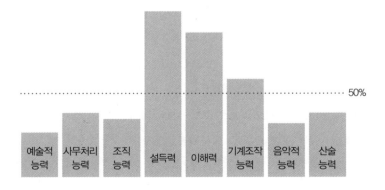

이와 같은 다양한 검사의 목적은 그래프로 표시된 정보를 토대로 직원들을 적재적소에 배치하는 것이다. 하지만 결과는 언제나 다소 벅차다고 느끼는 자리로 승진되는 것으로 끝난다. 실제로 이것이 어떻게 이루어지고 있는지 살펴보자.

부서 배치 No. 17

앞의 그래프는 브리즈라는 사원을 검사한 결과다. 그는 경영학을 전공하고 게일 에어컨 회사에 지원했다. 우리는 그래프를 통해 브리즈의 설득력이 평균 이상이며 이해력도 뛰어나다는 사실을 알 수 있다. 브리즈는 판매원으로 고용되어 적절한 시기에 두 차례 승진도 했다. 첫 번째 승진은 여전히 판매에 많은 시간을 쓰는 지역 판매 책임자 자리였고, 두 번째 승진은 직원들을 감독하고 조직하는 판매 총책임자 자리였다.

여기서 브리즈의 조직 능력이 평균을 훨씬 밑돈다는 사실에 주목해야 한다. 조직 능력은 판매 총책임자인 그에게 매일 요구되는 능력이다. 하지만 이 능력이 부족한 그는 판매원들을 자기 마음대로 배정했다. 예를 들어 판매 경험이 전혀 없는 햅 헤이자드를 중요한 고객에게 보내 판매는커녕 고객의 신용도 잃는가 하면, 동료 판매원들에는 관심도 없고 간교한 속임수만을 일삼는 콘 맨리가 경이로운 판매 기록을 세웠다는 이유로 그를 지역 판매 책임자로 승진시켜 직원들의 사기를 떨어뜨리기도 했다. 설상가상으로 브리즈는 사무처리 능력도 형편없었다. 그는 운송 수단이나 판매량, 판매원의 경험과 능력 등은 염두에 두지도 않고 판매 지역의 크기와 지형에 대해 조사했다. 게다가 그의 보고서는 이해하기도 힘든 수준이었고, 책상은 언제나 쓰레기 더미 같았다. 그는 유능한 판매자에서 무능한 책임자로 전락한 것이다.

적성검사와 능률 진단

적성검사를 받은 직원과 그렇지 않은 직원의 가장 큰 차이는 검사를 받은 사람이 몇 번 안 되는 승진으로 더 짧은 시간 안에 무능의 단계에 도달한다는 것이다. 그렇다면 '생산성 향상 전문가efficiency expert'란 무슨 일을 하는 사람인가. 그들은 위계조직의 성숙지수(4장 참고)가 높을 때 극적으로 등장하는 사람들이다.

이에 앞서 우리는 전문 조사자 또한 피터의 원리에서 자유롭지 못하다는 사실을 기억해야 한다. 그들도 똑같은 승진 과정을 거쳐 현재의 자리에 이른 사람들이다. 그리고 결국에는 무능의 단계에 도달해 자신의 결점을 볼 수는 있어도 고칠 수는 없는 상태에 놓일 것이다.

스피드웰과 트리머는 버클리 냉장 운송 회사의 상태를 조사하기 위해 고용된 경영 컨설턴트다. 조사 결과 스피드웰과 트리머는 버클리 사가 경쟁회사들에 비해 특별히 비효율적이지 않다는 것을 알았다. 그뿐만 아니라 더 자세히 검토한 결과 회사가 경영 상태를 조사한 이유는 딴 데 있다는 것을 알 수 있었다. 그것은 몇몇 이사들이 회사 정책에 더 큰 영향력을 행사하고 싶어 했기 때문이었다.

이런 상황에서 스피드웰과 트리머가 무엇을 할 수 있을까? 그들은 "회사는 그런 대로 잘 돌아갑니다. 경쟁회사들만큼 충분히 효율적입니다."라고 사실대로 발표할 수도 있었다. 하지만 그렇게 한다면 이사진이 그들을 해고할지도 몰랐다. 비능률적인 컨설턴트라고 쫓아내고 경쟁컨설팅 업체에 재조사를 맡길 수도 있는 일이었다. 이런 압박감 때문에 그들은 결국 이렇게 말했다. "이 회사에는 직원이 부족합니다. 그리고 직원들을 잘못 배치한 경우가 많습니다. 자리를 더 만들어서 많은 직원들을 승진시키는 것이 좋겠습니다."

그러고 나서 회사는 완전히 뒤집혔다. 이사들은 그들이 바라는 대로 부하들을 배치하거나 승진시켜서 다양한 계급과 부서에 그들의 영향력을 강화했다. 이사들은 만족스러워했고 스피드웰과 트리머는 약정된 보수를 받았다.

경영 진단의 세 가지 특징

첫째, 능률 진단은 연공서열의 영향력을 일시적으로 약화시키거나 중지시킨다. 그러면 자동적으로 연줄 있는 사람이 먼저 승진하거나 채용된다.

둘째, 생산성 향상 전문가들이 가장 즐겨 쓰는 권고는 두 명의 무능한 직원이나 두 개의 비생산적인 부서 사이에 조정자를 임명하는 것이다(생산성 향상 전문가들에 의하면 조정자 임명과 수평이동, 파격적인 승진 요법을 권하면 경영진은 언제나 받아들인다고 한다). 이처럼 전문가와 의뢰인들이 흔히 저지르는 오류는 "무능력을 조정하면 유능해진다."라고 믿는 것이다.

셋째, 생산성을 높이는 유일한 방안은 '더 많은 직원을 고용'하는 것이다. 그럴 경우 새로 고용된 직원이 무능의 단계에 도달한 기존의 직원들이 못 했던 일을 하게 될 것이다.

능력 있는 컨설턴트는 이 사실을 잘 알고 있다. 그래서 그들은 높은 계급에 있는 무능력자들을 대상으로는 다양한 수평이동과 파격적인 승진 요법을 사용하라고 권하고, 지나치게 무능한 말단 직원들은 단계적으로 조직에서 내보낼 것을 권고한다. 또한 유능한 컨설턴트는 직원 훈련과 생산 방법, 색채 조절color dynamics(색이 인간에게 미치는 영향을 고려해 업무 환경에 맞는 색을 사용하는 것을 말한다-편집자주), 성과급 제도 등을 건의하여 유능한 직원들의 능률을 높이기도 한다.

강박적인 무능력

나는 위계조직의 최상위급에서 일어나는 몇 가지 사례를 깊이 연구하다가 특이한 심리학적 현상을 발견했다. 이제 그것을 여기에 소개하고자 한다.

능력의 정점에 계속 머물러 있는 사람은 드물지만, 전혀 없는 것은 아니다. 앞에서 나는 "위계조직에 계층이 세분화되어 있고 시간이 충분하다면 모든 직원들은 무능의 수준으로 승진하거나 무능한 상태에 머물러 있게 된다."라고 말했다. 승리를 거둔 사령관, 성공한 교육감, 유능한 회사의 사장이 있다고 가정해보자. 이들에게는 자신의 무능의 단계에 도달할 시간이 없었던 것이다(우리는 한 번에 몇 개의 위계조직에서 정점에 있을 수 있는 사람, 즉 멀티형 능력자들을 알고 있다. 아인슈타인Albert Einstein이 그런 사람이다. 그는 특수상대성이론과 일반상대성이론을 제시한 뒤어난 과학자였다. 그런 아인슈타인이 패션 영역에서도 탁월했다는 것은 분명한 사실이다. 그의 머리 스타일과 격식 없는 옷차림이 지금까지 주목받는 것을 보라. 아인슈타인이 별다른 노력 없이 패션계에서 이룬 성과로 볼 때, 그가 마음먹고 패션계에 뛰어들었다면 어떤 성과를 냈을지 자못 궁금하다). 그리고 유능한 노동조합 지도자나 대학 총장이 있다면 이는 무능력에 도달할 만큼 계급이 충분히 분화되지 않은 특별한 위계조직에 있는 경우다.

나는 능력의 절정에 있는 사람들이 종종 유능한 자리에 머물러 있는 상태에 만족하지 못하는 것을 보았다. 그들은 이미 정상에 있기 때문에 무능의 자리에 오를 수 없다. 그럴 경우 그들은 다른 위계조직으로 건너가려고 한다. 그리고 새로운 환경에서 예전의 조직에서는 찾을 수 없었던 무능의 단계에 도달하기를 바라는 것이었다. 이것이 강박적인 무능력이다. 이에 대한 몇 가지 사례가 여기 있다.

- 훌륭한 장군인 맥베스는 무능한 왕이 되었다.
- 소크라테스는 탁월한 교사였지만 변호사로서는 무능했다.
- 유능한 정치가였던 히틀러는 총사령관이 되면서 무능의 단계에 도달했다.

그들은 왜 그렇게 할까

"그 자리에서는 도전할 만한 일이 없다." 이것은 능력의 정점에 있는 사람들이 무능력에 대한 강박관념을 못 이기고 이동을 결심할 때 언제나 하는 말이다. 그러나 그렇게 이동할 필요가 있을까. 사실 무능의 아래 단계에서도 보다 멋지고, 보다 매혹적인 도전을 찾을 수 있다.

7장

무능력자와
병리학

우리 모두는 한곳에서 너무 많이 맴돌며 살고 있다.

-B. 디즈레일리

무능력과 관련된 대부분의 사례에서 직원들은 생산적으로 일하고 싶다고 말한다. 또 한편으로 그들은 할 수 있는 능력이 있을 때에만 하고 싶은 의욕도 생긴다고도 말한다. 하지만 대부분의 무능력자는 조직이 붕괴되면 실직자로 전락한다는 현실을 알기 때문에 자기 능력과 상관없이 어떻게든 위계조직을 유지하려고 애쓴다.

무능력의 네 가지 유형

나는 퍼펙트 퓨터 피아노 스트링 사에서 수행한 연구에서 무능력에 네 가지 유형이 있다는 사실을 발견하였다.

- 신체적 무능
- 사교적 무능
- 정서적 무능
- 지적 무능

신체적 무능

퍼펙트 퓨터 피아노 스트링 사에서 말 드마르는 납덩이를 다루는 자리에서 사장에 이르기까지 20년가량 열심히 일해왔다. 그러나 사장 취임의 기쁨이 채 가시기도 전에 그는 고혈압과 위궤양 등으로 고통을 받았다. 의사는 그에게 쉬엄쉬엄 일하라고 조언했다. 이사진도 그의 업무 부담을 덜기 위해 보좌관을 임명하라고 권고했다. 하지만 그들의 충심 어린 조언은 문제를 해결하지 못했다.

한마디로 말 드마르는 신체적 능력이 감당할 수 없는 자리로 올라간 것이다. 사장이 된 그는 상충되는 규정이나 가치를 다루고 조정해야 했다. 또한 이윤을 남겨서 주주와 이사회를 기쁘게 해야 했고, 품질을 높여서 소비자를 만족시켜야 했다. 직원들에게는 월급을 많이 주고 편안하고 안전한 작업 환경을 제공해야 했고, 지역사회에는 사회적·공동체적인 책임을 완수해야 했다. 이처럼 다양한 가치를 조율하느라 그는 건강을 해치고 말았다. 직원을 늘리라는 권고도 쉬라는 충고도 사장이라는 자리가 요구하는 일들을 줄이지 못했다.

사교적 무능

결국 회사 중역들의 권고는 받아들여졌다. 유능한 기술자이자 수리에 천재적인 재능을 가진 스머글리가 드마르의 보좌관으로 승진한 것이다. 하지만 스머글리는 일 처리 능력은 탁월한 반면 사람을 다루는 데는 서툴렀다. 그는 직원 문제를 다룰 때 도움이 될 만한 나름의 기준도 전혀 가지고 있지 않았다. 불충분한 자료에 근거해 판단하지 않으려고 인사 문제를 계속 미루다가 정작 막다른 골목에 처하면 아무렇게나 결정하기도 했다. 스머글리는 사교성이 없어서 무능의 단계에 도달한 것이다. 그래서 회사는 그를 돕기 위해 인사 담당관을 두기로 했다.

정서적 무능

새로운 인사 담당관으로 롤리 코스터가 승진되어 왔다. 유능한 심리학자였던 그는 내담자와 감정을 공유하는 능력이 너무 뛰어난 나머지 언제나 감정에 취해 있었다. 스머글리가 스티븐에게서 잘못된 보고서를 받고 불평하자 롤리는 스머글리를 동정하며 스티븐의 부주의를 비난했다. 하지만 스티븐과 동료들로부터 스머글리가 차갑고 계산적이며 비인간적이라는 얘기를 듣자 스머글리의 무정함에 슬픔과 분노의 눈물을 흘렸다. 롤리는 정서적인 결함 때문에 무능의 단계에 도달한 것이다. 결국 롤리의 이러한 단점을 보완하기 위해 인사 감독관 자리를 새로 만들고 공장 사람들로부터 신뢰받는 사람을 승진시키게 되었다.

지적 무능

월더는 인기가 많아서 친목회 회장을 맡기도 했다. 인사 감독관이 된 그는 경영자의 정책 결정에 따라 일을 처리해야 했다. 하지만 그는 정책을 제대로 이해하지 못했기 때문에 그 지위에는 부적합했다. 그는 추상적인 개념을 효율적으로 다루고 논리적인 결정을 내릴 지적 능력이 부족했다. 그 역시 무능의 단계에 도달한 것이다.

무능력의 함수 관계

위에서 살펴본 전형적인 사례는 고위직의 무능력을 해결하려고 적극적으로 노력해봤자 오히려 여러 지위에 걸쳐 무능력만 낳을 뿐이라는 사실을 보여준다. 그런 상황에서 직원이 많아지는 것은 당연한 결과다. '피터의 악순환'에 빠지면 무능력자들만 증가하고 능률이 개선될 기미는 보이지 않는다. 결국 무능력 더하기 무능력은 무능력이다.

무능의 단계와 신체 반응

이제 직원이 무능의 단계에 이르면 더이상 업무를 적절히 수행하지 못한다는 사실이 명확해졌다. 하지만 최종 승진이 과거에 유능했던 사람을 한순간에 게으름뱅이로 바꾸지는 않는다. 대부분의 경우 그 사람은 여전히 열심히 일하고 싶어 하며 왕성한 활동력을 자랑한다. 물론 그는 자신이 일하고 있다고 착각하지만 그의 성과 중 쓸 만한 것은 거의 없다. 사정이 이렇기 때문에 이들은 얼마 지나지 않아 자신이 비생산적이라는 것을 깨닫고 괴로워하게 된다.

그렇다면 최종 승진한 이들의 신체와 정신에는 어떤 일이 생길까. 우선 '최종 승진 증후군'으로 일컬어지는 건강 상태에 대해 설명하겠다. 나는 여러 명의 의학박사들에게 이렇게 물었다.

- 성공한 사람들의 신체 상태는 어떠한가?
- 성공한 축에 든 환자에게 어떠한 조언과 치료가 필요한가?

성공한 사람들의 신체 질환

의사들의 답변을 모은 결과, '성공한' 환자들 사이에서는 보편적으로 다음과 같은 질병들이 나타난다는 사실을 발견했다(일반 사회학자나 내과 의사들이 말하는 '성공'은 위계조직학자들에게는 당연히 최종 승진에 해당된다).

- 위궤양
- 경련성 대장염
- 점액성 대장염
- 고혈압
- 변비
- 설사
- 잦은 소변
- 알코올중독
- 과식과 비만
- 식욕 감퇴
- 알레르기
- 지나친 긴장
- 근육 경련

- 불면증
- 만성피로
- 심계항진
- 기타 심장 혈관 문제
- 편두통
- 멀미와 구토
- 복통
- 현기증
- 월경불순
- 이명
- 식은땀(손, 발, 겨드랑이 등)
- 과민성 피부염
- 성불능

이는 모두 전형적인 '성공' 질환들이며, 물론 건강한 사람에게도 발병할 수 있다. 나는 그러한 증세들이 과도한 업무량 때문에 무능해진 사람들에게 나타나는 체질적인 부작용 증세라는 사실을 알았다. 일례로 클랙로 사무기기 회사의 판매 담당 부사장인 드롭모어는 월요일 오후 1시 30분마다 생기는 편두통 때문에 매주 열리는 임원 회의에 참석하지 못할 때가 잦다. 또 다른 예로 그린들리 기어 앤드 콕 사의 다이액 사장은 심장이 나쁘기 때문에 직원들은 그를 흥분시키거나 자극할 수 있는 어떤 뉴스도 그에게 전하지 않고 있다. 실질적으로 그는 회사 업무에 대한 지시권한도 갖지 못한 상태다. 그의 역할은 연례 회의에서 회사의 발전을 찬양하는 보고서를 읽는 것이 전부다. 위에 소개한 가벼운 질환들은 종종 두 가지 이상의 합병증 형태로 발병하기도 한다. 바로 그러한 질환이 최종 승진 증후군을 구체적으로 드러낸다.

잘못된 처방

불행히도 의학계는 아직까지 최종 승진 증후군에 대해서 인식하지 못했다. 사실 의학계는 자기 분야에 위계조직학을 적용시키려는 시도에 냉담한 적의를 나타냈다. 그러나 시간이 흐르고 사회질서가 점차 흐트러지면 그들도 결국 무능의 단계에 이르게 하는 승진이 신체에 어떤 영향을 끼치는지 깨달을 것이다.

소용없는 위로

최종 승진 증후군 환자들은 종종 자신의 상황을 합리화한다. 그들은 자신의 직업적 무능이 신체적 질환 때문이라고 주장한다.

"이 두통만 없어도 내가 일에 집중할 수 있을 텐데." "소화가 제대로 된다면……." "술만 어떻게 줄일 수 있다면……." "하룻밤만 푹 잘 수 있어도……."

일부 의학계 종사자들은 이런 자기합리화를 그대로 받아들여서 원인을 조사하지도 않고 신체 증상만 치료하려 한다. 약물요법이나 수술은 일시적인 안정을 줄 수 있을 뿐이다. 무능한 환자가 약물치료로 유능해질 수는 없으며, 메스를 대서 제거될 수 있는 무능이란 존재하지 않는다. 선의의 충고 역시 효과가 없기는 마찬가지다.

"마음을 편히 먹어라." "너무 무리하지 마라." "쉬는 법을 배워라."

이와 같은 위로의 말 역시 아무 소용이 없다. 대부분의 최종 승진 증후군 환자들은 자신이 하는 일이 아무 쓸모도 없다고 생각하고 불안에 떨기 때문이다. 따라서 그들은 일을 줄여야 한다는 충고를 결코 받아들이지 않는다. 또 다른 무의미한 시도는 다정한 철학자처럼 충고하는 것이다.

"온 세상의 문제를 혼자서 다 해결하려 들지 마라." "누구나 문제점을 갖고 있다. 당신의 상황이 더 나쁜 것은 아니다." "그 나이에는 으레 이러한 몇 가지 문제가 생기게 마련이다."

이와 같은 소박한 지혜를 받아들이는 최종 승진 증후군 환자들은 거의 없다. 그들 대부분이 상당히 자기중심적이기 때문이다. 그들은 철학이나 남의 문제 따위에는 거의 관심을 보이지 않는다. 그들은 오직 자기 문제를 해결하는 데만 매달린다. 위협도 종종 사용되는 수법이다.

"계속 이런 식으로 한다면 결국 병원 신세를 지고 말걸세."

이것 역시 소용이 없다. 이 환자에게는 '계속 이런 식으로 진행하는 것' 외에 다른 방법이 없기 때문이다. 그의 삶의 방식을 변화시킬 유일한 방법은 승진이지만, 그는 이미 능력의 한계에 도달했기에 승진도 불가능하다. 이 밖에 많이 사용되는 조언은 '금욕'하라는 것이다.

"다이어트를 하시오." "음주량을 좀 줄여야겠습니다." "담배를 끊으십시오." "문란한 성생활을 자제하시오."

이것 역시 별로 효과가 없다. 최종 승진 증후군 환자는 자기 업무에서 즐거움을 얻지 못하기 때문에 안 그래도 우울한데 일터 밖의 몇 안 되는 즐거움을 왜 저버리겠는가? 더구나 많은 남성들은 유능한 사람이 육체적인 쾌락에도 탐닉한다고 생각한다. 이러한 생각은 "그는 식욕이 아주 왕성하다." "그는 여자들

사이에서 아주 인기가 많다." 또는 "그는 술을 아무리 많이 마셔도 취하지 않는다." 등의 표현에서 은연히 드러난다. 이런 것 이외에는 별로 칭찬받을 일이 없는 남성에게 이러한 칭찬은 배가 된 기쁨을 선사한다. 따라서 그는 이러한 즐거움을 쉽게 포기하지 않을 것이다.

신경과민으로 치부

최종 승진 증후군 환자의 몸에서 아무 문제도 발견하지 못한 내과 의사들은 환자의 증상이 실제로 존재하지 않는다고 설득한다.

"아무 이상이 없습니다. 이 진정제나 복용해보십시오."

"너무 자신에게 신경을 쓰지 마세요. 이러한 증상은 그저 상상일 뿐이에요. 신경성이죠."

물론 이러한 조언 역시 지속적인 치유 효과는 전혀 없다. 의사가 인정하든 안 하든 이 환자는 이미 자신이 앓고 있다고 믿기 때문이다. 이렇게 되면 환자는 그 의사를 신뢰하지 못하고 '자신의 증세를 더 잘 이해해줄' 또 다른 의사에게 달려간다. 아니면 진부한 의학에 실망하여 사이비 의사들을 찾아 나선다. 또 어떤 사람은 약물치료와 수술에서 별 효과를 못 보면 심리치료를 받아보기도 한다. 하지만 이것 역시 좀처럼 성공하기 어렵다. 최종 승진 증후군의 근본 원인인 환자의 직업적 무능력을 치료할 수는 없기 때문이다.

병원보다 기분전환

나의 연구 결과에 따르면, 최종 승진 증후군 환자에게 안정을 주는 유일한 방안은 기분전환 치료다.

"브리지 게임을 배워보십시오." "우표를 수집하는 건 어떠신지요?" "정원을 가꿔보세요." "바비큐 요리를 배워보시겠습니까?" "그림 그리기에 관심을 가져보시죠."

이런 의사는 환자가 자신의 업무에 잘 적응하지 못한다는 사실을 알아채고 환자의 관심을 다른 곳으로 유도하려고 노력한다. 이를 보여주는 희망적인 사례가 아래에 있다.

한 백화점의 임원인 러시무어는 점심 식사 후 사무실로 돌아가지 않고 클럽에서 시간을 보냈다. 최종 승진 증후군이 꽤 진행된 러시무어는 거의 알코올중독 직전까지 갔었다. 게다가 두 번이나 심장 발작이 일어났고 몸은 비만이었으며 만성 소화불량에 시달렸다. 그러던 그는 주치의의 조언에 따라 골프를 시작하여 오후 시간과 에너지의 대부분을 골프에 쏟았다. 골프장용 전기 카트를 몰던 중 뇌졸중으로 쓰러지기는 했으나 그전까지는 증세가 빠르게 호전되었다. 비록 러시무어의 증상이 완치되지는 않았지만 그는 업무에 대해 더이상 걱정하지 않게 되었다. 그의 증상은 업무와 연관된 최종 승진 증후군에서 골프와 연관된 허위 성취 증후군으로 변화된 것이다. 치료는 성공적이었다.

이렇게 조언을 하는 의사들은 어렴풋하게나마 무능력이 병을 유발할 수 있다고 인정한다. 그들은 환자들이 직업 외의 분야에서 유능하다고 느낄 수 있도록 도와준다.

최종 승진 증후군은 성공의 상징인가
최종 승진 증후군의 사회적 중요성은 점점 커지고 있다. 왜냐하면 이 질환이 마치 높은 지위에 으레 따라오는 것처럼 인식되기 때문이다. 어떤 최종 승진 증후군 환자는 자신의 증상을 자랑할지도 모른다. 그는 다른 친구들보다 더 심각한 궤양이나 더욱 심한 심장 발작을 일으키는 것이 자신이 유능하기 때문이라고 과시할 것이다. 어쩌면 최종 승진 증후군의 이러한 상징성 때문에 건강한 직원들도 성공했다는 인상을 주기 위해 병이 생기기를 바랄지도 모른다.

무능력자의 심리 상태

위계조직 안에서 누가 최종 직위에 도달했는지 알아두는 것은 여러모로 유용하다. 그러나 누가 최종 승진 증후군에 해당되는지를 알아보기 위해 타인의 의과 치료 기록을 뒤질 수는 없다. 그래서 여기에 당신에게 도움을 줄 수 있는 몇 가지 조짐을 소개하겠다. 이것은 최종 승진 증후군 환자들이 무의식중에 보이는 비非의료적인 증세다.

비정상적인 심리 현상

이것은 위계조직학의 중요하고도 의미 있는 분과다. 유능한 직원은 일반적으로 책상에 책, 서류, 업무에 필요한 사무용품 등을 올려둔다. 하지만 무능의 단계에 이른 직원들은 자신의 책상을 독특하게 꾸민다.

통화 중독증

이들은 동료나 부하직원들과 긴밀히 연락하지 못하기 때문에 자신이 무능해졌다고 생각한다. 이를 해결하기 위해 자신의 책상에 몇 대의 전화기를 설치한다. 그리고 버튼과 반짝이는 표시등, 확성기, 녹음 기능을 갖춘 한두 대의 내선 장치도 마련한다. 이러한 통화 중독증 환자들은 두 가지 이상의 통신수단을 동시에 사용하는 습관이 있다. 이것은 바로 통화 중독증으로 진행하는 조짐이다. 이 증상은 급속히 악화되며 대개 치료가 불가능하다. 통화 중독증은 주부로서 무능의 단계에 도달한 여성들에게도 많이 나타난다. 그들은 정교한 마이크로폰, 확성기, 교환 장치 등을 주방에 설치하여 언제나 이웃, 식당 구석, 세탁실, 거실, 뒤뜰 현관, 친정어머니와 동시에 접촉할 수 있게 한다.

종이 공포증

종이를 두려워하는 사람은 책상 위에 신문이나 책을 두는 것을 견디지 못한다. 극단적인 경우에는 책상뿐 아니라 사무실 어디에도 두지 못하게 한다. 종잇조각 하나하나가 자신이 감당할 수 없는 업무를 환기시키는 독촉장 같기 때문이다. 그가 이러한 종이를 보는 것조차 싫어하는 것은 당연하다. 아울러 이러한 공포증 환자들은 '책상을 깨끗이 정리'하고 시간을 정확히 지켜 모든 업무를 해결했다는 인상을 주고 싶어한다.

문서 중독증

이것은 종이 공포증과는 정반대로, 한 번도 사용한 적이 없는 종이와 책 더미로 책상을 어지럽히는 증상이다. 그들은 의식적 혹은 무의식적으로, 자기에게는 누구도 해결할 수 없을 만큼 업무가 많기 때문에 일을 잘 못하는 것이 당연하다는 인상을 줌으로써 자신의 무능함을 무마시키려고 한다.

서류 정리벽

문서를 정확히 분류하고 정돈하는 일에 광적인 사람들도 있다. 그는 어떤 문서가 됐든 그것을 잃어버릴까봐 언제나 전전긍긍한다. 서류 정리벽 환자는 지난 업무를 재검토하고 정리하느라 분주하게 움직이면서, 자신이 정말 해야 할 업무는 전혀 혹은 거의 처리하지 못했다는 것을 숨기려 한다. 그들은 서류 정리에 집착하면서 시야를 과거로 고정시켜 놓은 채 현재 시점으로 돌아오려 하지 않는다.

거대한 책상 선호증 또는 기피증

전자는 동료보다 더 큰 책상을 가지려는 증상이다. 후자의 증상을 가진 사람은 사무실에서 책상을 완전히 없애버린다. 이 증상은 위계조직의 최상위층에서 볼 수 있다.

행동에 나타나는 심리 상태

연구를 하는 동안 나는 많은 시간을 기업의 대기실에서 보냈다. 그러면서 나는 최고경영자의 사무실을 나오는 고객과 동료들을 인터뷰할 수 있었다. 그들과 대화하면서 최종 승진된 사람들이 보이는 몇 가지 재미있는 심리학적 징후들을 발견했다.

자기연민

많은 경영진 회의에서 자신의 상황에 대해 한탄하는 임원들을 자주 볼 수 있다. "아무도 나를 알아주지 않아." "누구 하나 내게 협조해주지 않으니……." "위에서는 계속 압력을 가하는데 아랫사람들은 무능하기 짝이 없으니, 내가 일을 제때 처리하지 못하는 것도 당연하지 않겠소? 그런데 누가 이런 사정을 이해해줘야 말이지……."

이러한 자기연민은 대개 자신이 '잘나갔던' 시절을 추억하는 경향을 띤다. 나는 이처럼 감상주의적 자기연민, 현재에 대한 비하, 과거에 대한 무조건적인 찬양을 '올드랭사인 콤플렉스Auld Lang Syne Complex'(올드랭사인은 영어로 'good old times', 즉 '그리운 옛날'이라는 의미의 영국 스코틀랜드 가곡이다-편집자주)라고 부른다. 올드랭사인 콤플렉스의 흥미로운 특징은 비록 자신은 현재 직위 때문에 괴로워하지만 결코 다른 직원이 자신의 자리에 더 적합하다고 추천하지는 않는다는 것이다.

도표광의 이미지 연출

무능의 단계에 도달한 사람들에게는 종종 도표 중독증이 발견된다. 이것은 조직의 구조와 공정성에 대한 비정상적인 관심을 반영하는 것이다. 이들은 어떠한 지연이나 손실이 초래된다 하더라도 도표의 막대와 화살표를 따라 모든 세부 업무 경로를 정해놓으려고 고집을 부린다. 이들은 대개 자신이 작성한 도표를 사무실 벽에 눈에 띄게 붙여 놓는다. 그리고 업무는 제쳐둔 채 우상을 숭배하듯 도표만 뚫어져라 쳐다보고 있기도 한다.

지나친 변덕

어떤 관리자는 최종 직위에 오른 후, 부하직원들을 늘 불안에

떨게 함으로써 자신의 불안을 감춘다. 이런 유형의 관리자는 보고서를 받으면 그것을 옆으로 치워두고 "나한테는 쓰레기 같은 서류들을 모두 들여다볼 시간이 없으니 말로 간단하게 설명해보시오."라고 말한다. 하지만 부하직원이 구두 보고를 하려고 들어오면 "그것을 공식 문서로 제출하기 전까지는 생각조차도 해볼 수가 없소."라고 말허리를 잘라버릴 것이다.

자신감 넘치던 직원은 그러한 조롱에 힘이 빠지고, 소심한 직원은 무례한 감정 표현에 당황할 것이다. 언뜻 보면 포터가 말한 상승기제와 지나친 변덕을 혼동할 수 있지만 사실은 상당히 다르다. 상승기제는 아직 무능하지 않은 사람이 무능의 단계에 도달하는 것을 촉진하는 방법이지만, 지나친 변덕은 이미 무능해진 사람이 사용하는 방어 기술이다. 이런 사람의 부하직원들은 "어떻게 처신해야 할지 전혀 모르겠어."라고 말하게 된다.

우유부단

이는 자신의 직급에서 내려야 할 의사결정을 전혀 하지 못하는 증상이다. 이런 유형의 사람은 세부적으로 어떤 문제에 대한 찬반을 끊임없이 저울질하지만 결국 어느 쪽도 결정하지 못한다. 그는 '민주적 과정' 혹은 '보다 장기적인 안목'을 근엄하게 들먹이며 자신의 약점을 정당화한다. 그들은 자신에게 닥친 문제들을 다른 사람이 결정해주거나 혹은 해결하기에 너무 늦어버릴 때까지 문제를 방치하는 식으로 문제를 피해간다.

우유부단한 사람들은 가끔 종이 공포증을 동시에 보인다. 그들은 어떻게든 그 종이들을 눈앞에서 없애버리려고 한다. 그리고 자기 아래로든 위로든, 아니면 조직 밖으로든 책임을 돌려버린다. 아래로 책임을 전가하는 사람은 "그런 사소한 문제로 나를 귀찮게 하지 말게."라는 주문과 함께 결재서류를 부하직원에게 돌려보낸다. 그리하여 부하직원은 자신이 책임지지도 못하는 문제를 마지못해 떠맡게 된다. 위로 책임을 돌리려면 창의성을 발휘해야 한다. 평범한 사안을 상부에 올리는 것을 정당화하기 위해 조금이라도 이상한 점을 찾아내야 하기 때문이다.

외부로 책임을 떠넘기는 사람들은 주로 동료들을 회의에 불러 그들이 결정하는 대로 따른다. 이것의 변형 형태가 바로 공개 질의 프로그램이다. 즉 누군가에게 서류를 보낸 후 일반 시민들이 그 문제에 대해 어떻게 생각하는지 알아보도록 하는 것이다. 정부기관에서 일하는 어떤 우유부단 환자는 자신의 문제를 기발한 방법으로 해결했다. 자기 능력 밖의 문제가 떨어지면, 밤에 몰래 사무실에 와서 그 서류를 폐기해버렸던 것이다.

외모에 대한 편견

셰익스피어는 최종 승진 증후군을 재미있게 묘사했다. 그것은 업무 수행 능력과는 무관하게 순전히 외모 때문에 부하직원이나 동료들에 대해 비합리적인 선입견을 갖는 것이었다. 그는 율리우스 시저의 말을 다음과 같이 인용했다.

뚱뚱한 사람들을 주위에 두게 해다오.
카시우스는 너무 연약하고 허기진 모습을 하고 있구나.
그는 생각이 너무 많아. 그런 사람들은 위험해.

말년에 나폴레옹Napoleon Bonaparte(1769~1821)은 코가 큰 사람들을 총애하기도 했다. 이러한 강박관념에 빠진 환자들은 턱의 모양이나 방언, 옷차림새 혹은 넥타이 폭과 같은 하찮은 것 때문에 상대방을 근거 없이 혐오한다. 실제로 그가 능력이 있는지 여부는 무시된다. 나는 이러한 선입견을 '시저의 전이Caesarian Transference'라고 부른다.

쓸데없는 농담
최종 승진 증후군의 한 가지 확실한 증세는 업무에 열중하는 대신 농담으로 소일하는 습관이다.

건축물에 대한 집착
'구조물 편집증Structurophilia'이란 건물을 세우기 위한 계획, 건설, 유지 및 재건축 등에 대해 강박적으로 관심을 보이는 것이다.

이런 사람들은 건물 자체에 너무 열중한 나머지 건물 안에서 진행하는 업무에 대해서는 무관심하다. 모든 단계의 위계조직에서 구조물 편집증을 관찰할 수 있는데, 그중에서도 정치인과 대학 총장들에게 가장 많이 발견된다. 그 증상이 극단으로 치달을 경우 환자는 거대한 묘비나 기념상을 세우는 데 광적으로 집착한다. 고대 이집트인들과 현대 남부 캘리포니아인들이 이 증상을 심각하게 겪은 것으로 보인다.

예전에는 구조물 편집증을 '거대 구조물 콤플렉스Edifice Complex'라고 불렀다. 거대 구조물 콤플렉스는 교묘하게 상호 연관된 복잡한 체계다. 거대 구조물 콤플렉스는 교육, 의료서비스 혹은 종교교육을 개선하려고 하는 박애주의자들에게서 흔히 볼 수 있다. 이들은 전문가의 조언을 구하기도 하지만 무능의 단계의 있는 박애주의자들은 결코 유익한 프로그램을 추진하지 못한다. 이들에게 유일하게 자신 있는 일은 건물을 짓는 것이다. 많은 교육가와 의사, 성직자들이 구조물 편집증을 앓고 있기 때문에 그들은 기부자를 만날 때마다 "새 건물을 지어주십시오."라고 요청한다. 교회위원회, 학교 및 재단의 이사회 역시 마찬가지다. 그들은 사람이나 프로그램보다는 차라리 건물에 투자할 정도로 심각한 직업적 무능력에 이른 것이다. 다른 심리학적 콤플렉스와 마찬가지로 이 증상 역시 결국 비정상적 행위를 초래하게 된다. 대체로 구조물 편집증 환자는 자신을 기념하는 건물

종교 프로그램 개선 No. 64

엑셀시어시의 퍼스트 유포리아 교회의 위원회는 예배 참석률이 점점 떨어지고 있다는 사실을 우려하여 다양한 방안을 검토했다. 이때 몇몇 사람이 목사를 바꾸자고 제안했다. 그들은 현재 벌어지는 일에 대해서는 거의 언급하지 않는 테오 로그 목사의 구태의연한 설교에 지쳐 있었다.

결국 외부 목사가 초빙되었는데, 이 목사는 성 혁명, 세대차이, 전쟁의 무모함과 새로운 도덕에 관한 문제들을 제기했다. 그러자 보수파 교회 신도들 중 일부는 앞으로도 이처럼 파격적인 설교가 계속되면 교회를 떠나겠다고 위협했다.

위원회는 마침내 새 교회를 짓는 일이 가장 그럴듯한 해결 방법이라는 데 합의했다. 기존의 목사는 낮은 급여를 받고 계속 교회에 머물게 되었다. 하지만 새 건물이 지어진 후에도 얼마 되지 않던 신도가 계속 줄어들었다. 그런데도 더 활동적인 목사가 와야 한다는 제안은 받아들여지지 않았다. 그처럼 낮은 급여로는 더 유능한 사람을 구하기 어렵다고 판단했기 때문이다. 게다가 새 목사가 오면 새 오르간을 사고 회관 건물을 짓는 데 필요한 모금 계획에 차질이 생기기 때문이었다.

이나 기념비를 갖고자 하는 병적인 욕구를 느낀다. 거대 구조물 콤플렉스에 걸린 사람은 처음에는 삶의 질을 높이려고 노력하지만 결과적으로는 또 하나의 건물만 짓게 된다.

이상한 버릇

무능의 단계에 들어선 사람들은 별난 신체적 습관을 보이거나 안면 경련이 일어나기도 한다. 주목할 만한 예로, 찰스 디킨스가 자신의 작품에서 생생히 묘사한 손바닥 마찰음 내기가 있다. 이 밖에도 손톱 물어뜯기, 손바닥으로 책상 두드리기, 연필을 톡톡 치는 버릇, 손가락 관절 꺾기, 펜 돌리기, 기지개 켜기, 고무줄 튕기기, 이유 없는 깊은 한숨 등과 같은 습관들 역시 흔히 볼 수 있는 증상이다. 어떤 증상은 인식되지 못하고 지나가기도 한다. 환자가 무한한 시간 속에 빠져든 듯 어딘가를 응시하는 태도를 보이기 때문이다. 일반인들이 보기에 이런 환자는 막중한 책임을 진 사람으로 보일 뿐이다.

축약어만 사용하기

이니셜이나 암호만 사용하는 것은 말보다는 문자와 숫자로 대화하려는 강박관념을 나타낸다. 예를 들면 다음과 같다. "B. U.의 I. M. C.의 O. C.인 F. O. B.는 802 문제 때문에 N. Y.에 왔다." 이 말의 뜻은 의외로 단순하다. '분독 대학교 교육자료 센터의 운영관리자인 프레드릭 오빌 블레임스워디가 연방법 조항 802와 관련된 업무를 수행하기 위해 뉴욕에 왔다.' 하지만 이 말뜻을 알게 될 때쯤이면 대부분의 사람들은 화자가 실제로 대단한 정보를 아는 게 아니었다는 사실을 눈치채지 못하고 지나쳐버린다. 축약어를 사용하는 사람들은 별것 아닌 것을 인상적으로 들리게 하려고 노력한다.

의미 없이 말만 많게

최종 승진 상태인 어떤 사람들은 생각하기를 그만두거나 사고의 폭을 대폭 줄인다. 이를 감추기 위해 그들은 일반적인 대화나 공적인 연설에 두루 쓸 수 있는 표현 양식을 개발한다. 이러한 표현들은 매우 인상적으로 들리지만 사실은 단어 몇 개만을 바꿔가면서 모든 연설 상황에 써먹을 정도로 상당히 모호하다.

　나는 '기업 임원진의 휴지통을 조사하는 프로젝트'를 진행한 적이 있다. 이 프로젝트를 수행하기란 결코 쉽지 않았다. 어떤 회사는 경쟁사가 아이디어를 도용하는 것을 막기 위해 자물쇠가 달린 휴지통을 설치했는가 하면, 또 어떤 쓰레기 처리 회사는 매일 휴지통의 내용물을 트럭에 실어 누구도 활용할 수 없는 회색 모래로 만들어버렸다. 나는 이 프로젝트를 진행하면서 운 좋게 여러 곳에 사용되는 연설 초안의 일부가 분명한 문서를 발견했다. 이 글을 쓴 사람은 분명 무능의 단계에 들어선 사람이다. 의미는 없고 말만 장황하다. 이 문서의 내용은 다음과 같다.

신사 (그리고 / 혹은) 숙녀 여러분

이처럼 어려운 시기에 _____라는 중요한 주제에 대해 여러분께 말씀드릴 수 있게 된 것을 무한한 영광으로 생각합니다. 그동안 이 주제에 대해 대단한 발전이 있었습니다. 우리는 당연히 우리 지역에서 이것이 성취된 것을 자랑스럽게 생각합니다. 하지만 우리는 더 큰 안목을 가지고 지역 및 국가 수준에서, 더 나아가 국제적 차원에서 눈부신 공헌을 해온 개인들과 단체들에게도 감사의 인사를 드려야 할 것입니다.

우리는 개개인의 헌신과 결단력, 그리고 끈기로 이룩할 수 있는 이 경이로운 결과를 결코 낮게 평가해서는 안 됩니다. 하지만 한편으로 저는 과거나 현재의 최고 두뇌 인력을 괴롭혀온 문제들을 우리가 쉽게 풀 수 있다고 생각하는 것이 주제넘은 일일지도 모른다고 말씀드리고 싶습니다. 그렇다면 결론적으로 제 입장을 말씀드리겠습니다. 저는 초지일관 진보를 지지합니다. 그러나 제가 추구하는 것은 진정한 진보 그 자체이지 단순히 새로운 것을 위해 기존의 것을 잘라내고 변화시키는 일이 아닙니다. 친애하는 여러분, 진정한 진보는 이루어질 수 있습니다. 우리가 지금의 결심을 굳게 지킨다면 위대한 역사적 유산 속에서 그리고 언제까지나 우리의 진정한 힘을 담고 있는 장엄한 전통 속에서 진보는 이루어질 것입니다.

자신부터 점검하라

앞에서 설명한 증상들이 당신 주위에 나타나지는 않는지 생각
해보라. 내가 소개한 내용이 동료들을 분석하는 데 큰 도움이
될 것이다. 하지만 가장 어려운 일은 자신을 분석하는 것이다.
나는 이렇게 말한다. "당신 자신부터 치료하라!"

8장

창조적 무능력이
주는 행복

당신이 할 수 있다고 생각하는 것보다 늘 하나씩 적게 하라.

−B. M. 바루크

무능의 단계에 도달할 때, 다시 말해 '승진 지수Promotion Quotient'
가 '0'이 되는 상황에 처할 때 사람들의 반응은 다양하다.

어떤 사람은 자기가 최종 승진을 했으며 무능의 단계에 도달
했다는 사실, 즉 자신이 씹을 수 있는 양 이상으로 베어 물었고,
능력에 부치는 일을 하고 있거나 '한계에 도달했다'는 사실을
의식적으로 깨닫는다. 이러한 사실을 인식할 능력이 있는 사람
들은 무능력을 게으름과 동일시하는 경향이 있다. 그는 자신이

열심히 일하지 않는다고 생각하여 자책한다. 즉, 지금보다 열심히 일하면 새로운 자리에서 겪는 초창기의 어려움을 이겨내고 능력을 발휘하게 될 것이라 믿는 것이다. 그리하여 그는 자신을 무자비하게 채찍질하고 쉬는 시간과 점심 식사도 잊은 채 일하며, 매일 저녁과 주말이면 일거리를 집으로 들고 간다. 그 결과 그는 빠르게 최종 승진 증후군의 희생자가 되고 만다. 하지만 많은 사람들은 자신이 무능의 단계에 도달했다는 사실을 인식하지 못한다. 그들은 언제나 바쁘며 승진에 대한 기대를 결코 버리지 않기 때문에 행복하고 건강한 상태를 유지한다. 이쯤에서 당신의 질문이 들리는 듯하다. "도대체 그 사람은 어떻게 그럴 수 있지?"

무능 감추기 기술

그들은 자신의 직위에 합당한 업무를 수행하는 대신 완벽하게 다른 업무로 대체한다. 우선 그들이 무능을 감추기 위해 사용하는 몇 가지 업무 대체 기술을 살펴보자.

기술 1. 장황한 준비

유능한 직원은 중요한 업무를 맡으면 바로 그 일에 착수한다.

하지만 무능을 감추려는 사람은 사전 준비를 하느라 바쁘다. 여기에 몇 가지 좋은 예가 있다.

행동의 필요성 확인하기

업무 대체의 달인은 언제나 가지고 있는 자료가 미흡하다고 생각한다. "나중에 후회하느니 안전하게 일한다." "급할수록 천천히"가 그들의 모토다. 충분한 시간을 들여 그러한 필요성을 확인하다보면, 원래의 필요성은 사라져버린다. 예를 들어 기근 구제 계획을 세우면서 오랜 시간 동안 그 필요성에 대해 골몰하다보면 조만간 원조할 일이 이미 없어졌다는 것을 알게 될 것이다.

추진 방법 연구하기

적합한 예비 조사를 수행한 결과 필요성이 확인되었다고 가정해보자. 이제 업무 대체의 달인들은 사실을 확인하는 데 아무리 오랜 시간이 걸린다 해도 자신이 가장 효율적인 방법을 선택했는지를 확인하고 싶어한다. 업무 대체는 하나의 대안이자 우유부단 증후군의 약한 형태다.

전문가의 조언 구하기

이런 과정을 거쳐 최종적으로 선택된 계획이 효과적으로 수행되기 위해서는 반드시 전문가의 조언을 구해야 한다. 위원회를 구성하여 전문가에게 문제를 의뢰하는 것도 한 방법이다. 이 기술은 당대 전문가보다는 작고한 전문가들의 자료를 뒤져서 '전례'를 연구하는 것으로 변형되기도 한다.

완벽한 사전 준비

이 기술은 준비 과정에서 부딪히는 모든 국면마다 세세하게, 때로는 고통스럽게 시간을 들여 주의를 기울이는 것을 말한다. 목표를 향해 전진하기 전에 현재의 기반을 굳건히 다지기 위해서는 전술, 여분의 무기, 탄약, 돈 등을 충분히 비축해 놓아야 한다는 것이 이들의 주장이다.

이러한 기술 중 몇 가지를 사용한 흥미로운 사례가 있다. 디프레스트 복지부의 부국장인 그랜트 스윙어는 대단히 유능한 사람으로 알려져 있다. 정부와 자선단체들을 구슬려서 중요한 지역 문제를 위해 자금을 내놓게끔 하는 탁월한 능력 덕택이었다.

얼마 후 가난과의 전쟁이 선포되자, 부자들을 능숙하게 다루는 만큼 약자를 돕는 데도 상당히 유능할 것이라는 논리에서 스윙어가 디프레스트 빈곤 추방 운동의 관리 감독자로 승진하게 되었다. 이 사업이 시작되자 스윙어는 올림피아 사무소를 세우기 위한 기금을 모으느라 바쁘게 움직였다. 그 건물은 직원들을 수용하고 빈민을 돕는 정신을 기리기 위한 것이었다(완벽한 사전 준비). 스윙어는 자신의 행동을 이렇게 설명한다. "정부가 그들을 잊지 않았다는 것을 빈민들에게 알리고 싶습니다." 다음으로 그는 디프레스트 빈곤 추방 운동의 자문위원회를 소집하고(전문가의 조언 구하기), 소외계층의 문제를 조사하기 위해 자금을 모으며(행동의 필요성 확인하기), 또한 준비 및 운영 면에서 유사한 프로그램이 있는지를 알아보기 위해 다른 나라로 출장을 떠난다(추진 방법 연구하기). 스윙어는 하루 종일 정신없이 바쁘게 지내면서 진심으로 자신이 일을 잘하고 있다고 생각한다. 그는 새 직위에 만족하기 때문에 자신의 좋은 이미지를 선거운동에 이용하려는 정치권의 유혹도 정중히 거절했다. 한마디로 그는 대단히 성공적인 업무 대체 기술을 사용한 것이다.

기술 2. 주변 문제에 관심 기울이기

글래드맨은 한 소파 회사의 공장 감독관으로 승진하였다. 회사는 그에게 공장의 생산량을 늘려서 지사의 임금이라도 자체 해결하라는 특수 임무를 맡았다. 그는 자신이 이 임무를 수행할 능력이 없다는 것을 재빨리 파악한 후 생산성 문제를 포기해버렸다. 대신 그는 공장과 사무실의 내부조직에 몰두했다. 즉, 그는 노사분쟁이 전혀 없고 근무 환경이 양호하며 지사의 모든 직원들이 '행복한 대가족'처럼 지낸다는 점 등을 매일 확인했다. 다행히도 그에게는 아직 무능의 단계에 도달하지 않은 도미니라는 젊은 부감독이 있었다. 그의 열성적인 활동 덕분에 지사는 활력을 찾았고 제법 이익도 생겼다. 글래드맨은 신임을 얻었고 자신의 '성공'을 자랑스러워했다. 그는 적절히 업무를 대체했으며 그렇게 해서 행복을 얻었다. 글래드맨과 같은 주변 문제 전문가들의 표어는 "작은 문제만 해결하면 큰 문제는 저절로 해결된다."이다.

또 다른 예를 살펴보자. 트레드웰은 한 초등학교의 유능한 교감이었다. 그는 지적이었고 학생들에게 좋은 본보기가 되었으며 교사들의 사기도 높였다. 하지만 교장으로 승진한 후에 자신이 무능의 단계에 이르렀다는 사실을 알았다. 그에게는 학부모 모임이나 신문기자들, 지역 교육감들과 학교 이사회를 다루는 데 필요한 기지가 없었다. 당연히 그는 공무원들의 눈 밖에 났으며 학교 평판도 나빠지기 시작했다.

그러자 트레드웰은 주변 문제에 특이한 관심을 갖기 시작했다. 그는 강당이나 복도, 층계 등에서 학생과 교직원이 수업을 위해 이동할 때 생기는 혼란과 무질서, 충돌과 같은 문제를 해결하는 데 관심을 쏟기 시작했다. 먼저 트웨드웰은 커다란 학교 설계도를 갖다 놓고 교내의 원활한 이동을 위해 정교한 시스템을 만들기 시작했다. 그는 벽과 바닥에 다양한 색깔로 선과 화살표를 그은 후 보행 수칙을 엄격히 지키도록 했다. 누구도 바닥의 하얀 선을 넘으면 안 되었다. 그래서 어떤 학생은 수업 중에 복도 맞은편 교실로 선생님 심부름을 가기 위해서 선을 따라 복도 끝까지 간 후 다시 돌아와야 했다.

트레드웰은 자신의 시스템을 위반하는 학생이 없는지 살피기 위해 건물을 배회하면서 많은 시간을 보냈다. 그는 전문 잡지에 이에 대한 글을 기고했고, 자신과 같은 주변 문제 전문가들의 방문을 받고 그들을 안내하여 건물을 구경시켰다. 트레드웰은 현재 이 문제와 관련하여 많은 도안과 사진이 수록된 책을 집필하는 데 몰두하고 있다. 그는 활동적이며 자신의 일에 만족한다. 또한 최종 승진 증후군의 조짐도 전혀 보이지 않고 건강을 유지한다. 주변 문제를 전문화하여 멋지게 성공한 것이다.

기술 3. 실적보다 이미지에 신경 쓰기

한 고등학교의 수학교사로 재직 중인 벤더는 수업시간 내내 수학이 얼마나 재미있고 유익한 학문인지를 설명하며 보낸다. 그녀는 수학의 역사, 현재의 이슈 및 예측되는 미래의 발전상에 대해 열변을 토한다. 대신, 실제 교과 진도는 숙제로 내준다. 벤더의 수업시간은 활기차고 재미있다. 학생들 대부분은 그녀가 좋은 선생님이라고 생각한다. 학생들의 수학 성적은 별로 좋지 않지만, 그것은 단지 수학이 너무 어렵기 때문이라고 생각한다. 벤더 역시 자신이 좋은 교사라고 굳게 믿는다. 자신이 승진을 못하는 것은 다른 무능한 교사들의 시기 때문이라고 생각한다. 그런 최면 속에서 그녀는 '독선'이라는 영원한 만족감을 즐긴다.

짐작하겠지만 벤더는 자신이 해야 할 업무를 대체하고 있는 것이다. 그녀의 기술은 어느 조직에서나 볼 수 있으며, 의식적으로든 무의식적으로든 자주 사용된다. 이런 사람들은 개인적 만족감을 얻는 데 이미지가 업무 성취보다 더 큰 가치를 지닌다고 생각한다(피터의 이미지 조작Peter's Placebo). 이 기술은 당사자에게는 만족을 주지만 고용주까지 만족시키는 것은 아니다. 모든 계층의 정치가들은 피터의 이미지 조작을 잘 이해하고 있다. 그들은 민주제도(때로는 군주제나 공산제, 부족제)의 중요성과 신성함, 황홀한 역사에 대해 떠든다. 하지만 자신이 정작 수행해야 하는 일에 대해서는 거의 혹은 전혀 언급하지 않는다. 이 기술은 예술 분야에서도 많이 사용된다. 엑셀시어시의 화가인 프레스코는 몇 작품에서 성공한 후 예술적 영감이 바닥나버렸다. 그러자 이번에는 예술의 가치에 대해 강연하면서 경력을 쌓기 시작했다. 온종일 술집 바에 앉아 글쓰기의 중요성과 다른 작가들의 단점 그리고 언젠가 자신이 쓰게 될 걸작에 대해 열변을 토하는 살롱 작가들도 이미지 조작의 전형적인 예다.

기술 4. 전혀 다른 일에 몰두하기
이것은 대담한 기술이지만 바로 그 점 때문에 자주 성공한다.

이미 살펴본 대로 장황한 준비, 주변 문제에 몰두하기 그리고 이미지 조작은 어떤 의미 있는 성과도 내지 못한다. 그들은 자신의 할일을 방관하는 것이다. 그래도 그들은 최소한 업무와 관련 있는 일에 전념한다. 때때로 제삼자나 동료들까지도 이런 사람들이 성과를 내는 대신 업무를 대체하고 있다는 사실을 눈치채지 못할 정도다. 하지만 아예 다른 일을 하는 사람은 자기 일을 하는 척조차도 하지 않는다.

오프셋 휠 사의 헬프스 사장은 모든 시간을 자선단체의 이사회 활동에 쏟는다. 그는 온종일 기금 모금 운동에 앞장서고 봉사활동을 계획하며, 자원봉사자들을 격려하고 전문가들을 감독한다. 회사에는 몇 가지 중요한 결재를 할 때만 간다. 그는 자선단체 일을 하면서 한때 경쟁자였던 휠 트루어스 사의 종신 부사장인 메릿과 친해졌다. 메릿 역시 헬프스와 같은 자선단체 활동을 하면서 회사 일은 거의 하지 않는다. 대학 이사회, 정부의 자문회의나 조사위원회 같은 곳은 전혀 다른 일에 집중하고 싶어하는 사람들에게는 천국과도 같다.

이러한 기술은 대체로 산업 및 비즈니스 위계조직의 상위층에서 나타난다. 그러나 가정주부에게서도 종종 발견된다. 아내나 어머니로서 무능의 단계에 도달한 여성은 시간과 에너지를 엉뚱한 일에 헌신하며, 남편과 자식들은 어떻게 되든 내버려둔 채 행복하고 성공적으로 대체 기능을 발휘한다.

기술 5. 나는 '임시' 담당자일 뿐

특히 거대하고 복잡한 위계조직의 무능한 임원은 종종 다른 부서의 직무대행 이사나 위원회의 임시 위원장 같은 임시직을 맡는다. 이 임시 업무는 정규 업무와는 본질적으로 다르다. 그 임원은 더이상 자기 일을 할 필요가 없으며(또한 이미 무능의 단계에 도달했으므로 처리할 능력도 없다), 그리고 새 자리에서는 중요한 일을 하지 않아도 누구도 뭐라 하지 않는다. 그는 종종 이렇게 말한다. "나는 결정을 내릴 수 없소. 이 일은 정식 책임자가 오면 그때 처리합시다." 숙달된 임시 관리자는 해마다 임시직을 하나씩 맡고, 이것으로 진정한 만족감을 성취하면서 여러 해 동안 그 상태를 지속한다.

기술 6. 세부 분야에 집중하기

자신이 맡은 일을 모두 수행하지 못할 것이라는 사실을 깨달은 사람들은 주된 업무를 무시한 채 극히 사소한 업무에 관심과 노력을 집중한다. 한 번 시도해서 성공하면 계속 그 방법을 쓰고, 그게 아니라면 안 그래도 소소한 일의 범위를 더욱 좁혀 전문성을 추구한다.

네일러는 시립 미술관의 관장이지만 새로운 작품 확보, 전시 또는 재정 정책에는 관심이 없었고 건물 유지에도 소홀했다. 그 대신 그는 전시관의 표구상에서 일을 하거나 표구의 역사를 연구하면서 온 시간을 보냈다. 현재 네일러는 자신이 결코 표구의 달인이 될 수 없다는 사실을 깨닫고는 표구에 이미 사용되었거나 앞으로 사용될 가능성이 있는 다양한 접착제를 연구하는 데 집중하고 있다.

어느 역사가는 종교개혁의 최초 30분에 대한 연구에서 세계 최고의 권위자가 되었다고 한다. 또 서너 가지 사례만이 알려진 병을 연구하여 명성을 얻은 내과 의사도 많다. 대부분의 의사들은 신체의 극히 한 부분만을 다루는 전문의가 된다. 어쩌면 문학작품의 의미와 가치를 이해하지 못한 어느 연구생은 「오토 스크리블러Otto Scribbler의 문학작품에서의 쉼표 사용에 관한 비교학적 연구」라는 제목의 논문을 쓸지도 모른다.

창조적 무능력을 발휘하라

내가 앞에서 제시한 예들은 업무 대체 기술이 무능의 단계에 도달했을 때 취할 수 있는 효과적인 방법이라는 것을 보여준다. 업무 대체 기술을 잘 사용하면 최종 승진 증후군이 나타나는 것을 막고 건강하며 만족스러운 삶을 살 수 있다. 그러나 피터의 원리에 대한 지금까지의 내 설명이 행복한 삶을 설계하기보다는 절망의 철학처럼 들렸을지도 모르겠다. 어쩌면 마지막 승진을 한 후 비참한 신체적·심리적 증상을 보이다가 직장생활을 끝낼 수밖에 없다고 생각할지도 모른다. 이런 의문이 드는 것도 당연하다고 생각한다. 이 의문을 어떻게 해결할 수 있을까.

승진을 거절하기란 쉽지 않다

당신은 어쩌면 이렇게 말할지도 모른다.

"그야 당연히 승진을 사양하면 되지. 그리고 유능하게 일할 수 있는 자리에 남아 즐겁게 일하면 되지 않겠어?"라고 말이다.

승진을 단호히 거절하는 것을 나는 '피터의 회피Peter's Parry'라고 부른다. 이렇게 하면 문제가 간단히 해결될 것 같기도 하다. 그러나 나는 승진을 거절하는 데 성공한 사람을 소여밖에는 보지 못했다.

소여는 비미시 건설 회사에 고용된 목수다. 그는 매우 열심히 일하고 유능하며 양심적이어서 여러 번이나 주임 자리를 제안받았다. 소여는 상사를 신뢰하는 만큼 그의 제안을 받아들이고 싶었지만 평범한 목수로서의 삶에 만족하고 있었다. 목수 일을 하면 근심거리도 없고 오후 4시 30분이면 일에서 해방될 수 있기 때문이다. 그러나 주임이 되면 매일 저녁이나 주말마다 다음날 혹은 다음주의 업무에 대해 고민해야 한다. 그래서 그는 번번이 승진을 거절했다. 소여는 가까운 친척이나 친구도 많지 않은 독신이었기 때문에 승진이 별 의미가 없었다. 그는 승진을 거절함으로써 자신이 하고 싶은 대로 자유롭게 살 수 있었다.

하지만 대부분의 사람들은 피터의 회피를 실천하기 어렵다. 로먼의 경우를 생각해보자. 로먼은 가족이 있는 평범한 사람이었지만 승진을 거절했다. 하지만 배우자가 "우리 아이들의 장래를 생각해봐요! 이웃들이 이 일을 알면 뭐라고 하겠어요? 당신이 나를 사랑한다면 나를 위해서라도 승진해야 해요."라고 잔소리를 하기 시작했다.

다른 사람들이 로먼의 결정에 어떻게 생각하는지 궁금하던 차에 로먼의 배우자는 자신의 답답한 사연을 믿을 만한 친구 몇 명에게 털어놓았다. 그 소식은 순식간에 동네에 퍼졌다. 아빠의 명예를 지키려던 로먼의 어린 아들은 친구와 싸움을 벌였고 친구의 이를 두 개나 부러뜨렸다. 로먼은 소송과 치과 치료비로 1,100달러를 써야 했다. 설상가상으로 장모님까지 나서자 로먼의 아내는 분노에 차서 로먼을 떠났고, 법적 별거를 신청했다. 외로움과 수치심 그리고 절망 속에서 결국 로먼은 자살하고 말았다.

승진을 거절하기란 결코 쉽지 않다. 연구 초기에 나는 대부분의 사람들에게는 피터의 회피 전략이 효과가 없다는 사실을 알았다.

무능을 가장하는 사람들

아이디얼 트리벨 사의 생산직 및 사무직을 대상으로 위계조직의 구조와 승진 비율을 연구하면서, 나는 회사 건물 주위가 아름답게 꾸며져 있다는 것을 알게 되었다. 벨벳처럼 부드러운 잔디와 보석 같은 꽃밭은 수준 높은 원예 감각을 자랑하고 있었다. 정원사인 그린은 자신이 가꾸는 식물에 순수한 애정을 쏟았고 원예 도구도 소중히 다루었다. 그는 자신이 가장 좋아하는 일인 정원 가꾸는 일을 하고 있었기 때문에 더없이 행복하고 즐거웠다. 하지만 그에게도 무능한 면이 하나 있었다. 그는 모든 일을 깔끔히 처리했지만 자신이 수령한 제품 영수증과 배달 확인증을 번번이 잃어버리거나 엉뚱한 곳에 두었다. 경리부 직원들은 배달 확인증이 없어서 애를 먹었고, 그린은 여러 차례 부장에게 꾸지람을 들었다. 그의 대답은 애매모호했다.

"그 종이들을 나무 심을 때 같이 묻어버린 모양인데요."

"어쩌면 도구 창고에 있는 쥐가 그 종이들을 먹어치웠을지도 몰라요."

이처럼 서류 처리에 무능했기 때문에 관리주임 자리가 났을 때에도 그는 후보자로 거론되지 않았다. 나는 그린을 여러 차례 인터뷰했는데 그는 예의바르고 협조적이었지만 문서를 잃어버린 것은 우연한 사고라고 주장했다. 나는 그의 아내에게도 물어보았다. 그러자 그녀는 그린이 정원 손질과 관련된 온갖 사소한 일들을 기록하고 있으며, 뒤뜰의 화초를 키우는 데 드는 모든 비용을 정산할 수 있다고 했다.

무능을 가장한 듯 보이는 또 다른 사람은 메서다. 주물 회사의 판매소 주임인 그의 작은 사무실은 기괴하기 짝이 없도록 어질러져 있었다. 어디에나 아슬아슬하게 쌓여 있는 오래된 계산서 더미와 참고자료, 너덜너덜해진 정산표로 미어터지는 종이 상자, 색인도 없는 파일로 넘치는 캐비닛, 벽에 붙여둔 채 오랫동안 쳐다보지도 않은 계획표들로 어지럽혀 있었다. 하지만 정신없는 사무실과는 달리 메서는 효율적으로 사무실을 운영하고 있다는 사실이 시간과 작업 능률의 상관관계를 조사하는 과정에서 밝혀졌다. 그가 총책임자로 승진하는 것을 피하기 위해 의식적으로 무능을 가장하는 것인지 아닌지는 확인할 수 없었지만, 어지러운 사무실 때문에 그가 승진하지 못하고 있는 것은 확실했다.

여기 무능을 가장하는 또 다른 인물이 있다. 스펠먼은 유능한 교사다. 누구나 그의 능력을 인정하고 있지만 한 번도 교감 승진 추천을 받은 적이 없었다. 나는 왜 그런지 사람들에게 물어보았다. 그러자 한 고위관리가 이렇게 말했다.

"스펠먼은 월급 수표를 현금으로 잘 바꾸지 않아요. 석 달마다 우리가 일러줘야 한다니까요. 수표를 현금으로 바꾸지 않으면 회계장부를 정리할 수 없거든요. 그렇게 말을 했는데도 고치지 않으니 정말 이해할 수가 없어요."

내가 자세히 캐묻듯 물어보자 그 고위관리는 "아니요, 아닙니다! 우린 그를 불신하는 게 아니에요."라고 입을 떼며 다음과 같이 덧붙였다. "하지만 사람들은 당연히 그가 다른 수입원을 갖고 있는지 의심하게 되죠." 내가 다시 질문했다. "그럼 그가 불법적인 일에 관여한다고 의심하시나요?" 그는 손사래를 치며 "물론 아닙니다! 우리는 그에 대해 손톱만큼도 의심하지 않아요. 그는 훌륭한 교사예요! 좋은 사람이죠. 평판도 아주 좋고요."라고 대답했다. 이렇게 스펠먼을 변호하는 사람이 있긴 하지만 그래도 대부분의 사람들은 온갖 청구서 비용을 지불하기 위해 허겁지겁 은행으로 달려가 수표를 바꾸거나 저축할 필요가 없을 만큼 금전적으로 여유로운 사람을 이상하게 생각한다. 간단히 말해 스펠먼은 직장인의 전형적인 행동을 하지 않음으로써 스스로 승진의 기회를 막고 있는 것이다. 스펠먼이 교사일에 만족하며 승진하는 것을 바라지 않았다는 사실과 이러한 행동은 그저 우연의 일치일까?

창조적 무능력이 탈출구다

나는 이외에도 일부러 자기의 무능력을 드러내는 수많은 사례를 조사했다. 하지만 그 행동이 의식적인 계획의 결과인지 혹은 잠재적 동기에서 나온 것인지는 판단하기 어렵다. 그러나 한 가지는 명확했다. 이들은 너무 큰 고통이 따르기 때문에 승진을 공공연히 거절하지는 못하지만 일부러 어수룩한 행동을 함으로써 승진을 피한다는 것이다. 이것은 최종적 승진을 피할 수 있는 절대적인 방법이다. 이는 직장과 개인 삶에서 건강과 행복을 찾는 열쇠로, 이른바 '창조적 무능력Creative Incompetence'이라는 것이다. 앞에서 예로 든 그린, 메서, 스펠먼이나 비슷한 상황에 처한 직장인들이 최종 승진을 의식적으로 피하는지 무의식적으로 그러는지는 중요하지 않다. 요점은 이렇게 중요한 목적을 달성하는 방법을 그들로부터 배울 수 있다는 사실이다.

이 방법은 다음과 같이 요약할 수 있다. 즉, 당신이 이미 무능의 단계에 도달했다는 인상을 주는 것이다. 당신은 최종 승진 증후군 가운데 신체적 질환이 아닌 한두 가지 증상을 보임으로써 승진을 피할 수 있다.

정원사 그린은 가벼운 종이 공포증을 보여주고 있다. 주위 사람들은 메서를 심한 문서 중독증 환자로 생각할 것이다. 월급 수표를 현금으로 바꾸지 않는 스펠먼은 심각한 우유부단 증후군의 독특한 형태를 보였다.

어떤 사람들은 무능의 단계에 도달했다는 인상을 주기 위해 하찮은 일을 시시콜콜 따진다든지, 클립 하나도 챙기는 식으로 지나치게 절약하는 모습을 보이기도 한다. 또 동료 집단에서 소외되기 위해 혼자 도시락을 싸와서 따로 먹는다든가 모든 일에 쌀쌀맞게 굴거나 다른 사람의 주차 공간을 침범하기도 한다. 외모와 관련된 기술도 있다. 초라하고 촌스러운 옷차림으로 나타나기, 목욕이나 이발을 자주 하지 않기, 눈살을 찌푸리게 하는 진한 화장, 심한 향수 냄새, 과도한 액세서리 착용 등을 하기도 한다. 당신 역시 맡은 업무를 직접적으로 망치지 않는 수준에서 무능력을 보인다면 창조적 무능력으로 흡족한 결과를 얻을 수 있다.

승진을 피하면 행복이 온다

나는 소여의 사례를 다시 조사해보았다. 피터의 회피에 성공한 그는 헨리 소로가 쓴 『월든Walden』 문고판을 사서 직장 동료들과 상사들에게 나눠주었는데, 그때마다 책임질 일이 없는 것에 대한 즐거움과 매일매일의 노동의 기쁨에 관해서 몇 마디를 덧붙였다. 그는 책을 선물한 후 사람들이 그 책을 읽었는지, 얼마나 많이 공감했는지를 끈질기게 물어보았다. 이 참견 좋아하는 교육자적 태도를 나는 '소크라테스 콤플렉스Socrates Complex'라고 부른다. 이제 소여는 더이상 승진 추천을 받지 않는다. 소여는 창조적 무능력이 언제나 피터의 회피보다 강력하다는 것을 보여주었다.

마지막으로, 창조적 무능력의 유형을 개발할 때 '자신이 의도적으로 승진을 피하고 있다'는 사실을 감춰야 한다는 점을 명심해야 한다. 어떤 사람은 자신의 의도를 감추기 위해 동료들에게 이렇게 불평하기도 한다. "누구는 승진하는데 나만 이게 뭐람, 쳇!"

아직 최종 직위에 다다르지 않았다면 당신은 업무와 무관한 무능력을 찾아낼 수 있다. 그것을 찾아내어 부지런히 실천하라. 그러면 당신은 유능한 수준에 머물면서 업무를 멋지게 해낸다는 개인적 만족을 얻을 것이다.

3부

행복한 삶을 위한
피터의 처방 1~25

9장

너 자신을
알라

인생이란 끊임없이 나를 찾아가는 여정이다.

-J. 가드너

델포이 신전 기둥에 적혀 있는 '너 자신을 알라.'라는 말은 비단 고대 그리스인들에게만 국한되지 않는다. 이 말은 현대를 살아가는 전 인류에게 정체성의 확립이 얼마나 중요한지를 일깨워준다. 의식주가 생존을 위해 반드시 필요한 것처럼 정체성은 인간답게 살아가는 데 없어서는 안 될 가치다.

자기 자신을 알지 못하는 현대인을 괴롭히는 재앙은 너무나 많다. 인간은 수많은 현대 질병에 면역력을 잃은 지 오래다. 텔레비전 앞에 엎드린 채로 자기 자신에 대한 온갖 거짓말에 노출되어 하루하루 힘겹게 자신을 지키고 있다. 현대인들은 자신의 사회적 위치에 대한 불안감에 사로잡혀 늘 안위를 걱정한다. 높은 지위를 좇아 경쟁하고 체제에 순응하지만 이는 타고난 능력마저 시들게 할 뿐이다.

현대인 중에도 쓰지도 않을 물건을 사느라 빚더미에 오른 자신의 어리석음을 깨달은 사람이 있을 것이다. 그러나 대부분의 사람들은 자기 인생에서 무언가가 굉장히 잘못되어가고 있음을 마지못해 인정하면서 그 원인을 정서적 압박 혹은 심리적 단절에서 찾는다. 문제를 해결하기 위해서 여러 모임에도 나가보고 심리치료도 받아보고 개인 상담도 받아보지만 큰 효과를 보지 못한다. 그저 앞으로는 나아질 거라 기대하며 다시 열심히 사는 수밖에 없다. 그런데도 사람들은 잘 살고 있느냐는 질문을 받으면 "아주 잘 살고 있다."고 대답한다. 결혼생활에 만족하지 못하는 아내와 반항심이 가득한 아이가 옆에 있다면 대답하는 목소리는 더욱 커진다. 그러고는 성공의 증거로 재산을 내보인다. 이미 '행렬하는 애완동물Processionary Puppet'이 되어버린 것이다. 사회학자들은 수십 년에 걸쳐 생산 중심 사회의 몰인간화를 경고해왔다. 철학자들도 수 세기 동안 '너 자신을 알라'는 가르침을 전했다. 하지만 그들 모두 실용적인 해법을 제시하는 데는 실패했다. 인간은 여전히 자기 자신을 알지 못하고, 그래서 자기 삶을 스스로 살아갈 힘을 갖지 못했다.

문명화된 인간 사회에서 나타나는 공통적인 문제는 정체성의 위기다. 문명에 길들여진 사람들은 '나는 누구인가'라는 문제로 정신적 혼란을 겪는다. 위계조직의 영향을 받는 현대인이라면 누구도 정체성의 문제에서 자유로울 수 없다. 정체성은 내가 나를 보는 관점, 내가 세상을 보는 관점, 내가 꿈꾸는 삶의 모습이 하나로 합쳐진 것이다. 자아정체성의 확립은 심리적 안정을 가져오고 자존감을 심어준다. 자존감이란 내가 유일하고 가치 있는 존재라는 사실을 깨닫는 데서 온다. 그러기 위해서는 능력이란 '나'를 위해 꼭 필요한 것을 얻는 힘이라는 생각을 가져야 한다. 일단 자존감을 갖게 되면 삶을 창조적으로 살 수 있다. 내가 원하는 삶을 살 수 있다.

창조적인 삶은 자유로운 상상력으로 문제를 해결하게 하고 내가 원했던 삶을 살게 한다. 우선 내 목소리에 귀를 기울이고 내 의견을 존중하라. 그러면 내면의 갈등과 의심으로부터 자유로워질 수 있다.

피터의 처방 01

피터의 준비
생기를 회복하라

몸과 마음은 떼려야 뗄 수 없는 관계다. 과로, 음주, 질병으로 몸이 힘들 때는 맑은 정신으로 나 자신에 대해 생각할 수가 없다. 건강한 신체가 선행되어야 이후의 처방에서 최대의 효과를 얻을 수 있다.

인간이 저지를 수 있는 가장 큰 실수는
다른 것을 얻기 위해 건강을 희생하는 것이다.
-A. 쇼펜하우어

마음이 몸에 큰 영향을 미친다는 믿음은 이미 오래전부터 역사에 기록되어 있다. "마음이 생각하는 것처럼 사람도 그리 된다."라는 오래된 믿음에 이의를 제기할 사람은 없을 것이다. 이 만고불변의 진리와는 별개로 인간의 몸을 건강하게 하는 것은 비단 좋은 생각만이 아니다. 인간은 좋은 음식을 먹고 적당한 휴식을 취함으로써 건강해질 수 있다. 걱정이 끊이지 않으면 모든 장기가 고장 나고 아무리 좋은 음식도 소화할 수 없다. 부정적인 감정이 명석한 두뇌와 건강한 신체에 악영향을 미치는 것도 물론 사실이지만, 우선 몸이 건강해야 안정과 기쁨이라는 뜻밖의 선물도 받을 수 있다.

나 자신을 알려면 우선 나의 몸부터 알아야 한다. 지금의 내 몸 상태는 수백만 년간 진행된 인류 진화의 결과다. 인간의 몸은 다양한 환경에 적응하면서 현재의 상태로 진화했다. 그런데 근래의 환경은 인간에게 적응할 시간도 주지 않고 급속도로 변화하고 있다. 그러나 다행스럽게도 인간의 근육과 순환기관은 활동하는 생활에 적응하게 되어 있고 인간의 소화기관은 영양가 없고 방부제만 가득한 음식을 거부하도록 설계되어 있다. 인간의 몸이 현대의 급속한 변화의 충격을 이겨낸다면 어쩌면 미래 세대의 몸은 움직이지 않는 생활, 살충제를 뿌린 화학첨가물 덩어리 음식을 거부감 없이 받아들일 수도 있을 테지만 말이다.

인간에게는 몸이 곧 자서전이다.

−F. 버지스

규칙적인 운동을 통해서 모든 세포와 조직의 기능을 강화할 수 있다. 세포와 조직이 건강하려면 심장, 근육, 동맥, 모세혈관에서 출발하여 몸 전체로 순환하는 혈액의 이동이 원활해야 한다. 몸에 생기를 불어넣고 건강을 유지하기 위해서 규칙적인 운동은 필수다. 평소 육체적 활동량이 부족하다면 자전거, 수영, 하이킹, 조깅, 정원 손질, 헬스, 게임 등의 운동을 통해서 호흡기능과 소화기능을 강화하고 체질을 바꾸는 게 좋다.

그런가 하면 영양가가 풍부한 음식을 섭취하지 않고서는 건강한 신체를 가질 수 없다. 체내의 모든 세포와 조직, 기관에 영양분을 공급하는 것이 바로 혈액이다. 그만큼 중요한 기능을 하는 혈액을 맑게 하려면 깨끗한 음식과 공기와 물이 반드시 필요하다. 그런 의미에서 근래에 자연식품에 대한 관심이 높아진 것은 매우 다행스러운 일이다. 비타민, 미네랄과 같은 영양분이 듬뿍 들어 있는 자연식품은 우리 몸에 활기를 불어넣고 질병에 대한 저항력을 보다 높여준다.

정기검진에 소홀해서도 안 된다. 몸에 이상이 생기면 초기에 발견해서 치료를 받아야 큰 병에 걸리지 않을 수 있다. 운동과 식생활로 활기를 되찾고 병원 치료를 적극적으로 활용하여 질병을 예방하라. 건설적인 생각과 기운, 마음의 평화가 저절로 따라온다.

피터의 처방 02	피터의 평정 매일 휴가를 떠나라

간단한 정신훈련을 통해 세상사 걱정에서 벗어나 내 안의 나를 만나는 특별한 시간을 가져보자. 이 처방을 처음 고안해 낸 것은 내가 아니다. 이미 수 세기 동안 많은 사람들이 활용해왔던 처방으로, 매우 다양한 이름으로 불리고 있다. 누구나 할 수 있다.

'피터의 평정'을 수행하려면 우선 몸의 긴장을 완전히 풀고 두 눈을 감고 머릿속의 모든 복잡한 상념들을 비워야 한다. 그런 다음, 나의 내면에서 평정의 중심이 되는 지점을 찾는다. 그

곳에선 모든 것이 고요하고 아름답다. 처음에 시도할 때는 어느 정도 시간과 노력이 필요하지만, 연습과정을 몇 번 거치면 눈만 감아도 곧 평정의 중심에 도달할 수 있게 된다.

몸과 마음의 긴장을 풀어본 적이 없다면 이렇게 해보자. 먼저 편한 의자에 앉아 두 발은 바닥에 대고 두 손을 무릎 위에 편하게 올려둔다. 눈을 감고 규칙적으로 깊고 부드럽게 숨을 쉰다. 숨을 내쉴 때마다 몸의 긴장이 풀린다. 이제 한쪽 손을 이용해서 몸의 반쪽에 모든 신경을 집중하는 연습을 해보자. 한쪽 주먹을 쥐고 팔근육을 조인다. 근육이 팽팽하게 조여지는 것을 느껴라. 주먹을 펴고 팔뚝과 손의 힘을 완전히 뺀다. 손과 팔의 긴장이 이완되는 느낌에 집중하라. 똑같은 방식으로 하루에 적어도 한 번 이상은 손과 팔, 다리, 등, 배, 가슴, 목, 얼굴, 머리의 긴장을 풀어주는 연습을 한다. 이 방법을 완전히 익혔으면 머릿속에 평화롭고 아름다운 광경을 떠올리는 연습을 해보자. 우선 과거에 보았던 고요한 자연 풍경들을 떠올린다. 내면의 나를 만나 원하는 만큼 시간을 보낸다. 아무 생각도 하지 않아도 좋고, 좋아하는 그림들을 떠올려도 좋다. 주위가 완전히 잊혀지는 순간이 온다. 그리고 눈을 떴을 때는 몸과 마음이 깨끗하게 정화되어 있을 것이다.

피터의 평정을 실행에 옮긴 사람들 중에는 몸과 마음의 긴장을 풀고 강박관념에서 벗어나고 잠을 잘 잘 수 있게 되었다고 말하는 이들이 많다. 과거에는 감정을 제어하지 못해 괴로웠지만 피터의 평정을 통해 감정을 받아들이고 즐기는 법을 배우게 되었다는 말도 덧붙인다. 학생 중 하나는 이렇게 말했다. "우울한 기분은 생겼다가 사라지지만 제 안의 평화로운 장소만큼은 늘 그곳에 있어요."

누구나 자기 안에서 평화를 찾아야 하고,
그것이 진정한 평화라면 바깥의 상황에 영향받지 않아야 한다.
—M. 간디

슈퍼마켓 관리자인 이지 라이더는 마을 후미진 곳에서 아내와 두 자녀와 함께 살고 있다. 그는 아침마다 출근버스에 몸을 싣고서 눈을 감는다. 마음속에 있는 평화의 장소로 여행을 떠나는 것이다. 직장에 도착할 때까지 그는 마음의 휴식을 통해 평정심을 얻어 하루를 무사히 보낼 준비를 마친다. 할일이 특별히 많은 날에는 낮에도 이 처방을 활용한다. 그는 이렇게 하면 무언가를 결정해야 할 때 좀 더 이성적으로 생각할 수 있다고 말한다. 혼자서 조용히 앉아 있는 이지의 모습을 본 한 지인이 무슨 고민이라도 있느냐고 물었다. 그러자 이지가 미소를 지으며 대답했다. "전혀 없습니다. 그저 조용한 것이 행복해서요."

피터의 파노라마
가장 좋아하는 일들을 목록으로 작성하라

'피터의 파노라마'는 건강한 신체를 가진 이들로 하여금 삶에서 더 큰 기쁨을 느끼게 해주는 처방이다. '목록 작성'은 심리치료를 받는 것보다 훨씬 돈이 적게 든다는 장점 외에도 벽에 붙여 놓고 자꾸 보면서 떠올릴 수 있다는 장점이 있다. 힘들 때마다 심리치료사와 만나서 얘기할 수는 없지 않은가.

> 행복은 도착지에 있는 것이 아니라 여정에 있다.
>
> -M. L. 런벡

먼저 좋아하는 것들을 적어보자. 재미있었던 경험, 즐거웠던 기억 등 만족감을 느꼈던 모든 일을 적는다. 단, 즐거울 줄 알았는데 실제로 해보니 그렇지 않았던 경험은 적지 않는다. 거금을 주고 보트를 샀는데 막상 지나고 보니 보트를 타면서 얻은 즐거움보다는 유지비에 대한 부담이 더 컸던 경우, 역시 거금을 들여 놀러갔는데 재미가 없었던 경우, 상류사회 모임에 참석했다가 불편함만 느끼고 돌아온 경우 등은 목록에 넣지 않는다. 그런 다음에는 경험 외에 좋아하는 모든 것을 적어본다. 아끼는 물건, 사랑, 일, 취미 등이 여기에 포함된다. 며칠의 기간을 두고 나를 행복하게 하는 것들이 생각날 때마다 목록에 추가한다.

목록이 완성되었으면 여러 번 꼼꼼히 읽어보고, 매일 할 수 있는 일들 혹은 적어도 며칠에 한 번씩 규칙적으로 할 수 있는 일들을 표시한다. 그리고 별도로 두 번째 목록을 만들어 표시한 항목들을 옮겨 적는다. 주기적으로 할 수 있는 일이라 해도 그 주기가 너무 길다면 이 목록에는 포함시키지 않는다. 가령 크리스마스 선물을 뜯어보는 일이라든지 학교를 졸업하는 일 등이 여기 속한다. 또 큰 행운으로 생긴 즐거운 경험 역시 이 목록에서 제외된다. 가령 포커에서 로열플러시를 쥐었다거나 복권에 당첨되었다거나 하는 것들이다. 두 번째 목록에는 반드시 내가 할 수 있는 것들만 적는다. 연애하기, 요리하기, 배 타기, 그림 그리기, 정원 손질하기, 체스 놀이하기, 골프 치기 등 쓸 수 있는 내용은 얼마든지 있다.

첫 번째 목록은 나를 행복하게 하는 것들이 얼마나 많은지를 보여줌으로써 나 자신과 만나게 해준다. 한편 두 번째 목록은 나의 충실한 친구가 되어준다. 매일 두 번째 목록을 보면서 하루를 좀 더 즐겁게 살려면 무엇을 해야 할지 생각해볼 수 있다. 그리고 점점 목록에 적힌 일들을 더 많이 하려고 애쓰는 자신을 발견하게 된다. 즉시 효과가 나타나지 않는다고 해서 낙심할 필요는 없다. 목록을 자주 읽고 즐거운 일들을 할 시간을 확보하라. 목록에 추가할 것이 생각나면 즉시 덧붙인다. 반대로 기대했던 결과를 내지 못하는 일들은 과감히 삭제한다.

이렇게 하면 하루가 훨씬 즐거워진다. 또 오랫동안 이 처방대로 생활하면 삶 전체가 변화하는 것을 느낄 수 있다. 하루에 몇 시간만 투자하면 시시하고 불쾌하고 무의미한 일들이 즐거운 일들로 대체된다.

피터의 처방 04	피터의 정화 과거의 망령은 벗어던져라

아직 일어나지도 않은 끔찍한 일을 상상하며 시간과 에너지를 소비하는 사람들이 있다. 머릿속에만 존재하는 걱정거리는 지금 이 순간을 근심과 걱정으로 오염시킨다. 쓸데없는 걱정을 안고 사는 사람들은 마음의 지옥에서 살고 있는 것이나 마찬가지다. 실수했던 기억, 싸운 기억, 슬픈 기억이 머릿속에 가득 들어차 다른 것을 생각하지 못하게 한다. 기억이 말한다. "너는 네 부모님, 네가 처한 환경, 네가 속한 사회의 산물이야. 너는 과거야." 이런 사람들은 두 눈을 과거에 고정한 채 마지못해 현재를 살아간다. 이들은 늘 불안을 느끼고 소화불량과 수면부족에 시달리며 성생활도 정상적으로 하지 못한다.

과거는 잿더미가 가득 담긴 통에 불과하다.

-C. 샌드버그

과거의 실수는 묻어버리고 현재의 즐거운 일만 생각해라. 똑같은 실수는 다시 하지 않는다는 믿음을 가져라. 오직 지금, 여기서, 즐겁게 사는 것이 목표다. '피터의 정화'가 과거에 대한 기억을 대체할 수 있는 즐거운 일들을 소개할 것이다.

피터의 처방 05 — 피터의 별봄맞이꽃
자기 인생의 영웅이 되어라

영웅은 남이 자신에게 무엇을 바라든 자기 의지대로 행동한다. 내 인생의 영웅이 되기 위해서는 나의 강점을 정확히 알고 그것을 창조적으로 이용해야 한다. 우선 영웅이 가져야 할 덕목은 무엇인지 생각해보자. 소신을 지키는 사람이 영웅이라고 생각하는가? 중요한 목표를 위해 인내하고 노력하는 사람이 영웅이라고 생각하는가? 당신 또한 그렇게 될 수 있다.

당신의 능력과 생각을 찬찬히 되짚어보라. 믿는 대로 단호히 행동할수록 조금씩 정체성이 확립되고 자존감이 높아지며 영웅이 되어간다. 스스로를 니코틴중독의 희생양이라고 생각하는 흡연자는 담배를 끊음으로써 인생의 영웅이 될 수 있다. 환경을 생각해서 의식적으로 세제를 사용하지 않고 쓰레기를 투기하지 않는 주부도 자기 인생의 영웅이다.

> 역사상 가장 위대한 개혁가는 자기 자신부터 바꾼 사람들이다.
> -G. 버나드 쇼

때로는 정의의 편에 서는 것만으로도 모두의 영웅이 되는 경우가 있다. 히클의 새 차는 구입하자마자 고장이 났다. 차체 결함 때문이었다. 그런데 자동차 판매상이 차를 교환해주지 않자 히클은 차의 한쪽 면에 노란색 레몬을 크게 그리고 판매상의 사무실 앞에 주차했다. 이 특이한 행동은 전국적인 관심을 불러일으켰고 결국 히클은 차를 교환할 수 있었다.

피터의 처방 06	피터의 자부심 잘한 일에 상을 줘라

누구나 인정받고 싶어한다. 인정은 가장 강력한 보상 혹은 강화의 수단이다. 위계조직은 그 조직의 구성원을 칭찬하고 인정함으로써 계속 조직에 충성하게 한다.

자기평가와 자기보상은 외부지향적이던 삶의 자세를 내부지향적으로 바꾼다. 자기 자신을 칭찬할 줄 모르는 사람들은 자기를 인정해줄 누군가를 끊임없이 찾아다니다가 결국 내키지 않는 승진의 희생양이 된다. 소모적이고 실망스러운 세상에서 스스로를 보호하려면 정기적으로 스스로에게 상을 주는 시간을 마련하라. 나와 내 행동을 하나로 묶을 때의 만족감은 이루 말할 수 없다. 나 자신을 사랑하는 마음 없이 남에게만 인정받는 것은 매우 공허한 일이다.

스스로를 칭찬하는 것이 좋은 이유는
누구보다 진하고 정확하게 칭찬할 수 있기 때문이다.
-S. 버틀러

'피터의 자부심'은 자만이나 자기긍정과는 다르다. 피터의 자부심에서 가장 중요한 것은 나의 목표와 내가 중요하게 여기는 인간적 가치를 기준으로 내가 한 일에 점수를 매기는 것이다. 만약 내가 한 행동이 내가 꿈꾸는 인간적 가치에 부합한다면 이렇게 칭찬하라. "그 상황에 아주 잘 대처했어." "그 아이디어는 정말 건설적이었어." 이 내면의 목소리가 마음을 더욱 자극할 것이다. 자기평가와 자기보상은 정체성을 더욱 강화하고 부당한 비난에도 의연할 수 있게 한다.

피터의 처방 07	피터의 실무 남을 위해 일하라

'실무'라는 어휘는 이론보다 경험에 가깝다. 이 처방의 기본이 되는 것은 실무경험이다. 남을 도우면서 자아정체성을 찾는 경우나 내 것을 나눠주면서 자신도 몰랐던 나를 발견하게 되는 경우가 의외로 많다.

'피터의 실무'는 다른 처방에서 중요하게 다루었던 정체성의 확립 문제와 결코 동떨어져 있지 않다. 오히려 남을 돕는 자발적 행위를 통해서 피터의 자부심을 선물로 받을 수 있다. 어려움에 처한 사람을 돕거나 인도적인 기업을 설립하거나 가치 있다고 생각하는 것을 주장하라. 그런 용기를 스스로 칭찬하면서 자존감과 만족감이 동시에 높아지고, 나조차도 몰랐던 나의 모습을 발견할 수 있다. 이런 면에서 피터의 실무는 조직을 위해 일하는 것과는 엄연히 다르다.

> 탐욕과 행복은 결코 서로를 보지 않는다.
> 그런 둘이 어찌 친구가 되겠는가?
> ─B. 프랭클린

자발적으로 남을 도울 때 피터의 자부심이 마구 샘솟는다.

그것은 내가 누구인지, 내가 무엇인지, 내가 무엇을 할 수 있는지를 깨달았다는 증거다. 다시 말해, 정체성 확립의 증거인 셈이다. 고맙다는 인사를 듣겠다는 생각 없이, 사회로부터 인정을 받겠다는 욕심 없이 봉사를 행한다면 그는 이미 휴머나이트 Humanite(영어 Humanity를 뜻하는 프랑스어-편집자주)라고 볼 수 있다.

피터의 처방 **08**	**피터의 다짐** 자기 안의 믿음을 확고히 하라

'피터의 다짐'은 스스로를 칭찬하는 삶을 통해 깨달은 것들을 되짚어보는 과정이다. 다짐을 규칙적으로 반복함으로써 이 혼란스러운 세상에서 삶의 방향을 새로이 다잡을 수 있다. 자기만의 다짐을 적어본다. 아래에 있는 보기를 따라 써도 좋다. 남의 것인지 아닌지는 중요하지 않다. 그 다짐 속에 나 자신과 나의 인간적 가치가 배어들기만 하면 된다.

이 사회에서 좋은 사람으로 살아가기 위해서

나는 나 자신과 타인을 존중하며,

나의 존경심을 말로써 그리고 행동으로써 표현하겠다고 다짐합니다.

나는 삶의 질을 추구하여 그에 맞는 결단과 행동을 할 것이며 무능의 단계로 올라서지 않겠다고 다짐합니다.

나는 나 자신과 꾸준히 대면하겠다고 다짐합니다.

-L. 피터

10장

자신의 위계조직을
알라

신은 망치고 싶은 자에게 가장 먼저 능력을 주신다.

−C. 코널리

자기 자신을 아는 피터의 처방에 이어 위계조직을 아는 피터의
처방을 일러줄 차례다. 그전에 위계조직에 관해 좀 더 심층적으
로 접근해보자.

위계조직 내의 승진은 흔히 '성공의 사다리를 오르는 것' 혹
은 '기성사회의 사다리를 오르는 것'이라고 표현된다. 하지만
위계조직을 사다리에 빗대어 표현하는 것은 위계조직의 본질을
제대로 보여주지 못한다. 물론 사다리와 위계조직 사이에는 분

명 공통점이 존재한다. 사다리도 위로 올라가고자 할 때 사용되며 위로 올라갈수록 위험하다. 그러나 위계조직은 다음의 세 가지 근본적인 측면에서 사다리와는 다르다. 첫째, 이전 단계와 다음 단계의 폭이 일정치 않다. 둘째, 발밑의 단이 움직인다. 셋째, 단을 오르는 능력이 수없이 많은 승진 체계에 따라 각기 다르게 평가된다.

단계 사이의 폭

교육기관은 사다리와 가장 비슷한 위계조직이다. 지적인 능력을 가진 학생이 한 학년을 마치는 데 걸리는 시간은 1년이다. 학년을 뛰어넘어 월반하는 경우는 흔치 않지만, 그런 학생의 경우 1년의 교육과정을 뛰어넘을 수 있다. 다시 말해, 사다리를 한 계단 뛰어넘는 것이다. 마찬가지로 해당 학년의 교과과정을 이수하지 못하면 1년을 더 다녀야 한다.

교육 당국에 의해 만들어진 이 단계 사이의 폭은 1년으로 누구에게나 공평한 것으로 보이지만 사실은 그렇지 않다. 좋은 가정환경에서 자랐거나 지능이 뛰어난 학생은 이 사다리를 상대적으로 쉽게 오른다. 그러나 그렇지 못한 학생에게는 이 폭이 아주 넓게 느껴질 수 있다. 아무리 열심히 공부를 해도 유급을 당하고 결국 학교를 졸업하지 못한 학생들이 여기에 해당된다. 단계 사이의 폭은 이렇듯 사람마다 다르게 받아들여진다. 한 단계 올라섰다고 해서 누구나 다음 단계도 문제없이 올라설 수 있는 것은 아니다.

그런가 하면 단계 사이의 폭이 실제로 넓은 경우도 있다. 시간을 잘 지키고 선생님의 말을 잘 듣고 하라는 대로 숙제도 잘하는 보통의 학생이라면 고등교육이나 대학을 마치는 데까지 큰 어려움이 없을 것이다. 그러나 그런 학생조차도 대학원에 진학하고자 할 때는 큰 충격을 받는다. 일부 대학원은 학생이 창조적인 학자가 되려면 16년 이상 학문에 매진해야 된다고 믿는다. 대학원이 이렇듯 비현실적인 기대를 품는 한 대학원에 진학하고자 하는 학부생들은 터무니없이 높은 위치에 있는 다음 단계로 올라가기 위해 발버둥쳐야 하고 그 과정에서 자신의 무능과 맞닥뜨리게 된다. 그러나 대부분의 대학 졸업생들은 이 단계의 무시무시한 폭을 경험하지 않아도 된다. 졸업논문도 교육 소비의 연장선상에 있기 때문이다. 과거의 능력 있는 학자가 발표한 획기적인 논문의 타당성만 입증하면 되지 않는가.

승진으로 가는 단계의 폭이 터무니없이 넓다면 조직의 구성원은 무능의 단계에 도달할 수밖에 없다. 있는 돈을 쪼개가며 알뜰하게 살던 사람이 어느 날 갑자기 막대한 유산을 물려받게 되면 경제적으로 무능해진다. 군인이나 정치인이 추종자의 위치에서 지도자의 위치에 오르면 갑자기 무능해진다. 유능한 학자가 연구소장으로 승진하면 하루아침에 무능한 관리자로 전락한다. 왜 승진이 사람을 무능하게 만들까? 그 이유는 기존의 일을 처리할 때는 생각지도 않았던 능력이 갑자기 필요해지기 때문이다.

사람은 승진할수록 무능해진다. 평사원이 능력을 인정받아 과장으로 승진하여 그 자리에서 필요한 만큼의 능력을 발휘한다. 그러다 얼마 지나 부장으로 승진하고 그 자리에서부터 미약하나마 무능함이 드러나기 시작한다. 여기까지가 그의 능력이 허락하는 단계일 테지만, 만약 그보다 더 승진을 하게 되면 무능의 단계에 도달할 수도 있다. 어쨌거나 부장으로서의 능력을 갖추지 못한 그는 일상적인 업무를 처리하는 데만도 시간이 아주 많이 걸린다. 하지만 그런 그도 능력 있는 부하직원들만 있다면 나쁘지 않은 업무 결과를 낼 수 있다. 무능한 경영자를 지탱하는 것은 유능한 직원들이다. 일은 유능한 직원들이 다 하고 그는 유능한 직원들을 거느리기만 하면 되는 것이다. 그러니 겉으로 볼 때 그는 여전히 능력 있어 보이고 자연히 또 승진을 하게 된다. 이사가 된 그가 해야 할 일은 회사의 목표와 정책을 결정하는 것이다. 하지만 그는 이미 무능의 단계에 도달해 있다. 본인이 가장 잘할 수 있는 일을 하다가 목표와 정책을 세우는 추상적인 일을 하게 되기까지, 여러 번의 승진을 거치면서 그는 조금씩 더 무능해졌다.

처음에는 무능했던 직원이 승진을 하면서 점점 유능해지더라는 이야기도 있다. 하지만 내가 조사한 바로 그런 경우는 극히 드물었다. 무능한데도 과장으로 승진한 사람이 있다고 치자. 대부분의 경우 상사들은 무능한 과장의 실수를 덮어준다. 무능한 사람을 승진시켰다는 비난을 듣고 싶지 않기 때문이다. 대신 유능한 평사원들이 무능한 과장의 일을 도맡고, 정말 중요한 업무는 다른 과장들이나 다른 부서로 넘어간다. 결국 시간이 지나면 무능한 과장의 입지는 그가 할 수 있는 일의 양만큼이나 좁아진다.

교육, 정치, 군대와 관련된 모든 위계조직은 근본적으로 피터의 원리에 입각한 피라미드식 구조를 이루고 있다. 그런 구조에서 개인은 바닥에서 시작하여 조금씩 위로 올라간다. 그런데 이런 조직에도 선입견과 제약이 있어서 특정한 사람들은 조직의 상층부로 이동할 수 없다. 가령 군대에서 목사와 의사, 그리고 여자는 전투를 지휘하는 장군이 될 기회를 얻기가 힘들다.

직업의 경계가 위계조직을 더욱 복잡하게 만들기도 한다. 가령 병원에는 의사 사이의 위계조직이 존재하고, 더 세부적으로는 기술자, 관리자, 간호사, 유지보수 담당자 사이의 위계조직도 존재한다. 청소부가 아무리 청소를 잘한다고 해도 엄청난 노력을 기울여 직업을 바꾸지 않는 한 간호사나 의사로 승진되지는 않는다. 그러나 이 조직에서 다른 조직으로, 혹은 이 직업에서 다른 직업으로의 이동은 쉬운 편이다. 변호사, 배우, 기업가, 군인이 약간의 훈련을 통해 정치인으로 탈바꿈하는 것을 우리는 많이 보아왔다. 단계 사이의 폭에 대해 잘 알고 있어야 조직에서 벌어지는 일들에 유연하게 대처할 수 있다.

움직이는 계단

존중받아야 할 옛것들이 사라지는 것을 보는 일은 매우 씁쓸한 일이다. 마차 기술자, 대장장이, 수레 목수, 마차 채찍 제조인 모두 기술의 발전과 함께 불필요한 사람들로 전락했다. 마차 기술자 밑에서 일을 배우던 견습공들은 그동안 기껏 노력하여 올라선 장인으로서의 위치가 자동차 시대의 개막과 함께 세차게 흔들리고 있거나 아예 사라져버렸음을 깨달았을 것이다. 자동화와 컴퓨터의 등장으로 어떤 사람들은 일거리가 줄거나 일자리를 아예 잃어버렸다. 그리고 그 자리에 데이터를 다루는 사람들이 새로운 위계조직을 만들었다. 이렇게 위계조직의 사다리는 계단이 아래위로 움직이기도 하고 사라지기도 하며 새롭게 생겨나기도 한다.

데드엔드는 안정적인 일자리를 못 구해 낙심하던 차에 엑셀시어 직업학교에서 직업 상담을 하는 미들그루브를 찾아갔다.

미들그루브는 데드엔드에게 배움이 부족하니 학교에 입학해서 졸업장은 꼭 따고 쓸모 있는 기술을 배워보라고 조언했다. 데드엔드는 미들그루브의 추천으로 구두 수선 과정에 등록했다. 그리고는 친구들에게 자랑스럽게 얘기했다. "내가 시대의 흐름을 읽은 거지. 내 미래는 이제 밝아."

데드엔드는 손재주가 뛰어나고 인내심이 강한 청년이었다. 그는 정규 교육과정을 좋은 성적으로 이수했다. 그러나 그가 직업학교를 나와 일자리를 찾았을 때는 이미 상황이 많이 달라져 있었다. "일자리가 없어. 구두 수선은 사양 직종이 되어가고 있어. 이 도시에서 구두 수선을 하는 가게는 이제 거의 없어. 구두를 고쳐 신는 사람은 노인들뿐이고 젊은 사람들은 낡으면 버리고 새 신발을 사 신는걸." 데드엔드는 사라져가는 계단에 발을 올려놓았던 것이다.

주부들은 이제 더이상 소에게 우유를 주지 않아도 되고, 우유를 저어 버터를 만들지 않아도 되며, 장작으로 불을 때지 않아도 되고, 이불을 깁지 않아도 된다. 또한 음식을 상하지 않게 보관하느라 애를 먹지 않아도 된다. 많은 주부들이 비질, 걸레질, 야채 다듬기, 빵 굽기 같은 잡일에서 벗어났다. 텔레비전이 대신 재미있는 이야기를 들려주면서 아기와 놀아준다. 현대의 주부들은 위의 것들보다는 높은 차원의 일을 하도록 은근히 강요당한다. 이제 주부들은 가정경제학자, 아동심리학자, 일하는 여성이 된다. 100점짜리 주부였던 아내들이 한층 높아진 계단 위에 올라서서 자신의 무능과 맞닥뜨리고 있다.

사정은 남편들도 마찬가지다. 정원을 손질하고 말에 마구를 채우고 나무를 베고 벌통을 지키고 농작물을 경작하는 일은 이제 하지 않아도 된다. 대신 현대의 남편들은 경영, 외교, 경제 등 어렵고 복잡한 일을 신경써야 하고 성적인 능력도 뛰어나야 한다. 너무 많은 능력이 요구되는 단계에 도달한 것이다. 과거에는 결혼생활에서 올라야 할 계단이 지금보다 훨씬 많았지만, 지금만큼 결혼생활이 힘들지는 않았다. 오늘날 파국으로 치닫는 가정이 많은 이유가 여기에 있다.

움직이는 계단이 위계조직에 미치는 영향은 크게 두 가지로 볼 수 있다. 첫째, 피라미드의 하층에 있던 계단이 사라지면 신입직원이 처음부터 무능의 단계에 도달하게 될 가능성도 높아진다. 둘째, 피라미드의 중간에 있던 계단이 사라지면 남아 있는 계단 사이의 간격이 벌어진다. 이 간격이 넓어짐에 따라서 위 단계로 승진한 사람들이 새로운 업무를 익히기가 더욱 어려워진다. 그 결과 조직 내의 모든 승진은 무능의 단계로 가는 늪이 된다.

승진 체계

현대의 위계조직은 사직, 은퇴, 해고, 죽음으로 생긴 빈자리를 승진제도를 통해 메운다. 또 효율성을 높이기 위해서 최소 필요 인원보다 많은 수의 직원을 승진시키는 경향이 있다(부사장이 3명 필요한 경우 6명을 부사장 자리에 앉히면 더 효율성이 높아질 거라고 생각한다). 때로는 승진이 직원들의 사기를 진작하는 자극 요인이 되기도 한다("모드 린이 승진하는 걸 보니 나도 가능성이 있다."라고 생각하게 된다).

성과$_{output}$에 따른 승진
업무 수행 성과를 통해 직원의 능력을 평가하는 집단에서는 목표 달성을 얼마나 했느냐가 직원을 승진시키는 기준이 된다. 이 경우, 능력은 '기대했던 성과를 냈는가'에 의해 결정된다. 그러나 목표가 무엇인지 정의하기 어렵고 업무 수행 정도를 평가하기가 힘들기 때문에 이 방법은 널리 활용되지 않는다.

투입물$_{input}$에 따른 승진
시간을 잘 지키고 규칙을 어기지 않으며 사장의 말에 반대하지 않고 농담에도 잘 웃고 늘 미소로 상사를 대하고 회사의 정책을 잘 시행하는 직원은 좋은 평가를 받는다. 이 경우, 능력은 '원만한 사내 분위기 조성에 얼마나 공헌했는가'에 의해 결정된다.

선호도preference에 의한 승진

여기서 선호도는 공공연한 선호도와 은밀한 선호도로 나뉜다. 공공연하게 인기 있는 인물은 일단 조직 내에서 유능하기로 소문나 있으며, 사람들 앞에서 칭찬도 자주 받는다. 조직마다 좋아하는 인재상이 달라서 뚱뚱한 사람은 절대 승진할 수 없는 조직도 있고, 회사가 인정하는 복장을 착용하는 사람에게만 승진의 기회를 주는 조직도 있다. 이 경우 능력은 '회사가 생각하는 바람직한 인재상에 얼마나 가까운가'에 따라 결정된다.

은밀한 선호도는 힘있는 사람들의 개인적인 선호와 가치 기준에 달려 있다. 맨더블 악어가방의 사장인 맨더블은 사위인 웨드먼을 부장 자리에 앉히고, 맨더블 교회 성가대에서 테너를 맡고 있는 나이팅게일을 창고 직원에서 물류운반 보조로 승진시켰다. 또 공구 기술자인 트레드 라이트는 맨더블이 지지하는 정치인의 선거운동을 도왔다는 이유로 하루아침에 가방 공장의 현장주임이 되었다. 이것이 은밀한 선호도에 의한 승진의 전형적인 예다. 맨더블은 '그가 누구의 남편인가', '그가 어느 교회에서 노래하는가', '그가 어느 정치인을 지지하는가'를 기준으로 직원의 승진을 결정한다. 이런 경우, 능력은 '상사의 개인적인 선호도를 얼마나 잘 알고 있으며 거기에 맞추려고 얼마나 노력하는가'에 따라 결정된다.

선임권seniority에 의한 승진

미국 내 모든 조직은 선호도에 따른 승진에 쏟아질 비난을 피하기 위해 선임권 제도(근속연수에 따라 고용, 재고용, 승진, 휴직의 우선권을 인정하는 제도-옮긴이주)를 유지해왔다. 그러나 선임권 제도는 순수했던 처음의 의도와는 달리 이미 크게 변질되었다.

1900년대 초만 해도 엑셀시어 소방서의 고용과 승진과 해고는 모두 시의회 의원들의 개인적 선호에 의해 결정되었다. 반反 연료노동조합과 국제소방수연합이 고용보장을 요구하여 결국 선임권을 얻어내면서 기존의 관행에 마침표를 찍는 듯했다. 그일이 있고 석 달 뒤 소방서장이 65세의 나이로 정년퇴직을 하게 되었다.

그리하여 소방서장의 업무를 대신 맡게 된 임시 소방서장은 당연히 자기가 소방서장으로 승진하게 될 거라고 생각했다. 그러나 새로 도입된 선임권 제도 때문에 그와 네 명의 단장을 비롯하여 부장, 부서장, 과장까지 모두 고배의 잔을 들어야 했다. 그들을 제치고 소방서장이 된 사람은 정년퇴직을 2주 앞두고 있는 65세의 도드링이었다. 그가 소방서장이 된 이유는 단 한 가지, 소방서에서 가장 나이가 많아서였다. 임시 소방서장은 크게 분노하여 소방서를 그만두었고 도드링보다 3일 늦게 태어난 스탠 팟이 즉시 그의 빈자리를 메웠다. 그 역시 정년퇴직할 날이 얼마 남지 않은 사람이었다. 420명의 사람들이 입사부터 퇴사까지 평균적으로 35년간 일하는데, 소방서장의 자리에 앉는 기간은 기껏해야 평균 한 달밖에 안 되는 것이다. 소방서장이 자주 바뀌니 자연스레 조직의 모든 직위가 잦은 변동을 겪었다. 엑셀시어 소방서의 이 선임권 제도에 따르면 '얼마나 오래 버티느냐'가 곧 능력이다.

연공서열에 의해 승진이 결정되는 조직에서는 직원들이 매사 조심하는 태도로 일관한다. "위험한 일은 하지 마!", "안전한 것만 해!", "조지가 하게 놔둬!" 이런 조직에는 진취성의 결핍과 현 상태에 대한 높은 만족감이 공존한다. 서열대로 승진하는 체제 아래에서는 누구나 가만히 있어도 최고의 자리에 오를 수 있기 때문이다.

엑셀시어시는 즉시 소방서의 운영비용이 다소 감소하는 효과를 보게 되었다. 소방수들이 몸을 사리면서 부상을 당하는 일이 적어졌고 자연히 업무상 재해보상금을 지급할 일도 줄었기 때문이다. 그러나 소방수들의 소극적 태도로 인해 화재진압의 효율성도 동시에 떨어졌다. 엑셀시어시의 화재 안전 수준이 급격히 추락하고 만 것이다. 위에서 살펴본 바와 같이 선임권 제도는 초기의 순수한 의도를 이미 오래전에 상실했다.

참여적인 선택participative selection에 의한 승진

지금까지의 사례들을 읽고 승진이 권위와 직결되어 있다고 생각할 수도 있다. 승진의 여부를 결정하는 것은 전적으로 윗사람에게 달려 있다고 생각할 수 있다. 그러나 엄밀히 따지면 그것은 사실이 아니다. 보통 승진 예정자는 자신의 승진 소식을 미리 알게 되고 그것에 대해 생각할 시간도 가진다. 승진에 대한 선택권이 분명 본인에게 있음에도 불구하고 상사의 인정을 받기 위해 승진 제안을 받아들이는 것이다. 대부분의 경영 전문가들은 권위적인 경영방식을 비난하고 참여적인 경영방식을 선호한다. 경영 전문가들조차 승진하는 사람들이 자기 능력의 한계를 정확히 파악하고 있다고 믿는 것이다. 이는 근거 없는 확신이다. 본인의 참여로 승진이 이루어지는 체제에서 능력은 '적당히 객관적으로 자기 업무 수행 능력을 평가하는 것'이다.

피터의 고통과 기쁨의 과정

사람들이 내게 가장 많이 하는 질문은 이런 것들이다. "왜 사람들은 자꾸 앞으로, 위로 나아가려고 하죠? 위로 올라가기를 그만두면 인생을 훨씬 즐길 수 있는데요.", "인간은 왜 그렇게 경쟁하죠?", "사람들은 왜 힘든 일을 감수해가면서까지 굳이 권력을 손에 쥐려 하고 새 차, 새 보트, 별장 따위를 가지려 하고, 더 파괴적인 폭탄을 만들려 하고 달나라에 가려고 하죠?" 피터의 원리를 조금만 이해하면 위와 같은 질문에 답을 얻을 수 있다.

어떤 행위를 했을 때 거기에 보상이나 만족이 뒤따르면 누구나 그 행위를 반복하려고 한다. 반대로 어떤 행위를 했을 때 거기에 고통이나 불만이 따르면 그 행위는 의식적으로 하지 않게 된다. 이 원리는 동물 조련을 위한 단순한 연구에서부터 인간의 이성적이고 과학적인 사고를 다루는 고차원적 연구에 이르기까지, 모든 연구의 기본이 된다. 기쁨을 주는 행위를 하고 고통을 주는 행위를 하지 않는 것은 유기체로 하여금 환경에 보다 잘 적응하고 오래 살아남을 수 있게 해준다. 하지만 그런 삶의 태도가 지나치게 내면화되면 파괴적인 결과를 낳을 수 있다.

말 잘 듣는 애완동물

위계조직이 구성원의 삶에 지나치게 개입하면 어떤 일이 생길까?

인간은 태어나는 그 순간부터 가족이라는 위계조직의 일원이 된다. 가족은 또 다른 가족과 늘 경쟁한다. 아기의 부모는 다른 부모보다 더 좋은 부모가 되고 싶어서 아기에게 좋은 장난감이며 옷이며 운동기구 따위를 사준다. 유치원도 병원도 무조건 남들보다 좋은 곳으로 보낸다. 아기가 배변훈련에 성공하거나 일어서서 걷기 시작할 때, 혹은 남들보다 일찍 학교에 입학했을 때, 부모는 한없이 칭찬하고 안아주고 사랑해준다. 학교에 입학할 때쯤 되면 아이는 부모님이 사주는 장난감과 옷과 음식이 모두 웃음, 사랑, 인정 등의 가치와 연관되어 있음을 깨닫는다. 이때부터 자기 물건, 자기가 해낸 일로 자신의 가치를 평가하기 시작한다.

학교는 '피터의 고통과 기쁨의 과정Peter's Pain and Pleasure Process'이 완벽히 적용되는 조직이다. 학교에서는 학생의 과제에 점수가 매겨진다. 따라서 학생들은 자기가 한 일이 얼마만큼 인정을 받았는지 확실히 알게 된다. 학업성취도에 따라 학생들의 위치가 결정된다. 학교는 그 자체로 완벽한 위계조직이다. 한 학년을 무사히 마치면 다음 학년으로 올라갈 수 있는 자격이 주어진다. 그러다 대학 학위를 취득함으로써 학교라는 위계조직의 꼭대기까지 올라가는 사람도 있고 중도에 무능의 단계에 도달해 학교를 그만두는 사람도 있다.

우리는 계속 위로 올라가라고 가르치는 조직에서 인격이 형성되는 중요한 시기를 보낸다. 그리고 그곳에서는 남보다 나아야 칭찬을 받을 수 있다. 숙제를 잘하고 시험을 잘 보고 우등상을 받고 친구보다 공부와 운동을 잘하고 친구보다 말을 잘하고, 그러면서도 친구들과 사이좋게 잘 지내면 반드시 그에 대한 보상을 받는다. 그러다 보니 아이들에게는 사다리를 타고 조직의 상층으로 올라가는 일이 너무 당연한 것이 된다. 처음에는 인정을 받기 위해 했던 행동들이 하나둘 내면화되면 나중에는 어떤 환경에도 자동으로 순응하게 된다.

사람들은 학교를 졸업하고 사회에 뛰어들어서도 가정과 학교의 영향력에서 벗어나지 못한다. 그러나 일자리를 구하고 승진을 하고 돈을 벌고 능력을 키우는 모든 행위와 노력에 대한 보상은 '만족감'이면 충분하다. 우리는 '쳇바퀴를 도는 다람쥐'와 비슷하다. 조직의 계획에 따라서 동료와 의미 없는 경쟁을 하며 아무 생각도 없이 쳇바퀴만 열심히 돌리는 다람쥐의 모습이 우리와 크게 다르지 않다. 인간 또한 체제 속에 스스로를 가둔 채 의미 없는 경쟁을 하며 열심히 발을 구른다.

상승에 대한 욕구는 그 자체로만 본다면 결코 나쁘지 않다. 특히 그것이 생존과 안전, 아름답고 인간적인 목적에 기여한다면 더욱 그렇다. 그러나 상승의 목적이 이웃에게 허세를 부리고 쓰지도 않을 물건을 사들이며 환경을 파괴하고 부와 권력을 손에 넣는 데 있다면, 그것은 고혈압과 위궤양만 남기고 삶을 파괴할 뿐이다. 가정, 학교, 나아가서 우리 사회 전체가 우리를 말 잘 듣는 애완동물로 길들여놓았다. 어떤 다른 힘이 우리 삶에 개입하지 않으면 우리는 은퇴, 질병, 죽음이 우리를 이 치열한 삶에서 떼어놓을 때까지 어떻게든 위로 올라가려고 발버둥치며 살 것이다.

삶에서 진정으로 중요한 것

현실을 이성적으로 직시하는 사람들은 쳇바퀴에서 뛰쳐나와 보다 새롭고 가치 있는 삶을 살고자 한다. 의미 없는 승진게임에 의문을 품는 많은 젊은이들은 윗세대를 피터의 원리의 산증인이라 본다. 그들은 체제를 신봉하는 위계조직을 거부하고 삶의 방식을 바꾸는 실험을 하고 있다.

그동안 다양한 지위에 있는 사람들이 내게 와서 이성이 깨어났던 진실된 순간에 대해 털어놓았다. 어느 회사의 임원이 승진 제안을 받았다. 그는 잠시 시간을 갖고 자기가 사는 이유가 무엇인지 곰곰이 생각해보았다. 그는 그제야 회사가 당근과 채찍으로 자기를 길들이려 하고 있음을 알았다. 갑자기 시야가 맑아지는 느낌이 들었다. 그는 지금 있는 곳에서 손만 뻗으면 충분히 행복한 삶에 닿을 수 있음을 깨달았다. 그에게 소중한 것은 가족이었다. 그런데 승진을 하면 아이들과 놀아줄 시간이 부족해질 것이 뻔했다. 돈을 더 벌자고 아이들과 보내는 행복한 시간을 포기할 수는 없었다. 진정 행복한 삶은 언제나 가까이에 있었다. 그는 내게 가족이 무엇보다 소중한 가치라고 말했다. 승진을 거부한 후로 마음이 편안해지고 건강까지 좋아졌다는 말을 덧붙였다. 그는 조직이 시키는 대로 따라 하기를 거부하고 인간적이고 충만한 삶을 향해 앞으로 걸어 나갔다. 자기만의 피터의 처방을 찾은 것이다.

행렬하는 애완동물은 조직 체제에 맞서 싸울 수 없다. 그것이 자기 행위를 강화해주는 유일한 존재이기 때문이다. 이들은 독립적으로 생각할 수 있는 능력을 잃었고, 어쩌다 비판적이고 이성적인 생각이 조금이라도 들면 죄책감을 느끼고 부끄러워한다. 아니면 그런 생각을 하는 것은 조직을 배반하는 것과 같다고 생각하여 개성을 억누를 뿐 아니라 조직을 비판하는 사람에게 과민반응을 보인다.

반면 휴머나이트들은 늘 용기 있게 행동한다. 개인적인 가치와 조직의 가치가 충돌할 때에는 언제든지 조직에 맞설 준비가 되어 있다. 조직이 시키는 대로 행동하는 데 익숙해지면 최대한 이성적으로 생각해야만 그 행동을 거부할 수 있다. 인생의 철학이 바뀌는 시점이 오면 부와 권력을 좇아 끊임없이 사다리를 오르는 것은 공룡이 덩치 욕심을 내는 것이나 호랑이가 송곳니를 탐하는 것처럼 부질없는 짓임을 깨닫게 될 것이다. 불행히도 대부분의 사람들은 큰 충격을 받지 않는 한 이성의 힘을 발휘하려 들지 않는다. 보통은 개인적으로 큰 비극을 겪었을 때에야 비로소 진정 아름다운 삶이 무엇인지에 대해 생각해보게 된다.

회사에서 능력을 인정받으며 치열하게 살아가는 한 남자가 있다. 높은 자리에도 올랐고 돈도 있을 만큼 있다. 그런데 부러울 것이 없는 그에게 어느 날 갑자기 병마가 찾아왔다. 움직이기조차 힘든 몸과 죽음에 대한 공포가 찾아올 때면, 그는 '하루'

라는 시간이 주는 것들을 생각했다. 해가 지는 풍경, 사랑하는 사람들의 걱정해주는 마음, 코를 찌르는 장미 향기, 달콤한 꿀의 맛, 맑은 웃음소리, 모든 것이 아름다웠다. 그제서야 그는 자기 인생에서 가장 소중한 것이 무엇인지 깨달아가기 시작했다. 그가 진정으로 원하는 것은 친절한 마음과 아름다운 풍경, 남을 위해 일하는 것이었다. 병이 다 나으면 그는 피터의 처방을 실현하며 나머지 인생을 보낼까, 아니면 또다시 서서히 조직에 물들어 예전과 똑같은 인생을 살까? "개인적인 비극이 생기자 그제야 비로소 생각이란 것을 하기 시작했다."라고 말하는 사람들은 그전까지 인생을 단 한 번도 즐겨본 적이 없었다고 고백했다. 우리 학교와 사회는 인생의 의미를 가르치는 데 완전히 실패했다.

피터의 처방 09 | **피터의 과거**
나의 역사를 되짚어보라

조용한 시간과 장소를 골라서 긴장을 풀고 지나온 날을 되짚어본다. 인정이나 보상을 받아서 처음으로 만족감을 느꼈던 때로 되돌아간다. 이 경험을 되살려 승진에 대한 욕망이 어디서부터 생겨났는지를 밝힌다. 경쟁하는 삶의 태도가 어떻게 형성되었는지를 이해해야 그것을 의식적으로 통제할 수 있다.

온전히 당신만의 삶을 사시길.

-J. 스위프트

피터의 처방 **10**	**피터의 깨달음** 무엇이 나를 경쟁하게 하는가

앞서 설명한 '피터의 고통과 기쁨의 과정 원리'는 의식을 하든 못 하든 우리의 행위에 지대한 영향을 미치고 있다. 나의 행위를 강화하고 보상해주는 요인이 무엇인지를 확실히 알아야 한다. 그래야 그 보상이 끊임없이 경쟁해서 얻을 만한 가치가 있는 것인지 깨달을 수 있다.

신이란 돈을 가진 자이거나 돈을 아예 원하지 않는 자다.

-L. 버틀러

오웬 싱커는 엑셀시어 대학에서 사회학을 가르치는 젊고 유능한 교수다. 엑셀시어 환경보존협회가 그의 논문 「사회적 행위와 생태의 개선」을 선언문으로 채택하자, 어느 날 학장이 그를 호출했다. 학장은 오웬에게 학문의 자유가 엑셀시어 대학의 기조이긴 하나 종신 재직권을 가진 교수로서 그런 논문을 쓰고 발표하는 것은 삼가는 것이 좋겠다고 말했다. 그의 논문을 읽은 시민들이 비치슬리크 석유 회사의 해안개발 사업을 저지하는 운동을 벌이고 있기 때문이었다. 학장은 그 논문 때문에 대학이 어떤 불이익을 당할지 생각해보라며 목소리를 높였다. 비치슬리크 석유 회사 회장이자 엑셀시어 대학의 이사인 예레미야 비치슬리크가 공대에 시범 정제소를 지어준 사실을 잊었냐며, 사회대학 학장 자리가 탐나거든 이성적으로 생각하라고 그를 회유했다. 지금의 입장을 고수할 경우 학장 자리는 디케이 교수에게로 넘어갈 것이라는 엄포도 잊지 않았다. 디케이 교수는 논란이 되는 사회적 문제에 단 한 번도 개입한 적이 없는 사람이었다. 늘 돈과 승진과 명예를 좇았던 오웬 싱커는 긴장을 풀고 지금 상황을 차분히 생각해보기로 했다. 돈을 더 벌어서 무엇에 쓸 것인가? 지금도 충분히 살 만하다. 생각 끝에 그는 돈과 지위, 비치슬리크의 인정 따위는 이미 부유한 자신에겐 더이상 필요치 않음을 깨닫게 되었다.

피터의 처방 11	피터의 연장 위로 올라갈수록 책임이 무거워진다

당근과 채찍의 희생양이 되고 싶은가? 그게 아니라면 승진에는 책임이 뒤따른다는 사실을 반드시 기억해야 한다. 책임을 떠맡게 됨으로써 생활에 어떤 변화가 생길 것인가? 승진이 보다 큰

목표를 향한 열정에 불을 붙여줄 것인가? 변치 않는 만족감과 마음의 평정을 가져다줄 것인가? 아홉 번째 처방이었던 '피터의 과거'를 통해 무엇을 느꼈는가? 승진에 대한 욕망이 언제, 왜 생겨났는가? 위로 올라가기를 그만둬야 하는 시점이 언제인지, 어느 자리에 있어야 장기적으로 행복과 만족을 누릴 수 있을지를 생각하라.

> 한 가지에 마음이 이끌리면 다른 한 가지는 놓치게 된다.
> -W. 셰익스피어

피터의 처방 **12**	**피터의 시선** **외부의 시선에서 벗어나라**

집단의 사회적 규범을 그대로 비추는 거울과 같은 사람들이 있다. 그들은 본인이 정체성 때문에 왜 막연한 불만을 느끼고 고통을 받는지 이해하지 못한다.

팀 이들리는 거의 모든 사람의 의견에 동의함으로써 되도록 갈등 상황을 피하려고 하는 체제 순응적인 인물이었다. 그는 최고 브랜드의 제품만 구입하고, 영화는 감상평을 읽은 후에야 관람을 했다. 상사인 타이쿤의 말에 늘 고개를 끄덕이고 똑같은 농담에도 매번 자지러지게 웃는 건 기본이었다. 그는 추천 상품이나 남의 비위를 잘 맞추는 사람들에게 쉽게 흔들렸다. 그러나 남의 기분을 잘 맞추는 사람들의 삶은 무질서하기 마련이다. 이들의 혼란스러운 삶이야말로 이성적 판단 능력의 결핍을 여실히 드러낸다. 팀은 이 사실을 깨닫지 못한 채 주변인들이 자기 행동을 규정하도록 내버려두었다. 그리고 그 결과 사람을 대하는 자기만의 틀을 갖지 못하게 되었다.

> 모든 사람에게 맞추는 사람은 자기 자신을 잃기 마련이다.
>
> −R. 홀

대량생산, 대량광고, 대량소비주의, 반짝 유행 풍조가 취향을 평준화하고 몰개성화를 촉진한다. 개성을 잃고 기계적으로 변해가는 사회를 제대로 인식하고 분석할 줄 알아야 한다. 그래야 아직 개성이 숨 쉴 수 있는 개인적 삶의 영역에서라도 자기 주도적인 태도를 지킬 수 있다.

피터의 처방 13	피터의 역설
	성공을 피하면 성공이 온다

학교에서는 늘 무능했던 아이가 커서 훌륭한 인물이 되는 경우가 많다. 실제로 역사적 위인 다수가 어린 시절에는 무능한 학

생이었다. 심지어 문제를 일으키고 사사건건 규칙을 위반하고 반항을 한다는 이유로 퇴학을 당한 경우도 종종 있다. 이들이 보통의 위계조직하에서 리더의 자리에 오르기란 거의 불가능하다. 그러나 전쟁과 같이 사회적으로 중대한 비상사태가 닥쳤을 때는 일반적인 승진 체계가 붕괴되므로 무능한 부하직원이 승진하여 리더의 역할을 맡는 경우가 생긴다. 열세에 몰린 정당이 지푸라기라도 잡는 심정으로 의외의 인물을 후보자에 올렸는데, 알고 보니 그가 다크호스였다거나 전쟁이 고조되었을 때 진짜 리더십을 가진 자가 지휘권을 쥐게 되는 것이 그 예다. 이런 상황에서 승진하는 이들은 무능의 단계를 뛰어넘어 유능의 단계에 도달한다.

위대한 작가들 가운데는 대학 시절 언어학 수업에서 낙제한 이들도 많다. 덕분에 기고가로서의 직업은 얻지 못했지만, 후에 자신의 작품을 발표해 오히려 작가적 천재성을 인정받는 경우다.

> 기억하라. 당신 허락 없이는 어느 누구도
> 당신이 열등하다고 느끼게 할 수 없다.
> −E. 루스벨트

켄트 라이트는 업무지침서에 적힌 대로 일하는 데 상당히 애를 많이 먹었다. 때문에 켄트는 진급하지 못하고 늘 제자리에 머물러 있었다. 그러던 중 유행성 독감이 퍼져 어쩔 수 없이 켄트에게 긴급한 업무 몇 가지가 맡겨졌다. 그런데 과장 대리 업무를 수행하면서 그의 탁월한 의사결정 능력이 빛을 발하는 게 아닌가. 결국 그는 정식 과장으로 임명되었고 업무지침서에 적힌 일들은 부하직원들에게 시킬 수 있게 되었다.

아트 파스텔은 화가로서의 재능을 타고났으나 화가보다는 선생이 되어 아이들에게 미술을 가르치고 싶어 했다. 그러나 엑셀시어 대학에서 학위를 받는 데 꼭 필요한 수학 시험을 통과하지 못하는 바람에 학사 학위도 교원자격증도 따지 못했다. 그래서 그는 트라이플러 공업전문대학으로 옮겨 그레그 에리어스 교수의 수학 수업에 등록했다. 참으로 기막힌 타이밍이었다. 그레그 교수가 길고 길었던 아홉 번째 감성훈련 수업을 막 끝낸 참이었기 때문이다. 집단훈련에 큰 감흥을 느낀 그레그 교수의 수업은 만지고 느끼는 집단 감성훈련 위주로 진행되었다. 아트는 강의실에서 가장 감수성이 풍부하고 개방적이고 솔직하고 자유로우며 자기표현에 능한 학생이었다. 덕분에 그는 수학 시험을 보지 않고도 수업 과정을 무사히 이수하여 학사 학위를 취득할 수 있었다. 그 후 엑셀시어 대학으로 돌아가 대학원에 등록하고 교사 자격을 얻기 위해 열심히 공부했다. 아트는 현재 행복한 미술교사가 되었다. 물론 어려운 수학은 거들떠보지도 않는다.

사람은 누구나 자기만의 길을 찾아야 한다.

-J. 사르트르

던 브룩은 로카운트 백화점의 신발매장에서 근무하던 시절, 영업 방식에 대한 견해차로 중간관리자들과 늘 마찰을 빚었다. 던의 가차 없는 비판을 언짢아하는 중간관리자들이 그를 승진시켜줄 리 만무했다. 결국 던은 엑셀시어시의 쓰레기투기반대연맹에 가입하여 대표로 선출되었다. 시민에게 깨끗한 도시의 이미지를 광고하는 데 탁월한 수완을 발휘한 것이다. 던의 리더십과 판촉 능력에 크게 감명받은 로카운트 백화점의 이사진이 그를 홍보부 과장으로 스카우트하는 일까지 생겼다. 던이 조직으로 다시 들어왔을 때는 자신의 유능함을 빛낼 수 있는 가장 높은 단계에 도달해 있었다.

11장

자신의 방향을
알라

각자 무엇을 욕망하느냐에 따라 마음속 천국의 모습도 다르다.

-T. 무어

이 책의 궁극적 목표는 당신이 보다 값진 인생을 설계할 수 있
도록 돕는 것이다. 당신 인생의 우선순위는 무엇인가? 삶의 방
향을 잃고 휘청거리다가는 앞으로 나아갈 수 없다.

피터의 페르소나
내가 바라는 나의 모습을 그려라

자기 이미지self-concept는 신체 능력, 사회적 위치, 성적 매력, 정신력 등 모든 측면에서 형성할 수 있다. 모두 삶의 방향을 결정하는 데 영향을 미치지만, 이 장에서는 인간으로서의 자기 이미지를 중점적으로 다룬다.

위계조직이 나를 완전한 인격체가 되지 못하게 가로막는가? 위계조직이 나의 발전을 저해하는가? 교육과 광고가 틀에 박힌 지금의 나를 만들었는가? '그렇다'라고 답한다면 '내가 원하는 나의 모습'을 만들 준비가 된 것이다. 세상은 자아를 파괴하는 것들로 가득 차 있다. 자기 이미지는 사람답게 살고자 하는 이상과 부합해야 한다. 그래야 해로운 것들로부터 스스로를 보호하고 마음의 평화를 얻을 수 있다. 그런데 지금 서구 사회에서 긍정적으로 받아들이는 자기 이미지란 어떤 것인가? 남을 이기고, 높은 지위에 올라서고, 많은 것을 소유한 모습을 그리고 있진 않은가?

참된 것을 고집하는 사람은 점점 정의로워질 것이다.

−T. 린치

자기 이미지를 확립하기 위해서는 인간다운 인간 즉, 휴머나이트로서의 자기 모습을 형상화하는 작업이 우선되어야 한다. 삶의 목표를 스스로 결정하는 나의 모습을 머릿속에 떠올려라. 나를 조종하는 모든 것에서 벗어나 위로 올라가야 한다는 압박감을 훌훌 털어버린 나의 모습을 상상하라. 머릿속에 그린 나의 모습이 실제가 될 때 우리는 진정한 내가 될 수 있다. 건설적인 생각을 하라. 그것이 한 줄기 빛이 되어 자연과 동화되는 아름다운 삶으로 가는 길을 환히 비춰줄 것이다. 진정한 정신력은 창조적인 생각에서 비롯된다. 진정한 정신력이 행동으로 옮겨질 때 그것은 삶을 긍정적으로 바꾸는 힘이 된다. 창조적으로 생각하라. 고귀하고 행복한 삶을 사는 것은 나의 생각이 어느 쪽을 향하느냐에 달렸다.

피터의 처방 15

피터의 능력
내 능력으로 할 수 있는 일들에 집중하라

조직 내 어느 지위에 있든 성취의 기회는 주어지기 마련이다. 좋은 빵을 만들고 싶다고 해서 꼭 제빵 회사의 사장이 될 필요는 없다. 사장이 되면 오히려 너무 바빠서 어떻게 하면 좋은 빵을 만들 수 있을지 생각조차 하기 힘들다. 내 능력을 발휘할 수 있는 자리에서 내가 할 수 있는 일에 집중하라.

사회문제에 관심이 많은 대학생이라면 그 자리에서도 자기 능력을 십분 발휘할 수 있다. 과학을 전공하는 학생은 학교에서 배운 과학기술을 이용해서 환경을 해치는 요인을 실험해봄으로써 환경문제 해결에 일조할 수 있다. 실험 결과를 대중매체나 환경보호단체, 정치활동단체 등에 보내는 것도 좋은 방법이다. 또 문학을 전공하는 학생은 평화의 아름다움, 전쟁의 공포, 평화로운 세계를 만드는 용기 있는 실천을 주제로 글을 써서 세계 평화에 작게나마 기여할 수 있다. 심리학을 공부하는 학생이라면 행동수정 요법behavior modification(인간의 행동을 학습의 결과로 보고 적절한 환경과 체험을 통해 바람직하지 못한 행동은 수정하고 특정 행동은 강화시키려는 심리요법-편집자주)에 대한 지식을 널리 전파하고 시민지도자의 사회운동을 지지함으로써 사회정의 구현에 일조할 수 있다. 공학, 법학, 교육학, 의학을 전공하는 학생들도 본인의 능력을 발휘하면 각자의 영역에서 이슈가 되는 문제들을 해결하는 데 큰 힘이 될 수 있다.

승진은 유능한 사람에게서 잘할 수 있는 일을 빼앗고 아무것도 할 수 없게 만든다. 이 말은 능력이 없으면 정치적 문제에 아예 참여하지 말라는 뜻이 아니다. 각자 자기 위치에서 가지고 있는 능력을 활용하면 괄목할 만한 성과를 충분히 낼 수 있다는 뜻이다.

내 능력이 무엇인가와 내 능력 밖의 일이 무엇인가를 확실히 알라.

-Q. 호라티우스

자기 자리에서 묵묵히 제 몫을 해내면서 일생을 보내는 사람들이 세상을 발전시킨다. 눈앞에 있는 일은 나 몰라라 하고 닿을 수 없는 높은 곳에만 두 눈을 고정하고 있기 때문에 불만이 생기는 것이다. 모든 사람이 자기 삶에 '피터의 능력'을 적용하면 세상은 능력 있는 사람들로만 채워질 것이다. 그런 세상이 오면 사회도 개개인의 특별한 가치를 인정하게 되지 않을까?

피터의 처방 16

피터의 향상
변함없이 나를 기쁘게 할 무엇을 선택하라

캘리포니아 북부에 사는 냇 처렐은 원래 마당에서 보내는 시간이 아주 많았다. 안뜰과 수영장과 정원이 그에게 주는 선물은 한두 가지가 아니었다. 건강, 신선한 과일, 아름다운 꽃, 채소, 책을 읽으며 편히 쉴 수 있는 조용한 공간까지, 모든 것이 그에게는 축복이었다. 그는 이 모든 자연의 선물을 맨해튼에 있는 직장 상사에게 전해주었고 결국 상사의 눈에 들어 승진을 하게 됐다. 그러나 그 이후부터는 마당에서 보내는 시간이 크게 줄고 대신 회사에서 보내는 시간이 길어졌다. 이제 그는 자기 생활에 만족하지 않는다.

불행은 내가 뭘 원하는지도 모르고 그것을 찾아 헤매는 것이다.
-D. 헤럴드

무엇을 해야 앞으로도 영원히 행복할지 모르겠다면, 영원한 행복을 찾고 싶다면 바로 지금 나를 행복하게 하는 것을 찾아라. 내가 생각하는 가치에 부합하는 직업, 사랑하는 사람과의 나눔, 내 개성의 발견, 이런 것들이 만족감과 성취감을 선사한다.

피터의 처방 **17**	**피터의 잠재력** 현실적인 대안을 찾아라

위계조직이 모두에게 만족을 줄 수는 없다. 위계적 퇴보의 위험성을 깨달은 사람들이 조직 붕괴를 옹호하고 나서는 지경에 이르렀다. 기존의 관료조직을 대체할 만한 단체를 찾아라. 더욱 큰 잠재력을 발휘할 수 있는 대안이 될 것이다.

아이크 노클래스트는 젊은 변호사로 정부, 기업, 산업, 농업의 소비자 권리침해에 관심이 많았다. 하지만 그가 몸담고 있는 변호사 사무실은 불량 자동차나 오염된 식품, 터무니없는 소비자 가격 같은 문제를 다루지 않았다. 그래서 그는 사무실을 박차고 나왔다. 곧 그를 지지하는 사람들이 생겨났고 그는 지금 소비자 권리를 보호하는 유명한 단체의 장이 되었다.

인벤티브는 엠티 고용대행사에 상담원으로 채용되었다. 그는 회사가 흑인 노동자의 입사지원을 거부한다는 사실을 발견하고, 독자적으로 흑인을 대상으로 고용 기회에 관한 설문을 실시했다. 그리고 설문 결과를 바탕으로 흑인 노동자 전문 고용대행사를 설립할 수 있었다.

> 진짜 행복을 만드는 것은 안락함이나 부유함, 타인의 칭찬이 아니다.
> 진짜 행복은 가치 있는 일을 하는 데서 나온다.
> ─W. 그렌펠

무능으로 채워진 위계조직을 나와 인간 중심의 조직을 결성하라. 단, 자신의 잠재력을 현실적으로 평가한 다음에 회사를 나와야 한다. 현실적인 가능성을 바탕으로 회사를 그만둔 사람은 자기 조직을 성공적으로 꾸릴 수 있지만, 그렇지 못하면 실패하는 경우가 많다. 회사를 박차고 나와서 나만의 일을 시작하면, 내 행동에 위기감을 느낀 다른 관료조직이 나를 견제하고 불신하고 압박하는 경우도 생긴다. 이 가능성 또한 회사를 나오기 전에 고민해 봐야 할 현실적인 문제 중 하나다.

승진 제안을 받았을 때 혹은 중대한 선택의 기로에 놓였을 때 중심을 잃고 내가 그린 삶의 방향을 놓치지 않도록 한다. 일시적인 유혹을 거절하지 못한 대가로 여태 하던 일과는 다른 일을 해야 하고 삶의 목표까지 바꿔야 하는 일이 생기기 때문이다. 원치 않는 승진은 나 자신을 잃어버리게 하고 무력감을 느끼게 한다. 욕심을 부리면 돈으로 살 수 있는 것은 가질 수 있지만 그 외에는 다 잃게 된다.

> 10등짜리 사장이 되는 것보다 1등짜리 트럭운전사가 되는 편이
> 훨씬 명예롭고 행복하다.
> ─B. G. 포브스

내 능력의 한계를 알려면 점점 더 어려운 일을 해봐야 한다. 내 잠재력과 창의성, 그리고 상황이 허락하는 한에서 최고 단계에 가봐야 무능의 단계에 도달하지 않을 수 있다. 내 잠재력의 한계를 알려면 능력을 발휘할 수 있는 단계를 지나 무능의 단계에 들어서봐야 한다. 그리고 무능의 단계에 도달했다는 생각이 들면 과감히 다시 내려와야 한다. 이론적으로는 가능하지만 실

제로는 굉장히 어려운 일이다. 승진의 철학에 젖어 있는 사람들에게 높은 곳에서 낮은 곳으로 내려오기란 받아들이기 힘든 일이기 때문이다.

피터의 처방 **19**	**피터의 예측** 앞날을 내다보라

옛날에는 배가 항구에 닿으면 등에 부대를 짊어진 사람들, 벽돌을 나르는 사람들, 손수레를 끄는 사람들이 분주하게 갑판 위를 오가며 짐을 날랐다. 하지만 지금은 컨베이어 벨트나 지게차, 엘리베이터, 자동크레인 등이 그들의 일을 대신하고 있다. 앞에서도 언급했듯이 사다리의 발판이 사라질수록 우리는 생각했던 것보다 더 빨리 무능의 단계에 도달하게 된다. 승진 뒤에 필연적으로 따르는 결과가 무엇일지 생각하라. 승진의 결과가 어떨지를 떠올려본 뒤라야 다음의 질문에도 답할 수 있을 것이다. "나는 얼마나 높이 올라가고 싶은가?" 조직이 주는 고통과 기쁨을 비교해보면 성공만한 실패도 없다는 사실을 깨닫게 된다.

하루에 여덟 시간씩 성실히 일하라.

그래야 사장이 되어 하루 열두 시간을 일할 수 있을 테니.

−R. 프로스트

피터의 가능성
다른 직종에 도전하라

다니던 회사를 그만두고 새로운 직종에서 만족스러운 새 삶을 시작하는 사람들이 날로 늘어나고 있다. 한 의사는 병원을 그만두고 작가로서의 새 삶을 시작했다. 그가 얻고자 한 가치는 돈이 아니었다. 그는 의사라는 직업이 따분했고, 새로운 영역에 도전하고 싶었다. 상상력이 풍부하고 창조적인 사람들은 틀에 박힌 일에 쉽게 질린다. 모험심을 갖고 다른 직종에 도전해보는 것은 건강하고 바람직한 시도다.

대학을 졸업한 뒤 나는 10년 동안 의사로 일했고

2년은 뱃사람이었으며

7년 동안은 사업을 했고 8년은 저널리스트였고

지금은 15년째 작가로 산다.

-J. 윌슨

피터의 좁은 길
양심이 이끄는 길로 가라

히암 아티즈는 자기 일을 굉장히 사랑하는 사진작가로, 어빈블

라이트 광고대행사에서 전속으로 일하고 있었다. 그러던 어느 날 그는 가장 아끼는 몇 장의 자연풍경 사진이 담배 광고에 쓰였다는 사실을 알게 되었다. 때맞춰 의사협회에서 흡연이 폐암과 순환기 질환, 폐기종을 유발한다는 논문을 발표했다. 그는 자기가 찍은 사진이 담배 판매량에 도움을 줄까봐 걱정이 되었다.

> 양심이라 불리는 하늘의 작은 불꽃을
> 가슴속에 항상 밝혀두려고 노력하라.
> -G. 워싱턴

　고민 끝에 그는 아름다운 자연풍경을 담은 사진들을 엮어서 환경보호단체 '대지의 친구'에 보냈다. 환경보호단체는 기꺼이 히암의 사진을 책에 실어주었다. 사진 밑에는 히암이 직접 쓴 글도 함께 실렸다. 히암은 이제 광고대행사가 아닌 대지의 친구에서 전문 사진작가로 활동하고 있다. 그의 사진과 글은 수많은 독자들에게 자연의 아름다움과 자연보호의 필요성을 일깨워주고 있다. 히암은 현재 성취의 기쁨과 마음의 평화를 누리며 매일을 보낸다. 개인적 가치와 정면으로 충돌하는 승진은 큰 고통만 안겨줄 뿐이다.

12장

자신을
방어하라

삶을 너무 심각하게 받아들이지 마라.

어차피 살아 있는 동안에는 벗어날 수 없을 테니.

−E. 허버드

내 능력을 보호하는 가장 좋은 방법은 삶의 방향을 유지하고 창
의성과 자신감, 능력을 키우는 것이다.

피터의 처방 **22**	**피터의 보호** 승진의 유혹을 이겨내라

상승 지향의 사회에서 승진 제의는 굉장히 듣기 좋고 유혹적인

말이다. 그래서 승진을 원하지 않는 사람들조차도 승진 제의를 받았다는 사실 정도는 남들이 다 알아주길 바란다.

오피크는 관리직으로의 승진을 제의받았지만 그다지 내키지 않았다. 관리직에서 일하게 되면 하루 종일 책상 앞에 앉아 있어야 하고 지금의 생활에도 큰 변화가 생기기 때문이다. 하지만 한편으로는 자기 능력을 과시하고 싶은 마음도 들었다. 그래서 그는 아내에게 승진 제의를 받았다고 털어놓았다. 그 이야기를 들은 아내가 친정어머니와 부녀회 회원들에게 남편이 승진을 하게 됐다고 떠벌렸다. 오피크의 짧았던 생각이 부메랑이 되어 돌아왔다. 친구와 친척으로부터 축하인사가 쏟아졌고, 아내는 꼭 승진 제의를 수락해야 한다고 거의 협박하다시피 강권했다. 아내는 사회적·경제적 지위를 높여줄 남편의 승진을 놓치고 싶지 않았던 것이다.

> 이웃에게는 대단해 보이는 사람이
> 자기 자신에게는 아무것도 아닌 법이다.
> —N. 더글러스

피 그린은 유능한 정원사로 자기 일에 만족하며 살아가고 있었다. 예쁜 꽃을 기르고 아름다운 조경을 가꿔서 상도 여러 차례 받았다. 특히 글라디올러스(당창포)의 신품종을 개발한 것이 그에게는 최고의 기쁨이었다. 그 성과를 인정받아 국제대회에서 1등을 차지했을 뿐 아니라, 글라디올러스 알줄기를 전문 묘목상들에게 팔아서 부대 수입도 짭짤하게 벌어들였다. 그가 개발한 글라디올러스가 '그린 글라디올러스'로 불리면서 그는 불후의 명성까지 얻게 되었다. 그린은 능력을 발휘할 수 있는 단계에 머물면서 매순간 성취감을 느끼며 산다. 정원사로서의 능력을 최대로 계발함으로써 그는 삶을 풍요롭게 만들 수 있었다. 현재 그는 원예업계에서 대접받는 인사가 되었다.

피터의 처방 23 — 피터의 연극
원치 않는 승진 제의에는 무능한 척하라

업무와 전혀 상관없이 내 능력 밖의 일을 해야 하는 궁지에 몰렸을 때 이 '피터의 연극'이 가장 필요하다.

나는 몇 년 동안 장애아동을 위한 교육센터를 운영한 적이 있었다. 그 일은 나의 오랜 숙원 사업이었다. 현장에서 직접 부딪혀가며 조사하는 것이 교육법을 연구할 수 있는 좋은 기회가 될 거라고 생각했다. 나는 센터를 계속 운영하고 내 연구를 완성하는 것 외에는 더이상 바라는 게 없었다. 그런데 한 대학교 행정관이 내게 학과장 자리에 앉혀주겠다며 적극적으로 승진 제의를 했다. 학장이 사무관 몇 명과 함께 나를 찾아와서 기술적 문제들에 관해 질문을 던졌다. 나는 말없이 책상 서랍을 열고 다트를 하나 꺼내서는 사무실 벽에 걸려 있는 다트판을 향해 힘껏 던졌다. 그리고는 다트가 찍은 숫자를 받아 적은 다음 마음대로 어려운 공식을 만들어 최대한 이성적이고 과학적인 태도로 대답을 했다. 학장과 사무관들의 얼굴에 당황하는 기색이 역력했다. 물론 그 말도 안 되는 공식은 학장이 원하는 대답과는 전혀 상관이 없었다. 이 피터의 연극은 내 본래 능력을 침해하지 않으면서, 나를 승진시키려 했던 학장을 낙담케 하기에는 충분했다. 결국 나는 내 능력의 영역을 지키면서 연구도 무사히 마칠 수 있었다.

직원회의에서 만난 동료들도 내게 학과장 자리를 수락하라고 야단이었다. 나는 또 말없이 창가로 가서 큰 돋보기를 높이 들고 태양열을 모아 담배에 불을 붙이는 시늉을 했다. 짧은 침묵이 흘렀다. 그리고 이내 회의의 주제는 자연스레 다음 안건으로 넘어갔다. 계약서에 서명을 할 때나 학위논문을 쓸 때 끝까지 깃펜, 막도장, 봉랍封蠟을 고집한 것도 효과가 있었다. 피터의 연극은 내게 창의력을 시험하는 하나의 도전이었고 따분함을 해결하는 수단이었으며 드라마에 대한 흥미를 충족시켜준 고마운 경험이었다.

교수에게 농담을 할 때는 반드시 농담이라고 먼저 말해줘라.

그래야 웃을 테니까.

−R. 클랩턴

이상적인 피터의 연극은 다음의 세 가지 조건을 충족해야 한다. 첫째, 본업에 관련된 능력까지 침해하지 말 것. 둘째, 주제와 무관한 돌발 행동을 보임으로써 사람들의 관심을 다른 데로 돌릴 것. 셋째, 창조적이고 재미있는 방법을 사용할 것. 위의 세 가지 조건만 충족시키면 그 연극은 실패할 확률이 거의 없다. 하지만 이 처방을 지나치게 자주 사용하면 사람들에게 바보 같다는 인상을 심어줄 우려가 있다. 그렇게 되면 의도했던 목적을 달성하는 데 실패할 수도 있으니 주의하라.

피터의 처방 24	**피터의 얼버무림** '승진하라'는 말을 심각하게 여기지 마라

나는 종종 '피터의 얼버무림'을 활용해서 상사들을 당황케 했다. 상사들은 내 행동을 보고, 내가 자기들의 말을 진지하게 받아들이지 않는다고 생각했다. 그래서 나를 승진시키려던 생각을 냉정하게 접곤 했다.

박사과정을 지도하는 교수가 하루는 어려운 논문을 작성해서 나눠주었다. 대학원 연구의 철학과 관련된 내용이었는데 온갖 어렵고 추상적인 말들이 가득했다. 나는 논문을 읽고서 그에게 '굉장히 수준 높은 영어 산문이었고 캠퍼스의 주차문제에 관해 이렇게 이해하기 쉽게 분석한 글은 처음 본다'는 메모를 써서 보냈다. 고무도장을 써서 사람들을 당황하게 한 일도 있었다. 학장 사무실에서 작성한 서류에 나는 '정리가 덜 됨', '검열 완료', '분류 완료'와 같은 글씨가 새겨진 도장을 찍어 보냈다. '접지 마시오', '승인 완료', '서류철 할 것', '특별 관리' 등의 도장을 사용할 수도 있다. 피터의 얼버무림이 가장 성공을 거둔 것은 바로 이 책이 출간된 이후였다. 이 책으로 인기를 얻은 뒤, 내게는 승진 제의가 단 한 건도 들어오지 않았다! 자기들을 풍자적인 이야깃거리의 소재로 쓰는 사람과 같은 위치에서 일하고 싶겠는가.

유머는 존엄성의 확인이요,

세상 모든 것 중 인간이 가장 우월함을 보여주는 증거다.

– 로맹 가리

피터의 처방 25	피터의 전문용어 명확한 말보다는 난해한 말을 사용하라

단순한 평서문은 글로 전달하는 의사소통 수단 중 가장 뛰어난 도구다. 무슨 일을 하든지 동료와의 의사소통 능력은 반드시 필

요하다. 명확한 말로 의사를 전달하는 능력은 리더가 갖춰야 할 가장 기본적인 능력이며 비즈니스 세계에서는 더더욱 중요시되는 덕목이다.

하지만 누군가 내 능력 밖의 일을 시키려 할 때는 의사소통이 도저히 불가능한 방식으로 응답하는 것이 가장 효과적인 방어법이다. 직접적인 거절은 위계조직 내에서 불복종으로 간주한다. 오늘날의 정치적이고 산업적인 위계조직하에서 유능한 직원은 끊임없이 시달려야 한다. 맡은 일을 잘 해내고 의사소통 능력까지 있는 직원에게 온갖 일이 주어지기 때문이다. 보고서란 보고서는 다 도맡아 써야 하고 인터뷰도 전담해야 하니 정작 자기 일에는 소홀해진다. 이런 경우 유일한 방어책은 '피터의 전문용어'를 활용하는 방법뿐이다. 피터의 전문용어가 어떤 방법인지 자세히 살펴보기 전에 두 가지 전제를 확실히 가슴에 새기자. 첫째, 내 일을 할 때 의사소통에 문제가 있다면 그건 무능한 것이다. 둘째, 외부의 방해로부터 내 일을 보호하기 위해 의사소통을 피한다면 그건 유능한 것이다. 다음은 정부보고서와 지원서에 피터의 전문용어를 적용한 예다.

Q 장학생을 선발하는 기준은 무엇입니까?

A 현재 본교는 자아분화의 비편향적인 재평가를 실시하여, 권위적 환경과 자결권이 더불어 존재하게끔 하는 사회적

통합과 통합 업무 간의 상호관계를 조절하는 역할을 선정하는 데 주력하고 있습니다.

Q 귀교의 교육철학은 무엇입니까? 귀교의 교육철학이 귀교의 교수 선정기준에 어떤 영향을 미치는지를 설명하십시오. 또 사회의 기반이 되는 교육기관으로서 문화적 혜택을 못 받은 학생과 정신지체 학생, 지능이 뛰어난 학생, 색맹인 학생 등을 교육하는 데 귀교의 교육철학이 어떤 영향을 미치는지를 설명하십시오.

A 본교의 사회적 책임 문제는 학생 중심의 접근법과 발달 교과과정의 가속화를 통해 실현됩니다. 교수진의 교육적 성과와 활용도, 창조적인 교육평가에 동기를 부여할 수 있는 상호의존적 활동을 장려합니다. 개인 지각 성숙과정과 교육 안내 자원이 학생으로 하여금 문화에의 순차적인 적응 속에서 환경에 순응할 수 있도록 도와줍니다.

능력을 감추는 법을 아는 것이 곧 위대한 능력이다.

−F. 라로슈푸코

위의 예에 등장하는 장황하고 난해한 어휘들은 교육기관 외의 다른 분야에서도 충분히 활용할 수 있다. 관청어법官廳語法은 관료조직에서 자주 이용하는 글쓰기 방식으로, 단어 하나하나는 읽을 수 있지만 문장 전체의 의미를 파악하기는 거의 불가능하다는 특징이 있다. 관청어의 특징을 두 가지로 요약하자면 첫째는 이해하기 어렵다, 둘째는 오해하기 쉽다는 것이다.

피터의 전문용어를 적용하기가 처음에는 어렵게 느껴질 수도 있지만, 몇 분만 투자하면 누구나 완벽하게 익힐 수 있다. 초보자에게 가장 쉽고도 효과적인 방법은 '전문용어 종합사전'을 만드는 것이다. 내가 나만의 '교육 전문용어 종합사전'을 만든 방

교육 전문용어 종합사전

1	2	3
지각적인	성숙	개념
전문적인	모범	과정
환경적인	창조적인	접합
교육적인	관계	철학
동종의	동적인	행위
발달적인	문화	자원
순차적인	지향	커리큘럼
개별화된	인지적인	접근
예외적인	가속화된	조정
사회화된	동기	접점

법을 소개한다. 우선 교육 관련 기사와 강의 문서를 훑으며 자주 등장하는 어휘들을 모았다. 그런 다음 목록을 세 개 만들어 어휘들을 배열했다. 세 번째 목록에는 주요 명사만 모았고, 첫 번째와 두 번째 목록에는 나머지 어휘를 적었다.

이 사전을 활용하는 방법은 다음과 같다. 우선 목록 1, 2, 3에서 단어를 하나씩 고른다. 그런 다음 그 3개의 단어를 조합하여 문장을 만들면 된다. 우리가 일상적으로 쓰는 문장에 위의 단어를 세 개만 넣으면 답장이나 연설문, 정부기관 보고서 등을 문제없이 작성할 수 있다. 이 방법으로 어떤 분야에서든 전문용어 사전을 만들 수 있다. 목록의 길이는 상관없다. 정해진 길이가 없으니 새로운 어휘가 생각나면 언제든 추가하면 된다. 위 단어들을 조합하여 '자질 유효성 활용'이라든지 '상호의존적인 동기 역량'과 같은 말도 안 되는 문구를 만들 수 있다.

이런 문구를 넣어 보고서를 작성하면 뭔가를 많이 알고 있는 사람처럼 보일 뿐 아니라 더이상의 질문을 받지 않을 수 있다. 그래도 일을 시키는 사람이 있다면 그의 혼이 쏙 빠질 때까지 알아들을 수 없는 말을 계속 하라.

현명하라. 아무 말도 하지 마라.
말은 생각을 숨기기 위해 존재한다.
-W. 오슬러

피터의 원리

피터의 전문용어는 두 가지 형태, 다시 말해 글(피터의 서사)과 말(피터의 화법)로 활용할 수 있다. 둘의 활용법은 기본적으로 같지만, 피터의 화법에는 좀 특별한 응용법이 있다. '피터의 가갸거겨'라고 부를 이 응용법은, 단어를 발음하는 방식이 의사 전달에 영향을 미친다는 사실에서 고안해낸 방법이다. 연설을 할 때 핵심이 되는 단어나 구절은 웅얼거리듯 말하고 다음과 같은 구절만 확실하게 발음한다. "신사 숙녀 여러분 …… 바야흐로 …… 할 시간이 되었습니다 …… 반드시 기억하셔야 할 것은 …… 우리는 절대적으로 증명해야 합니다 …… 우리의 조건은 간단하게 …… 그러니까 다시 한 번 확실히 말씀드리면……."

비슷한 발음 사전*

1	2	3
프로그램	프로듀서	프로젝트
피상적으로	필연적으로	피차일반
표출하는	표상	표결
파장	파급적인	파면
팽창하는	패배주의	패러독스
포괄하는	포용하는	포털

* 원문에서는 첫음절이 P로 시작하는 발음이 비슷한 단어들을 모아놓았는데, 그대로 번역하면 뜻만 살아서 아무 의미가 없기에, 발음이 비슷하고 약간 난해한 한국어 어휘들로 대치하였다−옮긴이.

이제 더 재미있는 단계로 넘어가보자. 앞의 표에 있는 단어들을 첫 번째 음절만 강조해서 읽고 뒤 음절은 얼버무리는 연습을 해보자.

초보자에게는 피터의 가갸거겨를 추천하지 않는다. 이 처방은 숙련된 발음 기술과 대화 중에 어떤 말도 제대로 하지 않겠다는 자신감을 요구하기 때문이다. 능력과 자신감과 마음의 평화를 얻는다면 자신을 방어하는 기술이 얼마나 고마운 것인지 깨닫게 될 것이다. 능력의 영역이 위협당할 때는 피터의 처방을 즉시 활용하라.

4부

리더를 위한
피터의 처방 26~66

13장

목표를
정했는가

자기가 선택한 길을 끝까지 고집하는 사람은 많지만,

목표를 고집하는 사람은 거의 없다.

－F. 니체

타인의 행위에 의식적으로 영향을 미치는 사람은 누구나 경영
자요, 리더다. 자녀에게 올바른 행동을 가르치는 엄마도, 학생을
지도하는 교사도, 생태의 중요성을 일깨우는 환경운동가도, 활
동 단체를 지지해달라고 호소하는 자원봉사자도 모두 경영자
요, 리더다.

경영 스타일은 크게 두 가지로 나눌 수 있다. 첫째는 권위적
인 경영이다. 이 경우 지배력은 개인에게 있다. 둘째는 참여적인

경영이다. 이 경우에는 지배력이 집단 구성원에 골고루 분배되거나 그들로부터 나온다. 개인이 결정권을 쥐고 이슈를 만들어내며 독자적으로 지시를 내린다면 그는 권위적인 경영자이고, 민주적으로 구성된 조직의 최고 책임자라면 참여적인 경영자라 할 수 있다. 둘 다 타인의 행위에 의식적으로 영향을 미친다는 점에서는 같지만 그 힘의 근원은 전혀 다르다. 권위적인 경영자가 갖는 영향력의 근원은 사회적 지위나 물리적인 힘, 경제적 능력에 있다. 반면 참여적인 경영자가 타인의 행위에 영향을 미칠 수 있는 이유는 그들 스스로가 기꺼이 타인으로부터 영향을 받으려 하기 때문이다.

어떤 리더든 무언가를 만들고 움직이고 쌓아올리고 깨닫고자 한다면 원하는 결과를 반드시 머릿속에 그리고 있어야만 한다. 오늘의 목표가 내일의 현실이 된다. 삶의 목표를 명확하게 정하지 않으면 올바른 방향으로 나아갈 수 없고 제대로 가고 있는지 알기가 어렵다. 전쟁에 뚜렷한 목표가 없으면 도대체 무엇을 얻기 위해 싸우는지도 모른 채 소중한 인명과 자원을 잃게 된다. 뚜렷한 목표가 없는 사회복지 프로그램도 마찬가지다. 사회복지사가 더 많이 고용되고 더 많은 예산이 투입되지만 도대체 무엇을 위한 인력이고 예산인지 알 수 없다. 목적지를 정해놓지 않으면 어디에 도착하든 그것은 그저 우연일 뿐이다.

피터의 미래
목표를 정하라

원하는 것이 모두 현실이 된다면 그때의 모습은 어떨까? 목표는 그 미래의 모습을 그린 하나의 그림이다. 또는 어떤 행위의 결과로 얻고자 하는 무언가를 기술한 것이라 할 수도 있다.

목표는 방향과 구분돼야 한다. 목표는 도착지를 뜻한다. 돈을 더 버는 것은 방향이지 목표가 아니다. 다시 말해, 돈을 더 벌고 싶다는 야망을 가진 사람에게는 목표는 없고 방향만 있는 것이다. 이런 사람이 가진 상승 욕구는 세상의 돈을 다 긁어모아야만 충족될 것이다. 마찬가지로 목표가 뚜렷하지 않은 전쟁에서는 적군을 다 죽이고서야 비로소 사상자의 수를 늘리는 행위도 끝을 맺는다.

보통은 무언가가 개입해야 끝이 없는 상승에 브레이크가 걸린다. 생사의 기로에 서야 돈 욕심이 많은 사람의 경제적 상승욕을 잠재울 수 있다. 사람들의 죽음을 지켜봐야 병사들은 싸움에 치를 떨며 전쟁을 끝낼 방도를 찾는다. 많은 사람들이 이성적인 목표도 없이 기업을 만든다. 더욱 안타까운 것은 가치 있는 목표를 가진 사람이 거의 없다는 사실이다. 거의 모든 사람들이 방향만 생각한다. 그것이 상승을 위한 상승, 자기를 파괴하는 상승일지라도 방향만 고려한다.

많은 사람들이 나쁜 경영과 운명을 혼동한다.

-E. 허버드

디프레스트 계곡에 있던 재스터 광산의 폐광으로 엑셀시어 시에 많은 실업자가 생겨났다. 즉시 연방 기금과 주 기금이 투입되고 브레인이 특별 사회복지과장으로 임명되어 어려움을 겪는 시민들을 도우러 왔다. 브레인은 개인 사무실을 꾸리고 사회복지사와 심리상담원들을 불러들였다. 도움이 필요한 사람들과 일대일로 면담을 하고 사례연구를 진행했다. 면담에서 개인적 특징이 드러나면 심리상담에 들어갔다. 사회복지사와의 약속 시간을 어기지 않고 서류 작성, 테스트, 면담, 사례연구 등의 복잡한 절차에도 협조적이었던 사람들이 먼저 경제적 원조를 받았다. 의존적인 상담자일수록 얻을 수 있는 혜택이 컸다. 더 큰 고통을 호소하는 상담자일수록 사회복지사의 동정을 얻었다. 얼마 지나지 않아 합리적이고 자존심 강하고 성숙하고 독립적인 시민들조차도 복지혜택을 받으려면 편법을 써야 한다는 사실을 깨달았다. 브레인은 곧 이 경험을 보고서로 작성했다. 가족상담, 자녀양육, 건강, 경제문제 등에 대한 엑셀시어 시민들의 요구를 들어주기 위해 어떤 복지사업을 진행했는지 설명하는 글이었다. 그러나 사실 엑셀시어 시민이 사회복지사업의 소비자로 전락한 이유는 브레인에게 목표는 없고 방향만 있었기 때문이었다.

그러던 어느 날 브레인 사회복지사업의 수혜자 중 한 명인 오 웬 맨이 취직을 하게 되었다. 그러자 그를 담당하던 사회복지사 메이 클링은 굉장한 실망감과 심지어 배신감마저 느꼈다. 메이 클링은 맨이 아직 자립할 준비가 안 되었다는 내용의 보고서를 썼다. 자기가 짜놓은 상담 치료 일정이 아직 끝나지 않았다는 것이 이유였다.

브레인의 프로그램에 방향은 있었다. 엑셀시어 시민들을 위 해 열심히 일한 것은 물론, 기금이 허락하는 한도 내에서 시민 들의 경제상황이 조금이라도 빨리 나아질 수 있도록 물심양면 으로 도왔다. 하지만 목표가 없는 게 문제였다. 복지사업을 통해 진정으로 얻고자 하는 결과가 무엇인지 본인조차도 몰랐다. 광 부였던 사람들이 앞으로 어떤 다른 일을 할 수 있을지 함께 고 심하지 않았고, 자기 의지와 재교육과 건설적인 실천력을 발판 삼아 다시 일어서려는 사람들에게 격려도 해주지 않았다. 브레 인은 의식하지 못하는 사이에 무능의 단계에 도달해 있었다.

목표가 달성된 후의 미래를 그림으로 그려보라. 내가 만들 제 품을 대략적으로 디자인해보거나 재스터 광산 광부들이 앞으로 할 수 있는 일들을 구체적으로 생각해보라. 미래의 그림이 머릿 속에 있어야만 진정한 목표를 가질 수 있다.

13장 목표를 정했는가

237

피터의 제안
성공의 기준을 세워라

삶의 목표가 필요한 이유는 살면서 내가 할 일이 무엇인지를 알아야 하기 때문이다. 그래야 누가 계속 가르쳐주고 방향을 제시해주지 않아도 내 삶을 살 수 있다. 건물 하나를 지을 때에도 반드시 설계도를 그리지 않는가. 이 설계도가 성공적인 공사를 이끄는 상징이자 매개체가 된다. 설계도를 통해 지금까지 일이 얼마나 진척되었는지를 평가할 수도 있고, 공사를 마무리하려면 앞으로 얼마나 일을 더 해야 하는지도 예측할 수 있다.

목표가 없는 리더는 전형적으로 투자를 늘린다. 사람을 더 고용하고 품질을 개선하고 더 열심히 일하라고 직원들을 채찍질한다. 목표가 없어 무엇을 해야 할지 정확히 모르는 사람들은 이 일 저 일 벌이기만 하다가 쓸데없는 일에 시간을 다 보낸다. 쉴 시간도 없이 바쁘게 움직이며 엄청난 양의 일을 해내지만 정작 얻는 것은 아무것도 없다.

> 결과를 향해 무조건 뛰어올라서는 만족스러운 착지를 할 수 없다.
> —S. 시포린

페이션트는 디레일 철도 회사의 바퀴를 만드는 공장에서 현장주임으로 일한다. 어느 날 그의 공장에서 만드는 바퀴가 대륙 간 철도의 긴 주행시간을 견디지 못한다는 불만이 접수되었다. 그 소식을 접한 페이션트는 당장 공장으로 달려가서 직원들에게 소리쳤다. "더 꼼꼼히 보란 말이야!"

직원들은 기계의 속도를 늦추고 더 꼼꼼히 베어링bearing(회전운동이나 직선운동을 하는 굴대를 받치는 기구)을 만들었다. 그런데 이번에도 바퀴가 불량으로 금방 되돌아왔다. 페이션트는 직원들이 또다시 자기를 실망시켰다는 데 더 흥분해서 버럭 소리를 질렀다. 직원들은 속도를 더욱 늦추고 베어링의 공차公差(기계의 허용오차 범위-편집자주)를 더욱 꼼꼼히 살폈다. 페이션트는 문제가 무엇인지, 그 문제를 해결하기 위해 무엇을 해야 하는지 몰랐다. 상사들이 그에게 요구한 것은 베어링이 좀 더 오래 버틸 수 있도록 하라는 것이었지만, 공장 직원들은 공차의 정밀도를 높이는 데만 안간힘을 썼다. 페이션트가 무턱대고 화를 내며 소리만 질러댔지 베어링에 무슨 문제가 있는지는 모르고 있었기 때문이다.

피터의 처방 28	피터의 동지 직원과 함께 목표를 달성하라

목표의 가치를 최대로 끌어올리려면 우선 목표가 무엇인지를

확실히 이해하고 받아들여야 한다. 그러기 위해 목표 달성에 책임이 있는 사람들이 함께 목표를 설정하는 것이 좋다.

이해하지 못하는 사람이 있다면 참고 기다려줘라.

– 솔로몬

알 파카는 팬시 양모 공장의 사장으로 엑셀시어 합성섬유와의 치열한 경쟁을 늘 신경 쓰고 있었다. 그는 각 부서의 담당자들에게 이 경쟁에서 반드시 살아남아야 한다고, 그러지 않으면 회사가 파산할 위기에 처한다고 재차 강조했다. 몇 주 뒤 직원들이 해결책을 가지고 왔다. 직조부織造部 부장인 프랭크 프레이절이 말했다. "방적부紡績部에서 실만 대준다면 저희 부서는 작업속도를 최대 25퍼센트까지 끌어올릴 수 있습니다." 그러자 옆에 있던 방적부 부장 윌 스핀들이 말했다. "저희 부서는 질 좋은 실을 뽑아낼 준비가 되었습니다. 지금 당장은 생산량이 기존보다 한 25퍼센트 정도 줄겠지만 품질은 훨씬 우수할 겁니다."

피터의 처방 29	**피터의 방침** 조직의 목표와 개인의 목표가 양립하게 하라

유능한 경영자는 직원들이 개인적 목표에 도달할 수 있도록 그

에 부합하는 큰 목표를 세운다. 그런 조직에서는 대개 수익이 공정하게 분배된다. 경영자와 직원이 성공의 보상을 공평하게 나눠 갖는 조직에서는 조직 목표와 경영자의 목표가 일치한다.

평화 혁명을 불가능하게 하는 사람들은
폭력 혁명을 불가피하게 만든다.
—J. F. 케네디

그런데 이 처방을 심각하게 위반하는 사람들이 있으니 안타깝다. 1970년대 인권운동과 여성해방운동을 이끌던 사람들은 처음에는 거의 모든 조직원과 같은 목표를 가진 것처럼 보인다. 그러나 권력을 향한 욕망과 자기과시에서 비롯된 동기는 시간이 지나면 드러나기 마련이다. 곧 조직 내에 그와 똑같은 욕망을 가진 사람들이 하나둘 모습을 드러내고 지도자를 자청하는 사람들 사이에 내분이 생기기 시작한다.

피터의 처방 30 **피터의 위치파악**
사람들의 니즈를 파악해 목표를 설정하라

어떤 상품과 수단이 더이상 쓸모없게 되면 이를 대체할 새로운 것이 등장해야 한다. 말과 마차가 사라지고 원양어선이 호화로운 유람선으로 탈바꿈한 요즘, 새로운 교통수단에 대한 점점 더 커지고 있다. 다음의 두 사례는 이 사실을 바탕으로 사람들의 니즈를 고려해 목표를 정한 경우와 그렇지 않은 경우, 결과가 어떻게 달라지는지를 보여준다.

엑셀시어만灣은 엑셀시어시에서 몇 마일 떨어져 있는 남부 해안 도시로 은퇴한 노인들이 많이 사는 곳이다. 엑셀시어시에서 경제적으로 꽤 성공한 삶을 살았던 디지온과 윌 비 레디, 두 남자가 엑셀시어만으로 이사를 왔다. 보트에 미쳐 있던 두 사람은 엑셀시어만의 북쪽과 남쪽 끝에 각각 보트 공장을 지었다. 두 사람이 원한 것은 좋아하는 일을 하면서 더 건강하고 즐겁게 사는 것이었다.

디지온은 엑셀시어만 북부에 디지온 보트 회사를 설립한 후 최고의 보트 제작자를 데려다가 세상에서 가장 빠르고 아름다운 모터보트와 잘 나가는 외돛배, 최고로 고급스러운 쌍동선 등을 제작하게 했다. 그러나 몇몇 돈 많은 운동선수들에게 몇 척을 팔았을 뿐, 고급 크루저를 사겠다는 사람은 거의 없었다. 그 많던 재산도 바닥을 드러내기 시작했다. 결국 그는 사업을 접고 그 좋은 배들을 돈만 아는 경매업자에게 팔아버렸다. 디지온은 제품을 만들 생각만 했지 제품에 대한 수요는 전혀 생각지 않았던 것이다.

'의심'이 괴로운 정신 상태라면,

'확신'은 우스꽝스러운 정신 상태다.

−F. 볼테르

    한편 엑셀시어만 남부에 공장을 차린 윌 비 레디는 보트를 타 본 경험이 거의 없는 은퇴한 노인들에게 어울릴 만한 보트를 구상했다. 그는 스케치를 그려서 지역 주민들에게 직접 보여주었다. 그 과정을 통해서 그는 잠재고객이 원하는 보트의 상을 정확히 그릴 수 있었다. 갑판보가 넓고 깔개가 깔려 있고, 속도가 느린 집배를 만드는 데 그는 모든 노력을 기울였다. 내 집처럼 안전한 거주용 요트를 만드는 것, 그것이 그의 목표였다. 그러기 위해서 그가 신경쓴 부분은 배 위에서 낚시를 할 수 있을 것, 생활하기 편하게 설계할 것, 내륙의 물길을 자유롭게 다닐 수 있도록 할 것, 이렇게 세 가지였다. 특수 섬유유리로 선체를 만들고 배 안팎에 있는 엔진은 유지와 보수가 필요할 때 언제든 자유롭게 뺄 수 있게 했다. 드디어 거주용 요트가 완성되었다. 윌 비 레디는 배를 구입한 사람들에게 수리용 연장도 임대해주었다. 배를 구입한 사람들은 배에서 먹고 자는 생활도 할 수 있고 수리까지 직접 할 수 있었다. 도움이 필요할 때는 기술자가 언제든 가서 도와주었다. 후에 윌 비 레디는 마을에 회관과 바, 식당까지 열었다. 엑셀시어만에 배 위에서 생활하는 주민들의 수가 급격히 늘어났고 곧 월 비 레디의 거주용 요트는 주민센터나 다름없게 되었다. 월은 자기가 만든 배가 널리 사용된다는 데 대해 큰 성취감과 행복을 느꼈다. 그를 스카우트하려는 기업도 많았지만 모든 제의를 거절했다. 엑셀시어만 주민들 사이에서 존경받는 사람으로 가치를 인정받으며 사는 삶을 선택한 것이다.

피터의 처방 31	피터의 실효성 달성할 수 있는 목표를 정하라

'실현 가능성'이 있는 목표를 정하는 것은 어렵다. 왜냐하면 자기가 세운 목표가 '합리적'이라고 생각하기 때문이다. '가능성'과 '합리성'을 혼동하지 말라. 깡마르고 몸이 허약한 열다섯 살짜리 아이가 곡예사가 되겠다는 목표를 세웠다고 치자. 그 목표는 합리적이진 않지만 의지만 있다면 충분히 실현 가능성이 있다. 하지만 똑같은 조건에 서른다섯 살이나 된 어른이 곡예사가 되겠다는 목표를 세운다면 그것은 비합리적일 뿐만 아니라 실현 가능성도 없다. 시간을 되돌릴 수는 없지 않은가!

> 모든 것은 가능한 한 단순하게 만들어져야 하지만
> 지나치게 단순해서는 안 된다.
> −A. 아인슈타인

신체적 장애를 가진 사람들이 운동선수로서 성공하는 예는 드물지 않게 찾아볼 수 있다. 하지만 그들의 성공은 오랜 기간에 걸친 꾸준한 훈련의 결과이고, 애초 특별한 동기가 있었던 경우가 많다. 어떤 분야에서든 성공을 하려면 실현 가능한 목표를 세워야 하고, 아주 오랜 기간 그 목표를 향해 걸어야 하며 때로는 고된 성장통도 겪어야 한다. 달에 가겠다는 목표는 리스크가 크긴 하지만 실현 가능성이 있었다. 달에 가고자 했던 사람들은 고된 노력의 시간을 10년이나 견뎌냈다. 그리고 결국 목표가 달성되는 것을 생전에 볼 수 있었다.

피터의 처방 32 — 피터의 알리기
말과 행동으로 목표를 전달하라

목표를 알리는 가장 효과적인 방법 세 가지는 다음과 같다. 첫째, 목표를 구체적으로 말하라. 둘째, 목표를 향해 가는 사람에게만 보상을 하라. 셋째, 목표와 일치하는 행동으로 모범을 보여라.

말보다 행동이 중요하다고 하지만 그 반대일 때도 많다.
– 농부 연감

펄리 게이츠는 엑셀시어 초등학교에서 6학년 학생들을 가르치는 교사다. 그녀는 학생들에게 전국학력평가에서 엑셀시어시 최고 학군에 들어야 한다고 입버릇처럼 말하곤 했다. 적어도 일주일에 한 번은 이 목표를 각인시켰다. 하지만 펄리는 늘 말을 잘 듣고 숙제도 깔끔하게 잘해오는 학생들에게만 칭찬을 했다. 굳이 말하지 않아도 펄리의 학생들은 암기를 잘하고 말을 잘 듣고 단정하게 행동해야 선생님께 칭찬받는다는 걸 알고 있었다. 드디어 전국학력평가가 실시되었다. 그런데 이게 웬일인가. 펄리의 학생들이 엑셀시어시에서 최하의 성적을 내고 말았다. 펄리는 엄청나게 큰 충격을 받았다. 학생들에게 그동안 전국학력평가의 중요성을 얼마나 입이 닳게 설명했는데.

그나마 좋은 성적을 거둔 아이들은 선생님의 목표와는 상관없이 자기만의 목표를 세운 아이들이었다. 숙제를 깔끔하게 해오고 잡다한 것을 잘 암기하는 아이들을 칭찬하는 펄리의 태도가 반 아이들을 말 잘 듣는 인형으로 만들었다. 선생님을 기쁘게 하는 것이 아이들의 목표가 되어버린 것이다. 이 목표는 전국학력평가 문제를 푸는 데 전혀 도움이 되지 않았다. 펄리 게이츠는 자신의 목표가 제대로 전달되지 않아서 이런 결과가 나왔다고 생각했다. 그래서 다음 학기에 그녀는 전국학력평가의 중요성을 일주일에 두 번씩 일깨워주기로 했다.

피터의 처방 33	**피터의 분할** 다른 이들과 함께 '중간 목표'를 세워라

대부분의 목표는 여러 단계를 거쳐 달성된다. 최종 목표 이전에 거치게 되는 이 단계를 중간 목표라고 한다.

로지 데이는 엑셀시어시의 동쪽 끝에서 문화적, 인종적으로 차별받는 가정의 아이들을 맡아 가르치는 교사였다. 로지 데이 역시 펄리 게이츠처럼 아이들이 전국학력평가에서 좋은 성적을 거두길 바랐다. 불우한 가정환경에서 자란 아이들에게 할 수 있다는 용기를 불어넣고 싶었기 때문이다. 로지는 아이들에게 과거 성적은 잊고 이제부터는 전국학력평가라는 하나의 목표를 향해서 열심히 공부해야 한다고 말했다. 그러고는 전국학력평가라는 큰 목표 이전에 공부가 잘 되어가고 있는지를 확인하기 위해서 중간 목표를 세워보자고 아이들을 설득했다. 그러자 아이들이 시험에 잘 나오는 문제를 많이 풀어보고 싶다며 전국학력평가 기출문제를 구해달라고 요청했다.

로지는 지난 6년간의 기출문제를 구해서 난이도별로 문제를 편집했다. 첫 번째 주에는 쉬운 문제들만 뽑아 아이들에게 시험을 보게 했다. 시험을 마친 아이들의 표정이 밝았다. 해냈다는 데서 오는 기쁨이었다. 아이들에게 마지막 시험까지 무난히 통과할 수 있다는 자신감이 생겼다. 매주 로지가 준비해오는 중간

고사를 본 아이들은 그 해가 끝나갈 즈음 실력도 출중하고 자신 감이 넘치는 학생들이 되어 있었다.

> 개혁가는 자기가 원하는 것의 가치를 아는 사람이다.
>
> -E. 허버드

나중에 펄리 게이츠가 로지 데이를 만나 이렇게 말했다. "그 래. 너희 반 학생들이 시험에 전부 통과한 건 인정해. 하지만 시 험 준비 외에 그 애들이 할 줄 아는 게 뭐니?" 로지 데이는 대답 하지 않았다. 자기 목표를 알고 있기 때문이었다. 아이들은 중간 목표를 달성하는 데 저마다 자기에게 주어진 몫을 다했다. 그녀 가 아이들에게 가르치고 싶었던 것은 마음속에 특별한 목표를 하나 세우고 공부하면 언젠가는 큰 목표를 이룰 수 있다는 교훈 이었다. 로지의 바람대로 아이들은 공부하는 법을 배웠다.

피터의 처방 34 | 피터의 정확성
가시적이고 측정 가능한 목표를 세워라

목표는 가시적이고 측정 가능한 것이라야 한다. 그래서 그 목표 가 실현되었을 때 모든 사람이 알 수 있어야 한다. "엑셀시어 통 나무 사의 목표는 대외적인 이미지를 개선하는 것이다."라는 식의 목표는 구체적으로 무엇을 하겠다는 것인지 알려주는 바가 전혀 없다. 목표를 설명할 때는 다음과 같이 구체적으로 기술하라. 첫째, 1년 안에 엑셀시어 통나무의 사무실과 공장 외관에 페인트를 새로 칠하겠다. 둘째, 시 전체의 경치를 잔디와 나무로 아름답게 꾸미겠다. 셋째, 거리의 모든 간판대를 치우고 그 자리에 현대적 미를 느낄 수 있는 설치물을 세우겠다.

선善을 아는 것만으로는 충분하지 않다.
그것을 지녀야 하고 활용할 수 있어야 한다.
그것이 힘들다면 우리를 선하게 만드는 다른 방법을 찾아야 한다.
— 아리스토텔레스

환경보호, 도시계획, 국제사회의 이해 증진과 같은 큰 목표는 일련의 작고 구체적인 목표를 실현함으로써 쉽게 달성할 수 있다. 지금 소개하는 '피터의 처방 66가지'가 구체적인 목표의 좋은 예다. 이 책의 궁극적인 목표는 독자로 하여금 무능의 단계에 도달하지 않고도 행복한 삶을 살 수 있도록 돕는 것이다. 그리고 그 큰 목표는 이 66개의 처방으로 조금씩 실현되고 있다.

다들 쉬지 않고 위로 올라가려고 하는 사회에서 멈춰 서서 평화롭게 있기가 쉬운 일은 아니다. 양量, 부富, 힘과 규모가 질과 자아성취의 가치를 압도하는 세계에서는 상승을 행복으로 착각하는 경향이 있다. 행복과 만족은 오로지 현재에 있다. 상승은 행복에 장애만 될 뿐이다. 정작 미래가 오면 그땐 정말로 만족할까? 그때도 역시 또 다른 미래로 만족을 미루는 건 아닐까? 그럼 도대체 언제 현재를 즐길 수 있을까? 지금 당장 현재를 즐기기로 결심하라. 바로 지금, 여기에 행복이 있다.

> 현명하게 말하고, 주어진 기회를 소중히 다루고,
> 행동하기 전에 신중히 생각하라. 뿌린 대로 거두는 법이다.
>
> ─S. 버틀러

더 발전해야 한다는 강박증은 우리가 살고 있는 이 세계를 불확실한 곳으로 만든다. 인간은 이미 자원을 고갈시키고 엄청나게 많은 인구로 지구를 뒤덮고 환경을 더럽혔다. 지금 우리는 어디로 가고 있는가? 생존을 위협하는 어느 지점을 향해 전속력으로 뛰어가고 있지는 않은가? 우리 삶의 목표는 모든 상승과

증가를 막고 양보다 질을 추구하는 것이다. 이것이 인류의 모든 목표 중 가장 중요한, 시간이 흘러도 변하지 않을 단 하나의 목표다.

14장

이성적으로
결정하라

우리가 살면서 저지르는 실수의 절반은 생각해야 할 때 느끼고,
느껴야 할 때 생각하는 데서 비롯된다.

−J. 콜린스

이성은 낮은 수준의 삶에서 벗어나고 자기 소멸의 비극을 겪지 않게 해준다. 이성을 지성과 혼동하면 안 된다. 이성이란 곧 지성을 사용하는 방법이다. 인간은 믿고 싶은 것을 실제라고 착각하는 경향이 있다. 지성이 흔히 오용되는 이유도 바로 여기에 있다.

우리는 학교에서 이성을 활용하는 방법을 배우지만 학교 밖에서 그것을 실제로 적용해본 적은 거의 없다. 많이 배웠다는

사람들도 자기 주변에서 일어나는 일에 나 몰라라 하면서 신에게 모든 것을 맡긴다. 행정학, 경영학 교재에는 너무 복잡하고 공식화된 문제해결 방법과 의사결정 절차만 가득해서 즉각적인 반응이 필요한 실생활에 적용하기에는 무리가 있다. 길을 걷는 데 자동차 한 대가 빠른 속도로 나를 향해 달려오고 있다고 하자. 이때 앞으로 혹은 뒤로 점프를 할 수 있느냐 없느냐는 중요하지 않다. 재빨리 길옆으로 비켜서는 것만이 살 수 있는 유일한 방법이다. 실생활은 이러한 즉각적인 대처 능력을 요구한다.

이성적인 결정을 내리는 일은 연구와 실천을 통해 몸에 익힐 수 있다. 경험 많은 운전자가 산길을 운전하다 커브를 돌았다. 그런데 커브를 돌자마자 차 한 대가 양쪽 차선을 가로막고 멈춰 서 있는 것이 보인다. 그는 황급히 핸들을 꺾어 자갈이 깔린 갓길로 차를 돌렸다. 갓길로 미끄러져 들어간 차가 자갈 위에서 방향을 조금 트는가 싶더니 조금씩 속도를 늦추었다. 다시 정신을 차리고 차를 운전해서 도로로 나왔다. 위기일발의 상황이었다. 그는 차를 멈추고 잠시 쉬면서 충격을 달랬다. 그러고는 조금 전의 아찔한 상황을 다시 생각해보았다. 그 일촉즉발의 상황에서 재빨리 옳은 결정을 내린 스스로가 대견했다.

운전경험이 많지 않은 운전자라면 어떻게 됐을까? 공황 상태에 빠져서 어쩔 줄 몰라 하는 동안에 차는 도로 밖으로 굴러가버릴 것이고 그는 절벽 밑에서 변사체로 발견될지도 모른다. 둘의 차이점은 무엇일까? 운전을 많이 해본 사람은 위험한 상황에서 이성적인 결정을 많이 해봤을 것이다. 그래서 긴급한 상황에서 자동으로 올바른 대처를 할 수 있었던 것이다.

<table>
<tr><td>피터의 처방
36</td><td>**피터의 과정**
이성적인 의사결정 과정을 활용하라</td></tr>
</table>

이성적인 의사결정을 해야 할 때는 먼저 스스로에게 '세 가지 이성적인 질문'을 던져라. 그리고 그 대답에 알맞은 행동을 하면 된다. 효율성을 높여주는 세부적인 기술들도 있지만 다음의 세 가지 질문만 기억해도 실질적인 해결책을 얻을 수 있다.

- 나는 지금 어디에 있는가
- 나는 어디로 가고 싶은가
- 그곳에 가려면 어떻게 해야 하는가

나는 지금 어디에 있는가

의사결정이란 무언가를 할 것인가 아니면 아무것도 하지 않을 것인가를 결정하는 일이다. 대학을 갈 것인지, 결혼을 할 것인지, 이혼을 할 것인지, 직업을 바꿀 것인지, 사업을 시작할 것인지, 은퇴를 할 것인지, 회사의 정책을 바꿀 것인지, 이 모든 일의 결정은 현재 나의 위치를 현실적으로 파악하는 데서부터 시작한다. 다른 곳에서는 시작할 수 없다. 시작은 늘 지금 이 자리에서 해야 한다. 나의 현재 상황을 현실적으로 파악함으로써 내가 변화를 원하는지 아닌지를 알 수 있다. 현재에 대한 현실적인 평가가 선행되어야 나중에 내가 얼마나 발전했는지도 알 수 있다.

나는 어디로 가고 싶은가

내가 현재 어디에 있는지를 알았다면 다음은 어디로 가고 싶은지를 결정할 차례, 다시 말해 삶의 목표를 정할 차례다. 변화가 필요하다고 생각하는가? 그렇다면 변화가 일어난 뒤에 내 삶이 어떤 모습이기를 바라는지 생각해보라. 현재 해결해야 할 문제가 있다고 판단했는가? 그렇다면 그 문제를 해결함으로써 구체적으로 어떤 효과를 얻기를 바라는지 생각해보라. 이상적인 삶의 목표를 머릿속에 그렸다면 그 목표를 달성하기 위해 무엇이 필요한지를 곰곰이 생각해봐야 한다. 시간, 돈, 노력이 얼마나 들 것인지를 미리 예측하고 현실을 고려하여 대안이 될 수 있는 방법도 마련해둬야 한다. 내가 세운 삶의 목표가 현실적으로 실현 가능할 수도 있지만 내가 가진 자원에 맞춰 좀 더 현실적으로 수정해야 하는 경우도 많다.

그곳에 가려면 어떻게 해야 하는가

뉴욕에서 로스앤젤레스까지 5일 동안 자동차 여행을 하기로 마음먹었다면 첫날 숙박은 오하이오의 데이턴에서 하는 것이 좋다. 하지만 만약 4일간 여행하기로 했다면 오하이오 대신 세인트루이스를 선택하는 편이 낫다. 첫째 날 데이턴을 들르지만 않는다면 자동차 속도를 높일 필요도 없고, 전체 여행 일정을 늘릴 필요도 없다. 첫째 날 잠들기 전에 내가 어디에 와 있는지를 체크하면, 내가 얼마만큼의 거리를 달려왔는지를 알 수 있을 뿐만 아니라 계획했던 목적지를 향해 무사히 가고 있는지도 파악할 수 있다. 많은 학교, 회사, 사람들이 중간 성적을 평가하지도 않고 무작정 위로 올라가기만 한다. 회사는 매출이 떨어지면 제품의 문제를 따져볼 생각은 하지 않고 영업사원의 수만 늘린다. 고객환불이 늘어나도 생산공정은 그대로 둔 채 조사자의 수만 늘린다. 영업사원은 고객의 니즈를 만들어 낼 수 없다. 그저 고객의 니즈를 이용할 수 있을 뿐이다. 조사자가 제품의 질을 향상시킬 수는 없다. 그저 결함을 찾아내는 일만 할 뿐이다.

생각이 있는 사람만이 생각을 바꿀 수 있다.

－E. 웨스트콧

여정을 미리 계획해두면 계획된 길에서 벗어날 때마다 체크를 할 수 있다. 이 여정 노트를 보면서 미래를 예측하라. 가는 길 위에 내 위치를 표시하고 출발점을 얼마나 지났는지, 목적지까지 얼마나 남았는지를 수시로 검토하라. 또한 상상력, 꿈, 주위 사람들의 조언, 과거의 경험, 정보 등을 총동원하여 대체 가능한 해결책을 찾아보자. 위험성, 성공 가능성, 실용성, 적시성 등 다양한 요소를 고려하여 뽑아낸 대안들을 하나로 모은다. 그런 다음 첫 번째 대안을 실행에 옮긴다. 목표에 조금이라도 가까이 가도록 도와주지 않는 대안은 재검토하거나 과감히 삭제한다. 효과 없는 대안을 고집하지 마라. 보다 나은 결정을 내려도 시원찮을 때에 시답잖은 대안을 놓고 고민할 이유가 없다.

사람들은 결심하지 않겠다고 결심하고, 결정하지 않겠다고 결정하고,
강경한 태도로 표류하듯 살고, 강력하게 무력하다.
−W. 처칠

옛날에 아키레마Acirema (America를 거꾸로 조합해 만든 가상의 이름−옮긴이주)라는 나라와 테브만Teiv Man (Vietnam을 거꾸로 써서 만든 가상의 이름−옮긴이주)이라는 나라가 전쟁을 치렀다. 전쟁이 생각대로 진행되지 않자 아키레마의 지혜로운 대통령 L. B. 잭슨은 장군들을 소집하여 긴급회의를 열었다. 대통령이 육군 장교에게 물었다. "웨이스트모어랜드 장군, 우리가 치르는

이 전쟁의 목표가 무엇입니까?" 장군이 몸을 꼿꼿하게 세운 채로 대답했다. "적군을 정복하여 평화를 되찾는 것입니다."

대통령이 연단에 서서 장군을 내려다보며 다시 물었다. "그러기 위해 우리가 희생해야 하는 것은 무엇입니까?" 웨이스트모어랜드 장군이 메모를 슬쩍 보더니 대답했다. "40만의 병력입니다."

"작년 이맘때쯤에는 20만 명의 병력이면 전쟁을 치를 수 있다고 하지 않았습니까? 그래서 장군이 요구한 대로 20만 명의 병력을 주었소. 그래, 적군의 절반을 진압했습니까?"

"아니요. 사실 우리 군대가 이곳에 도착한 후로 저항의 강도가 두 배로 거세졌습니다. 그래서 적군을 진압하기가 생각보다 훨씬 어려워졌습니다." 장군의 말에 대통령이 답했다. "20만 명의 병력이 저항의 강도를 두 배로 높였다면 40만 명의 병력은 네 배로 높이겠군요. 웨이스트모어랜드 장군, 병력의 수를 늘리는 건 아무 의미가 없을 듯하오."

말을 마친 대통령은 그 자리에서 장군을 해임하고 테브만에 주둔하고 있던 모든 병력을 철수시켰다. 그리고 그 이후로 두 나라의 이야기는 신문에서 한 번도 언급되지 않았다.

피터의 타이밍
늦지 않게 결정하라

어떤 행위를 결정할 때 타이밍의 중요성은 아무리 강조해도 지나치지 않는다. 타이밍이 그 행위의 결과를 좌우한다고 해도 과언이 아니다. 말이 들어가기도 전에 외양간을 잠그는 것은 말이 도망치고 난 뒤에 외양간을 잠그는 것만큼이나 적절치 못한 타이밍이다.

> 이 나이가 되니 처음에 강하게 확신했던 것들을
> 두 번째에는 유심히 뜯어보게 된다.
> —J. 빌링스

월 라에는 고도비만을 앓고 있으면서도 언젠가는 등산가가 되겠다는 생각에 빠져 있었다. 등산 기술을 배워야겠다고 결심한 그는 뚱뚱한 몸을 지탱해줄 팔근육을 키우기 위해 온갖 고된 일을 찾아 하고 운동도 꾸준히 했다. 동네에 있는 산을 연습 삼아 여러 차례 등반한 후, 드디어 그는 자기 야망에 걸맞은 높은 산에 가서 그동안 익힌 기술을 써먹어야겠다고 결심했다. 그가 고른 산은 바위산인 엘 캐피탄El Capitan이었다. 중간쯤 올라갔을까, 무심코 위를 올려다본 그가 소스라치게 놀랐다. 로프가 다

닳아서 얼마 안 있으면 곧 끊어지게 생긴 것이다. 아래를 내려다보니 암붕_{岩棚}도 수풀도 보이지 않았다. 떨어지면 끝장이었다. 그는 '산에 올 때는 더 굵은 로프를 가져와야겠구나.'라고 생각했다. 윌의 생각은 맞았지만 타이밍이 너무 늦었다.

피터의 처방 **38**	**피터의 길잡이** 두려움과 조바심을 절충하라

바람직한 행동을 하지 못하도록 막는 것은 지성이 아니라 감정이다. 심리적 장벽 가운데 가장 큰 비율을 차지하는 감정 두 가지가 바로 두려움과 조바심이다. 세상에는 두 가지 유형의 사람이 있다. 두려워서 결심을 하지 못하는 사람과 너무 빨리 결정해버리는 사람. 결심을 못하는 사람은 자기가 굉장히 신중한 사람이라서 그렇다고 주장하지만 남이 볼 때 그저 소심하고 우유부단한 사람일 뿐이다. 반대로 모든 일을 너무 빨리 결정해버리는 사람은 자기가 굉장히 역동적인 줄 알지만 남이 볼 때는 그저 성급한 사람일 뿐이다. 어떤 일을 결정할 때나 문제를 해결할 때 시간을 적절히 할애할 줄 알아야 한다.

시간을 죽이는 것은 곧 당신의 일도 죽이는 것이다.
-B. C. 포브스

엔디 서시브와 로먼 캔델은 스포츠용품 업자로 경쟁관계에 있었다. 두 사람 모두 스키용품 전문점이 전망이 좋다고 생각해서 곧 가게를 열기로 마음먹었다. 엔디 서시브는 우선 가게를 지을 만한 부지를 찾아다녔다. 얼마 뒤 괜찮은 장소를 다섯 군데 찾아냈다. 다섯 곳 모두 자재상과 가깝고 인력 확보도 용이한 데다 늘 눈이 내리는 지역이라 운반비용이나 홍보비용 걱정도 할 필요가 없는 최적의 부지였다. 하지만 엔디 서시브는 다섯 군데 모두 조건이 비슷하다는 이유로 결정을 내리지 못하고 미적댔다. 결국 그는 가장 좋은 곳을 결정하기 위해서 추가 검토를 하기 시작했다. 선택 항목에 따라서 최적의 부지는 계속 바뀌었다. 무려 2년이라는 시간도 엔디 서시브의 딜레마를 해결하지는 못했다.

한편 로먼 캔델은 어서 가게를 열고 싶어 조바심이 났다. 그래서 곧장 부동산 업자를 찾아가 가게를 지을 부지를 알아봐달라고 부탁했다. 순식간에 부지매매가 이뤄졌고 캔델은 염원하던 사업을 드디어 시작하게 되었다. 그러나 불행히도 그 지역에선 하청업자를 찾아볼 수가 없었다. 기계상과 거래를 하려면 차를 몰고 수백 마일을 달려가야 했다. 장비를 대줄 수 있는 업자들은 캔델의 가게까지 오기를 거부했다. 결국 캔델의 새 가게는 성급하지도 소심하지도 않은 기업가에게 넘어가고 말았다.

엔디 서시브와 로먼 캔델은 본인들의 책임을 부하직원들에게 돌렸다. 직원들이 어려움을 극복하지 못해서 실패했다고 말이다.

> 인간은 주변 환경을 모조리 다시 만든 뒤에야
> 비로소 눈을 돌려 자기 자신을 다시 만들기 시작할 것이다.
> −W. 듀랜트

두려움과 조바심 외에도 잘못된 결정으로 유도하는 강박관념들은 얼마든지 있다. 아이빈 비포는 손꼽히는 지방의 텔레비전 프로듀서다. 그는 어떤 문제가 생기면 늘 과거에 의존하여 해결책을 찾곤 한다. 어쩌면 안심하기 위해서일 수도 있고 어쩌면 미래에 변명할 구실을 만들어놓기 위해서일 수도 있다. 무슨 결정이든 이전의 성공 스토리에서 해결책을 찾는다.

아임 톱스는 자아 중심적 인간으로, 모든 결정의 밑바탕에는 그의 사회적 지위에 대한 존경심이 깔려 있어야 한다. 그는 어떤 일을 결정할 때 결코 물러서는 법이 없다. 그가 지지하는 아이디어가 이미 예전에 쓸모없는 것으로 판명되었어도 그 아이디어를 실현하는 데 돈을 퍼붓는다. 자동차 회사 포드Ford의 실패한 브랜드인 에드셀Edsel을 끝까지 지지한 사람도 그였다.

하모니 퍼럴은 모든 사람이 친밀하게 일해야 한다고 믿는다. 어떤 문제에 대한 해결책이 누군가의 기분을 상하게 할 수도 있다면 그런 해결책은 생각할 가치도 없다. 상처받는 사람이 아무도 없다면 문제 해결은 어찌 되든 상관없다. 그는 예산입안자로 일하고 있다.

아트 이클은 종이 지향적 인간이다. 최고의 해결책은 하드커버로 된 책에 다 들어 있다고 생각한다. 거기에 없으면 업계 기사를 찾아보면 된다. 문서 없이 어떤 일을 결정한다는 것은 그에겐 불가능한 일이다. 아트는 긴급구호기금에서 일한다.

엔시 큐어는 겁이 많다. 무엇을 제안하든 그는 습관처럼 이렇게 대답한다. "목 달아날 일은 하고 싶지 않습니다.", "괜히 풍파 일으키지 마라." 큐어는 보건부에서 조사관으로 일하고 있다.

리페이 선더는 뭐든 늘리고 올라가는 데는 타고난 선수다. 뭔가 일이 잘됐다 싶으면 늘 그와 똑같은 일을 더 하자고 주장한다. 그는 군대에서 유명한 '싱크탱크Think Tank'다.

피터의 처방 **39**	**피터의 절약** 해결 지향적인 결정을 내려라

목표를 성취할 수 있는 가장 쉬운 방법을 택하라. 수많은 해결책이 있겠지만 그중 가장 간단한 것이 가장 좋은 것이다. 가장 간단한 방법이 온갖 이득을 얻게 하고 본 적 없는 함정들을 피하게 한다.

사람들이 실패하는 이유는 가장 기본적인 해결책을
자신의 경우에 적용하지 않았기 때문이다.
-M. L. 시송

<table>
<tr><td>피터의 처방
40</td><td>**피터의 칸막이**
인정에 끌리지 마라</td></tr>
</table>

어떤 문제를 해결할 때 걸림돌 중의 하나가 바로 인간관계다.
먼저 목표를 정하고 그 후에 달성 과정에서 생기는 문제들을 어
떻게 해결할 것인지 결정한다. 사람들의 편견을 극복하기가 불
가능하다면 차라리 편견의 존재를 인정하고 대비하는 것이 최
선이다.

엑셀시어시 지역행동연합의 지부장인 해피 랜던은 빈민가
에 소수자가 운영하는minority-run 기업을 만들기로 결심했다. 그
가 생각하는 최우선의 목표는 서로 첨예하게 대립하고 있는 여
러 소수자 집단이 모두 만족하는 새로운 기업을 만드는 것이었
다. 해피는 경영 컨설턴트의 자문을 참고하여 어느 집단에도 치
우치지 않은 중립적인 지역에 의류 공장을 만들고, 각각의 소수
자 그룹에서 똑같은 수의 직원을 선발하여 임원, 관리자, 감독
관, 일반직원의 자리에 골고루 앉혔다. 해피의 의류 공장이 드디
어 문을 열었다. 소수자 통합의 본보기가 탄생했다며 사람들은

아낌없는 환호를 보냈다.

그러나 회사는 시작부터 삐걱거렸다. 임원들은 디자인에서 가격 책정에 이르기까지 서로 의견이 달라도 너무 달랐다. 거기다 직원들은 소수자 집단이 든든한 배경이 되어주고 있다고 믿어서인지 회사방침이나 지시사항에 통 따르려 하지 않았다. 불협화음 속에서 선보인 옷들이 소비자 마음에 들 리 만무했다. 결국 18개월 만에 회사는 문을 닫았다. 소수자 집단 협업의 꿈도 물거품이 되었다.

인간은 존엄하다.

단, 공공복지의 향상을 위하여 나눔을 실천할 때만.

−A. 마이클존

해피 랜던은 이 일을 통해 큰 교훈을 얻고 처음부터 다시 시작해보기로 했다. 이번에는 성공적인 기업을 만드는 것을 최고의 목표로 삼았다. 일단, 소수자 집단의 일원들로 위원회를 구성하고 애초에 성공할 기미가 보이지 않는 일은 결코 시작조차 하지 않겠노라고 단단히 못을 박았다. 그는 또 소수자 운영 기업을 갖고 싶으면 실효성 있는 계획을 세우고 각자의 집단에 가서 그 계획을 납득시키라고 위원회에 통보했다. 때로 권력과 업무의 분배가 모든 집단에 동일하게 이뤄지지 않더라도 반발하지 말아달라고 당부하기도 했다. 대신 기업의 이윤은 모든 집단에 동등하게 배분하고 나머지는 또 다른 소수자 운영 기업을 세우는 데 쓰기로 했다.

　제안서를 내고 퇴짜를 맞는 과정을 수차례 반복한 끝에 위원회는 흑인 거주지에 종이 공장을 짓고 흑인들을 주로 고용하는 데 동의했다. 흑인 외의 소수자들은 이 공장에서 생산되는 종이를 소비함으로써 공장의 성장에 기여했다. 소수자가 운영하는 종이 공장의 성공으로 빈민가의 주민들은 해피 랜던의 계획에 열렬한 지지자가 되었다. 해피 랜던은 자신을 지지하는 사람들과 함께 또 한 번의 모험을 꿈꾸고 있다.

피터의 처방 41	피터의 전망 아무도 하지 않는 일에 뛰어들어라

'기회'처럼 순식간에 사라져버리는 것이 또 있을까? 기회는 두 번 찾아오는 일도 거의 없을뿐더러 아예 찾아오지 않는 경우도 많다. 반대로 불행은 깨닫지도 못하는 사이에 우리 옆에 와 있다. 기회와 불행이 찾아왔을 때 그것을 알아차리는 것도 능력이다.

호랑이 나라에서 토끼를 잡으려면 눈을 부릅뜨고
호랑이를 경계해야 하지만,

호랑이를 잡는다면 토끼는 무시해도 된다.

−H. 스턴

1948년 레밍턴랜드Remington Rand(당시 타자기와 펀치카드 판독기 제조 회사로 스패리랜드Sperry Rand, 스페리Sperry를 거쳐 현재의 유니시스−편집자주)는 유니박UNIVAC을 사들였다. 유니박은 존 모클리John Mauchly와 존 프레스퍼 에커트John Presper Eckert가 설계한 초대형 컴퓨터였다. 래밍턴랜드가 유니박을 사들일 당시 업계에 어떤 경쟁이 있었는지는 생략하기로 하자.

래밍턴랜드가 디지털 컴퓨터 시장의 잠재력을 모르는 바는 아니었지만, 유니박 역시 레밍턴랜드라는 대기업의 수많은 사업 영역 중 하나에 불과했다. 레밍턴랜드는 유니박 사업을 여타 사업과 똑같은 틀에 맞추기 위해 할 수 있는 모든 노력을 기울였다. 유니박에 똑같은 경영방식, 똑같은 홍보방식, 똑같은 고객 서비스 방식을 요구한 것이다. 최고의 회사로 인정받던 레밍턴랜드도 컴퓨터 시장은 기존의 시장과 전혀 다른, 완전히 새로운 산업 분야라는 사실을 알지 못했다.

레밍턴랜드가 불필요한 조직 재정비에 정신이 팔려 있는 동안 곤히 잠들어 있던 IBM이라는 기업이 기지개를 켜고 일어났다. 맨손으로 뛰어든 IBM은 1950년에 드디어 컴퓨터 시장을 완전히 장악해버렸다. 시장을 제대로 파악하지 못함으로써 레밍턴랜드가 입어야 했던 손실액은 포드가 에드셀의 실패로 떠안아야 했던 손실액이나 제너럴 다이내믹스General Dynamics가 콘베어 CV-880Convair CV-880(미국의 방위산업체 제너럴 다이내믹스 사의 군용기 제조 회사인 콘베어가 1959년에 제작한 민간수송기-편집자주) 때문에 입은 손해와는 비교도 할 수 없이 컸다.

피터의 처방 42	피터의 유효성 용기 내어 행동하라

이성적인 의사결정 과정은 명확한 사고로 이끈다. 아무리 소심한 성격의 사람이라도 생각을 명확히 정리하는 법은 누구나 배울 수 있다. 행동하지 않는 이성은 쓸모가 없다. 무엇을 해야 할지 알았다면 그 목표를 달성하기 위해 가지고 있는 모든 에너지를 쏟아부어야 한다. 나의 현재 위치를 알고 내가 앞으로 가야 할 길을 안다면 나를 가로막을 수 있는 것은 어디에도 없다. 두려움도 의심도 비웃음도 나의 여정을 막아설 순 없다. 올바른 방향을 선택하라. 그러면 시작이 다소 미미해도 언젠가는 목적지에 도착한다.

> 성공하는 사람은 결코 기회의 부족을 탓하지 않는다.
> -R. W. 에머슨

삶의 목표를 정하는 데는 어떤 노력을 기울여도 아깝지 않다. 미래의 모습을 그리고, 그것이 진정으로 내가 원하는 그림인지 생각하라. 그림을 그릴 때는 스스로를 속여서도 안 되고 나의 현재를 미화해서도 안 된다. 있는 그대로의 나를 그려라. 이 과정은 보다 나은 삶의 청사진이자, 최종 승진 증후군으로부터 나를 보호해주는 방패막이 될 것이다.

15장

사람 보는 눈을
길러라

소위 추론이라는 것은 지금까지 믿어온 것을 계속 믿기 위해

그를 뒷받침하는 논거를 찾는 과정이다.

-J. H. 로빈슨

고금을 막론하고 인간은 주술적인 방법을 동원해서라도 미래를 보고 싶어 해왔다. 그런 비이성적인 방법으로는 미래를 예견할 수 없음을 알면서도 우리는 여전히 미신에 집착한다. 수정구슬, 손금, 별자리, 타로카드로 본 점괘가 어쩌다 맞아떨어지기라도 하면 미신에 대한 믿음은 한층 단단해진다. 하지만 미신이나 마법으로 미래를 내다보는 것은 거의 불가능한 일이다. 그보다는 과학적인 예측법이 훨씬 믿을 만하다.

모든 과학은 인과관계를 중시한다. 과학의 발전에 힘입어 우리는 어떤 행위의 결과를 예측할 수 있게 되었고 나아가 미래를 통제할 수 있게 되었다. 진정한 과학은 객관적인 현실을 있는 그대로 볼 줄 아는 눈에서 출발한다. 그런데 주관이나 개인적인 소망, 근거 없는 이론에서 비롯된 생각들이 사회과학의 탈을 쓰고 있다. 사회과학도 물리과학처럼 정확하게 관찰하면 할수록 결과를 정확하게 예측할 수 있다. 마찬가지로 어떤 사람의 행동을 객관적으로 관찰하는 것은 그 사람의 미래를 예측하는 가장 좋은 방법이 된다. 이 장에서 소개할 피터의 처방은 모두 과학적 접근법에 토대를 두고 있다. 오늘의 결정이 내 미래에 어떤 영향을 미칠까? 미래를 위해 올바른 결정을 내리려면 어떻게 해야 할까?

피터의 처방 43	피터의 확률 주관에 의지하지 마라

결정하지 않기로 결정하는 것도 결정이다. 이 직원을 승진시킬지 말지 결정할 때, 이 지원자를 고용할지 말지 결정할 때, 이 임원을 전근 보낼지 말지 결정할 때, 이 결정이 가져올 결과를 미리 알 수 있다면 얼마나 좋을까? 알 수 없는 미래에 대한 불안감을 떨쳐버리기 위해서는 옳은 결정을 내릴 확률을 끌어올리는

수밖에 없다.

> 생각이란 그 결과가 드러나기 전까지는 꿈에 불과하다.
>
> -W. 셰익스피어

엑셀시어 로프 사의 유능한 경영자 시클리어리는 아끼던 직원 비라이트의 사직으로 고민에 빠졌다. 다른 사람이 그 공백을 메우기란 힘들 거라는 생각이 들었다. 비라이트는 창조적인 리더십으로 회사에 크게 기여한 직원이었다. 비라이트의 후임자는 또 그만의 방식으로 회사에 기여해야 한다고 시클리어리는 생각했다. 그래서 그는 민권문제에 관심이 있는 뉴먼을 후임자로 임명했다. 뉴먼은 엑셀시어시의 소수 노동자들에게 고용 기회를 제공함으로써 회사의 사회참여를 유도했다. 시클리어리를 비롯한 임원진은 뉴먼이 보여준 새로운 가능성에 높은 점수를 주었다. 뉴먼이 변화하는 사회적 환경에 적응하는 방법을 제시한 것이다.

퍼펙트퓨터 프로펠러 사의 총지배인인 매그너스 포그도 해외영업을 담당하던 디셀러의 빈자리를 당장 메워야 하는 상황에 놓였다. 포그는 엑셀시어시 담당 영업부장인 슬림 피컨스를 해외 영업부장으로 승진시켰다. 그러면서 "디셀러가 그동안 일을 아주 잘 해주었으니 딱 그만큼만 해달라."고 말했다. 그 결과 슬림은 '디셀러라면 이런 상황에 어떻게 대처했을까'를 생각하느라 업무 시간의 반을 흘려보냈고, 이미 부적절하다고 혹은 쓸모없다고 판명된 디셀러의 방식을 되풀이하면서 나머지 반을 보냈다.

피터의 처방 44

피터의 세부사항
승진 후보자에게 할 일을 명확하게 설명하라

가축을 기르는 사람과 야구공을 받는 포수는 서로 다른 기술과 재능과 적성을 갖고 있어야 한다. 이는 마케터와 건설 엔지니어에게도 해당되고, 영업사원과 영업부장에게도 해당된다. 직업만 알아서는 그 사람이 무슨 일을 하는지 정확히 알 수는 없다. 심지어는 직함이 똑같아도 회사마다, 부서마다 실제로 하는 일도 다르고 기대 수준도 다르다.

사라 벨럼은 엑셀시어 속기학교의 교장이다. 새로 생긴 교육담당직에 누가 적당할까 고민하던 그녀는 가장 실력이 좋은 소피 터치와 게더 크루즈 두 명으로 후보자의 범위를 좁혔다. 학생들은 소피 터치의 자유로운 수업 분위기를 좋아했다. 그녀의 수업시간에는 관심 있는 주제를 놓고 자유롭게 토론을 할 수 있었다. 그녀는 되도록 학생들이 주체가 되어 수업을 이끌어나가도록 놔두었다. 반면 게더 크루즈는 엄격한 규칙을 정해놓고 학생들을 거기에 맞추었다. 덕분에 크루즈가 맡은 반 학생들은 다른 반에 비해 속기 성적이 월등히 높았다. 하지만 사라 벨럼이 학생들을 상대로 실시한 교사 인기도 설문에서는 소피 터치가 압도적인 차이로 1위를 차지했다. 교육 담당직에 앉히기에 소피는 너무 물렁물렁하고 자유로웠다. 인기 면에서는 유능할지 몰라도 관리자로서는 무능했던 것이다.

> 오, 신은 우리에게 얼마나 놀라운 능력을 주었는가.
> 다른 이의 시선으로 우리 자신을 볼 수 있는 능력을!
> —R. 번스

머큐리 일회용품 회사의 사장인 비해스티는 회사 규모가 급속히 확장됨에 따라 마케팅 상무 자리를 새로 만들기로 했다. 당장 적당한 사람을 골라야 한다는 생각에 마음이 급해진 비해스티의 눈에 들어온 사람은 마케팅부에서 성실히 일하기로 소문난 오슬로 러너였다. 비해스티는 오슬로를 상무로 임명하면서 '이제야 짐을 덜었다'고 생각했다. 하지만 오슬로는 성실한 직원이 꼭 유능한 직원은 아니라는 사실을 곧 증명해 보였다. 비해스티는 무능한 사람을 상무 자리에 앉힌 실수를 무마하기 위해서 필요 없는 자리를 또 새로 만들었다. 마케팅 담당 상무보가 그것이었다. "정말 중요한 자릴세. 지금 당장 이 일을 할 사람이 필요해." 비해스티는 이렇게 둘러대며 오슬로를 상무보로 재임명했다. 그리고 아무것도 모르는 또 다른 희생자 하나가 무능의 단계로 인도되었다.

피터의 처방 45

피터의 증명
입어보고 사라

목표를 정했다면 그 목표를 달성하는 데 필요한 여러 가지 방법들을 시험해보고 그중 최고를 찾아라.

스탠 도피시는 엑셀시어시의 도로에 횡단보도, 차선 등을 그리는 일을 한다. 그는 선을 그려야 할 도로의 상태를 자세히 적어서 도로 도색업자에게 보낸다. 그런 다음 도색업자가 추천한 페인트를 소량씩 구입해서 도로 위에 시험 삼아 선을 그려보고 그중 가장 적당한 페인트를 대량으로 주문한다. 그래서 실제로 일을 할 때 페인트 때문에 낭패를 보는 일이 없다.

프랜시스 게이는 엑셀시어에서 가장 잘나가는 헤어숍의 원장이었다. 입김 센 여자들 몇 명을 단골로 만든 뒤로 사업이 번창해서 2호점을 열게 되었다. 2호점 관리자 플럼이 가게 운영을 잘해서 얼마 뒤엔 3호점을 낼 계획까지 세우게 되었다. 그러려면 일단 3호점 관리를 맡을 사람이 필요했다. 후보 중 하나인 마르셀은 능력은 있지만 나이든 여자들에게만 인기가 있는 편이었고, 부팡은 손님을 다루는 기술이 능숙했지만 헤어숍이라는 업계에 안 맞게 붕 뜬 머리 모양을 고수한다는 게 문제였다. 고심 끝에 그는 시크를 3호점의 관리자로 점찍었다. 시크는 창의적인 데다 세련되고 외모까지 준수했다. 게이가 당장 시크를 관리자로 임명하자고 말하자 플럼이 좀 더 신중하게 생각해보자며 만류했다. 플럼이 말했다. "제가 곧 휴가를 떠나니까, 제가 없는 동안 시험 삼아서 시크에게 2호점을 맡아보라고 하시면 어때요?"

그렇게 해서 시크가 2호점을 3주간 임시로 관리하게 되었다. 시크는 기회가 주어진 것에 뛸 듯이 기뻐하며 자신감을 내비쳤다. 플럼이 간략하게 업무를 인계하고 휴가를 떠났다. 그리고 첫 번째 날, 시크는 일상적인 문제로 플럼에게 열두 번이나 전화를 걸었다. 두 번째 날에도 시크는 플럼에게 전화를 걸어 헤어숍 운영에 관해서 잡다한 불평을 늘어놓았다. 그렇게 무려 2주 동안이나 시크는 플럼의 시간을 전세라도 낸 양 직원들 흉을 보고 헤어숍 운영에 관련된 사소한 문제들을 물어보고 책임감이 무겁다고 하소연을 했다. 그런 행동은 관리자에게 반드시 필요한 강한 의지가 본인에겐 없음을 증명하는 것과 같다. 시크는 문제가 생기면 그것을 해결하려 하지 않고 불평만 하는 사람이었다. 물론 3주라는 시간은 한 사람의 잠재력을 모두 파악하기에 부족한 시간일 수 있다. 그러나 이전까지 숨겨져 있었던 시크의 무능함을 발견하기에 3주라는 시간은 충분했다.

> 우리는 무지를 정리하고 분류한 다음 그것을 일부 떼어다가
> 지식이라는 이름을 붙여준다.
> −A. 비어스

　능력을 발휘할 기회는 누구에게나 찾아오지만, 그 기회를 제대로 이용할 줄 아는 사람은 별로 없다. 남자는 능력 있는 애인을 무능한 아내의 위치로 끌어내린다. 애인이 아내로서 집안일, 가정경제 관리 외에도 여러 가지 머리 아픈 일들에 현명하게 대처할 수 있을지 시험해볼 기회가 없었기 때문이다. 이는 여자도 마찬가지다. 여자도 능력 있는 애인을 무능한 남편의 자리에 앉힌다. 역시 애인이 미래에 어떤 남편이 될지 시험해보지 못한 탓이다.

피터의 처방 46 | **피터의 예비시험**
몰래 예비시험을 실시하라

위계조직에서 승진을 취소하기란 쉽지 않다. 번복은 관리자로서의 자질 의혹과 책임의 문제를 불러오기 때문이다. 직원을 승진시키기 전에 그가 앞으로 일을 얼마나 잘할 것인지를 몰래 시

험해보는 것이 좋다.

　엑셀시어시 교육감인 벤 피셸은 누구를 새로 생기는 초등학교의 교장으로 추천해야 할지 고민하고 있었다. 최종 후보가 두 명으로 추려졌다. 둘 다 행정학 석사과정을 마친 능력 있는 교사였다. 피셸은 두 사람을 불러서 따로 면접을 실시했다. 둘의 교육철학과 교육에 임하는 태도를 알아보기 위해서였다. 그레이스 러브조이와 레드 휘텐블루는 "교육이 사회의 가치관에 영향을 미친다." 혹은 "학교는 사회를 이루는 가장 기본적인 구성 단위로서 민주적인 절차의 모범을 보여야 한다."와 같이 틀에 박힌 대답을 하며 학생들에 대한 사랑과 학부모에 대한 공경을 강조했다. 이 정도로는 두 후보자의 차이를 가늠할 수가 없었다.

　그래서 벤 피셸은 두 교사 앞에 한 다발의 메모와 편지를 꺼내 놓으며 이렇게 말했다. "행정상의 새로운 절차들을 혼자 다 처리하기가 벅차군요. 각 학교 교장들이 지난주에 내게 보내온 학부모 항의서입니다. 저 좀 도와주시겠습니까? 훑어보시고 각각 의견을 내주세요." 그가 첫 번째 편지를 두 사람에게 건넸다.

　친애하는 교장 선생님께

　안녕하십니까. 저는 엑셀시어 바디숍을 운영하는 오토 후드입니다. 불공정 거래 때문에 요즘은 장사도 통 안 됩니다. 다름이 아니라 제 아들 마이크가 어제 담임선생님께 회초리를 맞고

왔더군요. 복도에서 길을 비켜주지 않는 친구들을 때렸다고 말이죠.

저는 성실하게 세금을 납부하는 평범한 시민입니다. 하지만 저는 마이크를 교육해달라고 세금을 내는 것이지 때려달라고 세금을 내는 게 아닙니다. 마이크가 왜 친구들을 때렸는지 모르겠지만, 종종 그런 일이 있을 때마다 제가 따끔하게 혼을 내주었습니다. 친구들을 때릴 엄두도 못 낼 정도로 그동안 제가 호되게 혼내고 타일렀다고 생각합니다.

저는 교육학을 배우지 못한 사람이라 아이를 때려서 훈계하지만 선생님들은 좀 달라야 하는 것 아닌가요? 심리학을 적용해서 아이를 다뤄야 하지 않느냐는 말입니다. 저는 대학 문턱도 밟아본 적이 없어 교육심리학 같은 건 모릅니다. 그런데 배웠다는 분들도 저랑 똑같이 아이를 때리신다면 도대체 교사 연수과정 같은 게 왜 필요합니까?

– 오토 후드 드림

그레이스 러브조이는 편지를 읽고 이렇게 대답했다. "교육감님, 저라면 후드씨께 전화를 해서 직접 만나자고 말씀드리겠습니다. 사업이 잘 안 되는 데 대해서 위로의 말씀을 먼저 드리고 마이크 문제에 대해 집중적으로 대화를 나눠보겠습니다. 마이크가 원한다면 학교에서 제공하는 상담이나 심리치료를 받게 하겠다고 말씀드리겠습니다."

피셸은 러브조이에게 왜 체벌에 관한 얘기는 꺼내지 않느냐고 물었다. 그러자 그녀가 대답했다. "학부모께서 얘기하지 않으시면 저도 굳이 그 얘길 꺼내지 않겠습니다. 제 생각엔 아들의 행동에 대한 실망감을 그런 식으로 표현하신 것 같거든요. 이건 아들을 도와달라고 호소하기 위해 쓰신 편지라고 생각합니다." 반면 레드 휘텐블루는 이렇게 답했다. "요즘 학부모들이 문제입니다. 자기들이 교육에 대해서 뭘 압니까? 자기 아들 하나 건사하지 못하면서 훈육을 위해 매를 든 학교와 교사에게 모든 잘못을 덮어씌우다니요." 피셸이 그럼 이 편지에 대해 어떻게 대응하겠느냐고 묻자 그가 답했다. "후드씨에게 답장을 보내겠습니다. 교육법 402조 D항 6번을 들어 교사의 정당성을 입증해야지요. '교사는 현명한 학부모의 훈육방식을 차용할 수 있다'고 되어 있지 않습니까. 그러면 후드씨도 자기 잘못을 알게 될 겁니다."

다음 편지들을 차례차례 읽고 대답하는 과정에서 러브조이는 매번 이해를 바탕으로 건전한 교육적 해결책을 내놓았고 휘텐블루는 적대감이 깔린 비생산적인 해결책을 내놓았다. 이 면접을 통해 피셸은 그레이스 러브조이가 교장으로서 어떤 행동을 보여줄지 충분히 짐작할 수 있게 되었다. 결국 그레이스 러브조이가 엑셀시어 서부 초등학교의 교장으로 임명되었다. 현재 그녀는 지역사회뿐만 아니라 교사들과 학생들의 사랑과 존경을 받고 있다.

일부를 가지고 전체를 판단할 수도 있다.
－M. 데 세르반테스 사아베드라

'피터의 예비시험'을 적용해 볼 수 있는 기회는 많다. 피셸 교육감처럼 업무가 너무 많으니 좀 도와달라고 부탁하는 척할 수도 있고 문제를 내고 그에 대한 대답을 들어볼 수도 있다. 이 과정을 통해서 어떤 직원을 새로운 자리에 앉혔을 때 그가 어떤 행동을 보일지 짐작할 수 있다.

피터의 처방 47	피터의 역할극 미래를 가상으로 현실화하라

역할극은 나 자신을 객관적 시선으로 보게 한다. 어떤 사람이 역할극에서 보여주는 행동 양식은 곧 그의 미래의 행동 양식과 일치한다. 집단역학, 사회극, 심리극이 모두 역할극에 해당한다. 대본 없이 역할만 주어지는 역할극에서는 대부분의 사람들이 현실에서 행동하는 그대로의 모습을 보여준다. 이 가상현실 작업을 통해서 효과를 톡톡히 본 기업이 많다. 회사는 모든 사람

이 게임에 가담할 수 있는 곳이기 때문에 역할극이 가장 효과적으로 활용될 수 있다.

가방의 상표에 집착하지 마라.
-T. 풀러

참가자들은 차례로 역할을 바꿔가며 극에 임한다. 관리자가 되어 소심하고 요구사항이 많고 불만이 가득하며 빈말을 잘하는 직원을 다뤄야 할 때도 있고, 경솔하고 변덕스러운 상사 역할을 맡을 때도 있다.

이 역할극은 한 개인이 현실에 대응하는 방식을 여과 없이 드러내준다. 서로 역할을 바꿔가며 다양한 상황을 접하게 되기 때문에, 이 역할극에 참여했던 참가자들의 업무 수행도도 월등히 높아진다. 참가자들은 공격적인 경쟁자를 상대해야 하는 책임자도 되어보고, 직원에게 많은 것을 요구하는 사장도 되어보고, 까다로운 고객도 되어보고, 무책임한 직원도 되어본다.

이 과정을 통해서 참가자 각자가 현실에서 어떻게 대응할지를 미루어 짐작할 수 있다.

피터의 시범
임시 승진을 시켜라

제자리에서 일을 잘하고 있던 직원을 무능의 단계로 올려놓는 것만큼 비극적인 실수는 없다. 뒤늦게 승진을 취소할 수도 없는 일 아닌가. 이런 상황에 임시 승진이 도움이 될 수 있다. 공석이 생기면 직원들에게 임시 승진을 제의하라. 해당 직책의 기준과 목표를 상세히 설명해준 후에 임시 승진을 실시한다. 이 임시 기간 동안 해당 직책을 맡은 직원이 만족감이나 좌절 등 자기 감정을 솔직하게 표현할 수 있도록 배려한다. 임시 기간이 끝날 때쯤 되면 그가 승진에 적합한 인물인지 아니면 원래 자리로 돌아가야 할 인물인지 현실적으로 평가하고 결정할 수 있을 것이다. 이 처방은 사람의 가치를 중요시하는 건강한 조직에서만 활용 가능하다. 타성에 젖어 무조건적인 상승만을 중시하는 조직에서는 이 처방이 효과를 발휘할 수 없다.

신중함은 게으름과 다르다.

– 에클레시아스티쿠스

승진 후보자에게 새로운 업무에 필요한 자질을 훈련시키면 그를 능력 있는 승진자로 얼마든지 만들 수 있다.

영업사원이 영업부장으로 승진했을 때에는 완전히 새로운 기술과 태도를 몸에 익혀야만 한다. 영업부장이라는 자리는 영업 지역을 정한다거나 캠페인을 추진한다거나 기록 체계를 정립하는 것과 같이 추상적이고 상징적인 문제들을 해결해야 하는 자리다. 또 관리자로서 직원들의 능력을 끌어내 만족스러운 결과를 내야 한다. 자기 일은 완벽하게 해냈던 사람이라도 갑자기 사람을 관리하는 자리에 오르면 큰 어려움을 겪게 마련이다.

기술적인 문제들을 탁월하게 해결해서 좋은 인상을 남겼던 유능한 기술자가 관리자의 자리에 오르면 성급하고 위압적인 상사가 되는 경우를 흔히 보게 된다. 그래서 아무리 개인 업무 능력이 뛰어난 사람이라도 직원을 다루는 위치에 오르려면 새로운 기술을 익혀야 한다.

영업사원이나 기술자 등 본인 업무에만 충실하면 되었던 사람들을 유능한 관리자로 변신시키려면, 먼저 그에게 새로운 업무와 그 직책에 필요한 자질, 성공의 기준을 확실히 설명해주는 단계가 반드시 필요하다. 그래야 그도 목표를 설정하고 결과를 평가할 수 있다. 사람들은 '승진' 하면 특권이나 돈을 떠올리고 권위와 지위를 보장하는 기회쯤으로 여기는 경향이 있다. 이런 잘못된 생각을 바로잡기 위해서 승진 후보자는 기존에 해왔던 일과 유능한 관리자로서 해야 할 일이 얼마나 다른지를 직시해야 한다.

> 세상을 더욱 인도적이고 이성적으로 만드는 것은 진보다.
> 진보는 우리가 들이댈 수 있는 유일한 잣대다.
> -W. 리프먼

관리자는 자기에게 주어진 업무를 완벽하게 해내는 것만으로는 회사에 기여할 수 없다. 부하직원들을 독려하고 융화시키고 그들을 이끌고 공통의 목표를 향해 나아가야 한다. 이 과정을 통해 만족스러운 결과를 만들어내야 한다. 관리자에게 필요한 태도와 자질이 무엇인지 승진 후보자와 함께 논의하라. 성공의 확률을 높여주는 열쇠가 될 것이다. 이 과정에서 관리자로 최종 발탁되는 사람도 있을 것이고, 승진의 꿈이 무산되는 사람도 있을 것이다. 어쨌거나 두 경우 모두 무능의 단계에 오르지 않고 미래를 맞이할 수 있다.

피터의 처방
50

피터의 인식
세 번째 귀로 들어라

면접은 회사에서 인재를 채용할 때나 기존의 직원을 승진시킬 때 가장 선호하는 방식이다.

'고용상태 U$_{Hiring\ Situation\ U}$'는 어디에도 고용되지 않은 지원자가 일자리를 찾고 있는 경우를 말한다. 이 경우 지원자는 구직 상태에서 적당한 곳에 고용된 상태로 올라가기를 원한다. 이때 '적당한 곳'의 기준은 주관적이다. 따라서 지원자는 일자리를 얻게 되어도 그것이 자기가 생각하는 '적당한 일'의 기준에 미치지 못하면 고용 전보다 상황이 좋아졌다고 생각하지 않는다. 그래서 때로 경영자는 직원을 고용할 때 지원자의 '절실 지수$_{Desperation\ Quotient}$'를 재빠르게 파악해야 한다.

'고용상태 E$_{Hiring\ Situation\ E}$'는 이미 직장에 다니고 있는 지원자가 자기 조직 내에서 승진을 하려고 하거나(위계조직 내 승진) 기존의 조직에서 다른 조직으로 이직하고자 하는 경우(위계조직 간 승진)를 일컫는다.

유능한 면접관은 회사의 기준을 정확히 적용하여 채용이나 승진에 적합한 지원자를 골라낸다. 면접은 지원자를 평가하는 데 아주 큰 영향을 미친다. 면접관들은 주로 지원자의 목소리나 외모를 통해 그가 회사에 어울리는 사람인지를 판단하는데, 바로 여기에 문제점이 있다. 지극히 주관적인 면접관의 의견에 따라 직원의 승진과 채용이 결정되는 것이다. 따라서 앞서 소개했던 기술들이나 학문적·기술적 자질 검사, 추천서, 업무 기록, 병무 기록 등을 모두 생략하고 면접만으로 직원의 채용과 승진을 결정하는 것은 매우 무모한 짓이다.

> 눈에 보이는 것이 전부가 아니다.
> -T. 뱅크헤드

면접장은 극장의 축소판이라고 할 수 있다. '유능한 직원'의 역할을 맡아 열심히 공연을 선보이는 지원자들과 날카로운 시선으로 그들을 평가하는 면접관이 있기 때문이다.

미리 자기 역할을 연구해오는 똑똑한 지원자들도 있다. 이 회사가 생각하는 유능한 직원이란 어떤 직원인지를 정확히 파악하고 이상적인 직원의 역할을 완벽하게 수행한다. 면접이 진행되는 동안 면접관들이 해야 할 일은 연기를 하고 있는 지원자와 그렇지 않은 지원자를 구별하는 것이다. 하지만 지원자가 앞으로도 쭉 유능한 직원일지를 그 짧은 면접 시간 안에 판단하는 것은 불가능한 일이다. 심지어 그 지원자가 회사에서 원하는 바를 달성한 뒤에도 계속 능력을 발휘하겠다고 할지를 판단하는 것도 불가능하다. 지금부터 무능한 면접관과 유능한 면접관의 특징이 무엇인지 살펴보자.

무능한 면접관

무능의 단계에 있는 면접관은 지원자가 연기를 하고 있다는 사실을 알아채지 못한다. 가면을 진짜 얼굴로 착각한다. 그래서 면접이 시작된 지 얼마 지나지 않아서 마음에 드는 지원자와 그렇지 않은 지원자를 가려낸다.

시나일은 재고관리 담당자를 뽑기 위해 면접장에 들어섰다. 후보자는 스트롬 이미지와 닉 앨로던이었다. 시나일은 스트롬이 1930년대 초기에 이 회사를 세운 초대 회장 프레드 파운더와 상당히 닮았다고 생각했다. 닉 앨로던이 유능하고 경험 많은 지원자라는 걸 알면서도 시나일은 스트롬을 재고관리 담당자로 채용했다. 무능한 면접관은 개인적인 선호도에 따라서 지원자를 평가한다. 이들에게는 신체적 매력, 종교, 인종, 정치적 성향, 말투, 나이, 성별에 대한 주관적 호감이 지원자의 객관적인 잠재력보다 더 중요한 판단 기준이 된다.

어느 화학제품 회사의 데오드란트 사업부에서 인사부장을 맡고 있는 업레이는 고객관리 담당자를 뽑는 면접에서 프랭크 네스를 최종 적임자로 결정했다. 프랭크의 정의롭고 솔직한 성격이 마음에 들어서였다. 그런데 고객관리 담당자로 임명된 프랭크 네스는 생각과는 달리 너무 자주 문제를 일으켰다. 기자에게 데오드란트 성분이 입속에 들어가면 신체에 매우 유해하니 스프레이 통 사용을 금지해야 한다고 말하는가 하면, 데이지 성분이 피부병을 유발하는지 아닌지 자기는 잘 모르겠다고 시인해버리기도 했다. 그러더니 '사장은 인체의 모든 기능을 억제해버리기 전까지는 만족을 못할 사람'이라고 말하기까지 했다. 얼마 전에는 엠포텐트 진정제 사업부 부장의 땀냄새가 너무 고약하다고 말했다가 빈축을 사기도 했다. 프랭크는 업레이가 임명한 자리에 앉기에는 지나치게 정직했다.

스투 피드는 엑셀시어 고등학교의 운동부 감독이었다. 야구부 코치를 뽑는 자리에 브래거가 찾아와 이렇게 말했다. "전에 있던 학교에서 선수 9명을 전부 제 손으로 골랐지요. 타격, 수비, 투구, 도루, 뭐 하나 빠지는 게 없는 팀으로 만들어놓았습니다. 승리한 경기는 거의 모두 제가 만든 거라고 볼 수 있죠." 야구부 코치가 된 브래거는 선수들의 능력을 계발하기보다는 과거에 자기가 잘나갔다는 너스레나 늘어놓으면서 시간을 보냈다.

유능한 면접관

그는 이미 지원자가 연극을 하고 있다는 것을 안다. 유능한 면접관은 가면 뒤에 숨겨진 진짜 얼굴을 보기 위해 노력한다. 앞에 앉아 있는 지원자의 밝고 깨끗한 모습은 어쩌면 이 면접을 위해서 술을 깨고 면도를 하고 목욕을 하고 옷을 세탁해 다림질을 한 결과일지도 모르는 것이다.

유능한 면접관은 판단을 미루고 우선 신중하게 지원자의 말을 듣는다. 두 귀로는 지원자가 하는 말의 내용을 듣고, 세 번째 귀로 지원자의 목소리를 듣는다. 저 사람은 자기 역할에 확신을 갖고 있는가, 아니면 불안과 무능을 감추기 위해서 일부러 점잔을 빼고 허풍을 떠는 것인가? 저렇게 떠는 것은 면접을 본 경험이 적기 때문인가, 아니면 절실 지수가 높다는 증거인가? 저 지원자의 포부는 무엇인가? 저 지원자가 우려하는 것은 무엇인가? 이 역할이 맞지 않는 것인가, 아니면 인터뷰 자체가 어색한 것인가?

심리테스트

심리테스트는 미래를 예견하는 수단으로 너무나도 많이 활용되고 오용되고 남용되었기 때문에 그 장점과 한계에 대해서 따로 설명할 필요가 없으리라 생각한다. 적성검사를 지지하는 사람들은 그것이 면접이나 업무 기록이나 추천서와 같은 주관적인 평가 기준을 완벽하게 대체해줄 것이라고 말하지만, 테스트라는 것 역시 주관적인 부분이 있음을 인정해야 한다. 심리테스트나 적성검사에도 출제자들의 개성과 편견이 개입될 수밖에 없다. 더구나 기존 피실험자의 실험 결과를 토대로 평가 기준이 설정되는 만큼 테스트 결과 역시 백퍼센트 객관적이라고 장

담할 수는 없다. 하지만 이런 검사가 비교적 객관적인 수단으로 의사결정 과정에 도움이 된다는 사실에는 누구도 이의를 제기할 수 없을 듯하다.

> 보이는 그대로인 것은 세상에 거의 없다.
> 크림의 탈을 쓴 탈지우유를 보라.
> —W. 길버트

인간의 행위를 예측하기란 매우 어렵다. 리더라는 위치는 사람의 운명을 바꿀 수도 있는 중요한 위치다. 따라서 리더는 상황에 따라 적절한 피터의 처방을 활용해야 한다. 리더가 무능의 단계에 도달하면 그 여파는 상상을 초월한다. 유능한 지원자가 채용되지 않고, 승진을 통해 무능의 단계에 도달하는 직원들이 늘어나고, 그로 인해서 자기와 맞지 않는 일을 떠맡게 되는 직원이 속출한다. 하지만 무능한 리더도 우연히 옳은 결정을 내릴 때가 있다. 침팬지가 타자기를 내려치다가 어쩌다 정확한 철자를 치게 되는 것과 비슷한 확률이지만 말이다.

16장

보상의 기술을
사용하라

변화시키고 싶다. 변화가 일어나는 것을 보고 싶다.

그리고 이제는 말로 그치고 싶지 않다.

-J. K. 갤브레이스

지금까지 우리는 목표를 정하고 이성적인 의사결정을 하며, 의사결정의 결과가 어떠할지를 예측하는 방법을 살펴보았다. 여기까지 잘 따라왔다면 이제는 보상을 활용해서 실질적인 행동의 변화를 가져오는 법을 정리할 차례다.

과거에 인간은 일용할 양식을 구하기 위해 일을 했다. 그때 노동에 대한 보상은 생존이었다. 노예들이 죽어라 일을 한 이유는 채찍질을 당하지 않기 위해서였다. 사회와 기술의 진보는 이 조건을 완전히 바꿔놓았다. 인간은 이제 더이상 매질을 피하기 위해서 혹은 굶주림을 벗어나기 위해서 일하지 않는다. 현대인들이 노동에 대한 보상으로 얻고자 하는 것은 과거에 비해 훨씬 인간적이고 미묘한 그 무엇이다.

보상의 궁극적인 목적은 능력을 키우는 것이다. 만약 우리의 목표가 시민, 국가, 학교를 위계적 퇴보에서 구해내는 것이라면 모든 위계조직은 유능한 휴머나이트들로 채워질 것이다. 우리는 의욕과 책임감을 가진 유능한 시민, 직원, 관리자, 경영자가 되어야 한다. 보상의 기적을 만들어내기 전에 먼저 인간은 어떻게 의욕과 책임감이 넘치고 유능한 휴머나이트가 되는지를 이해하는 과정이 필요하다.

어떻게 유능한 사람으로 성장하는가 : 유아기

사랑을 받으며 자란 아이들에게는 뛰어난 능력과 다른 사람을 걱정하는 마음, 사랑을 주고받는 능력, 목표를 이루겠다는 강한 동기가 있다.

처음 세상에 태어난 후 몇 달 동안은 육체적인 편안함에서 만족이란 감정이 발생한다. 배가 고픈 아기는 울고 얼굴 표정을 일그러뜨리고 몸을 빳빳하게 굳히고 팔다리를 허우적거리면서 불만을 표현한다. 그러다 황급히 젖을 물려주면 그제야 울음을 멈추고 몸의 긴장을 풀고 찡그렸던 얼굴을 펴고 얼굴에 홍조를 띤 채로 깊고 편안한 숨을 쌕쌕 내쉰다.

영아들에게는 신체접촉도 만족감을 주는 큰 요소가 된다. 젖을 줄 때 아기를 두 팔로 감싸 안고 어루만져주는 행위는 아기의 만족감을 증대시킨다. 그래서 나중에는 엄마가 살짝 잡아주기만 해도 아기의 기분은 아주 좋아진다. 나를 안아주고 입맞춰주고 얼러주고 쓰다듬어주는 사람이 먹을 것을 준다. 이 음식과 접촉이라는 사회적 결합이 높은 만족감을 낳는다. 아기가 사회화 과정의 역사적인 첫걸음을 떼는 때가 바로 이때다.

음식과 신체접촉에 자연스레 따라오는 엄마의 목소리와 웃음, 웃는 얼굴, 칭찬에도 아기는 점차 긍정적인 반응을 보이기 시작한다. 처음에는 음식이나 신체접촉이 동반되어야 만족을 느끼던 아기들은 곧 엄마의 미소와 "우리 아기 잘 하네."라는 말만 들어도 큰 만족감을 느끼게 된다. 아기는 말을 할 때 꼭 안아주고 간지럼을 태워주고 비행기를 태워주는 아빠와 가족에게 반응을 보인다. 아기가 가족 외의 타인과 관계를 맺는 과정도 이와 동일하다. 이런 방식으로 아기는 사회적 승인을 내포하는 말과 표현들에 반응하는 법을 배운다.

신체적 능력이 발달하여 딸랑이를 손으로 잡을 수 있게 되면 어떤 물건을 자기 힘으로 다룰 수 있다는 데서 만족을 느끼기 시작한다. 손을 뻗어 인형이나 장난감을 잡고 그걸 만지면서 기쁨을 느끼는 것이다. 이런 행위를 통해서 아기는 뭔가를 자기 힘으로 다룰 수 있다는 기쁨 외에도 친숙한 물건이 주는 안정감도 느끼게 된다. 아기들이 어딜 가든 담요나 인형을 꼭 가지고 다니는 것은 다 이런 이유에서다. 처음에는 어떤 물건을 자기 마음대로 만지고 조종할 수 있다는 데서 기쁨을 느끼던 아기들은 점차 물건을 소유하고 모으는 데서 더 큰 만족을 느낀다. 걷는 법을 배우는 것도 아이에게 만족을 준다. 이때의 만족은 사회적 승인을 통해 배가 된다. 어떤 기술을 성공적으로 습득함으로써 아이는 자신감을 얻게 된다. 사회와 성공적으로 소통하는 경험은 아이의 행동을 강화하고 동기를 부여한다.

아이는 관찰을 통해서 혹은 직접적인 경험을 통해서 돈의 유용성을 깨닫는다. 돈을 내고 사탕이나 아이스크림을 사먹으면서 작은 동전 하나의 힘을 배우는 것이다. 돈만 내면 맛있는 것도 먹을 수 있고 장난감도 가질 수 있고 놀이공원에도 갈 수 있고 영화도 볼 수 있다. 이 원리는 비단 돈에만 국한되지 않는다. 포커 칩이나 우표, 옛날 동전 등 교환의 가치가 있는 것들은 무엇이든 만족을 주는 요소가 된다.

아이가 자라 주위 사람들과 관계를 맺게 되면서 사람들의 반응이 그 아이의 행위를 결정하는 매우 중요한 요소가 된다. 어떤 행동을 했을 때 사람들이 반응이 긍정적이었다면 그 행동은 강화된다. 반대로 어떤 행동을 했을 때 사람들의 반응이 부정적이었다면 아이는 그 행동을 앞으로는 하지 않으려 한다. 사람들의 반응을 얻지 못한 행동은 부지중에 사라져버린다. 이제 아이는 행위를 강화하는 요소가 따라와야 만족을 느낀다. 여기서 행위를 강화하는 요소란 먹을 것, 사회적 승인, 칭찬의 말, 갖고 싶었던 물건, 기술의 습득, 돈, 돈과 동등한 가치를 갖는 것들을 모두 포함한다.

어떻게 유능한 사람으로 성장하는가 : 아동기 이후

학교에서는 선생님의 칭찬, 친구들의 인정, 시험지 위의 동그라미, 선생님이 붙여주는 스티커, 성적 등이 행위를 강화하는 요소 즉 강화물이 된다.

등급도 자기 행위의 결과를 인식하게 해주는 요소다. 달리기에서 1등을 한 아이, 대회에서 떨어진 아이, 시험에서 1등을 한 아이, 10등을 한 아이, 꼴등을 한 아이가 모두 섞여 있는 교실에서는 배지나 메달, 복장, 1등 리본, 성적표 등이 등급을 상징하는 지표로서의 역할을 한다.

어떤 아이들은 자발적으로 자기 일을 체크하기 시작한다. 자기가 얼마나 일을 잘하고 있는지를 평가하고 스스로에게 칭찬을 해주거나 혼을 내주는 것이다. 어떤 일을 잘 해냈다고 스스로 결론을 내리면 그것은 외부의 강화만큼이나 큰 만족을 선사한다. 자기평가를 통해서 스스로의 행위를 강화하는 것은 특별한 능력이다. 이 능력은 선생님의 주목이나 지속적인 외부의 강화가 없어도 스스로 옳다고 생각하는 행동을 유지할 수 있게 한다. 자기평가는 최고 수준의 강화 수단으로서, 내재적 강화 intrinsic reinforcement 혹은 자기 동기부여self-motivation라고도 불린다. 자기평가를 통해 스스로의 행위를 강화하는 사람들을 두고 흔히 이렇게들 말한다. "그녀는 혼자서도 참 일을 잘해." "그 사람 자기 일은 늘 자기가 책임지지." "그는 자기 기준을 지키며 살아." 자기평가의 수준이 최고에 이르면 자신의 사회적·철학적 공식을 바탕으로 '이상적인 나'의 모습을 만들고 그 기준에 따라 자신의 행위를 평가한다. 이 추상적인 강화의 단계에 도달한 사람은 높은 이상에 걸맞은 행위만을 추구한다. 이 내면의 만족을 얻기 위해 외부의 고통을 감수하는 사람들도 있다.

만족 혹은 강화의 단계는 음식에서 시작하여 신체접촉, 말, 사회적 승인, 물질의 소유, 환경에 적응하고 기술을 습득하는 능력, 돈과 돈을 대체하는 다른 수단들, 결과의 인식, 자기평가의 순으로 발전한다. 모든 단계에는 이전 단계의 강화물이 포함된다. 다시 말해 강화의 단계가 발전했다는 것은 행위에 동기를 부여하는 강화물이 그만큼 늘었음을 의미한다. 이 강화의 발전 단계는 시간이 흐르면서 차근차근 오르게 되는 것이지, 어느 단계를 뛰어넘거나 생략할 수 없다. 자아를 형성해가는 상호의존적 발전 단계의 일부인 까닭이다. 위에 열거한 강화의 단계 하나하나는 완전한 인격체로 성장하는 데 모두 중요하다.

지금까지 설명한 발전 단계는 자신의 잠재능력을 최대치로 끌어올린 사람이 거치게 되는 이상적인 단계다. 자기만의 목표를 세우고 그 목표를 향해 꾸준히 전진하며 스스로를 평가하고 원하는 삶을 살기 위해 기꺼이 변화하는 사람은 위와 같은 절차를 거쳐 완전한 인격체로 성장한다.

나는 수년에 걸쳐 어린 학생 및 대학생들을 대상으로 다양한 강화 체계를 실험해왔다. 거기에서 그치지 않고 나는 산업체에서 효과를 거둘 수 있는 보상 체계에 관한 연구로 이어왔다. 지금부터 소개할 피터의 처방은 그 오랜 연구의 결실들이다.

피터의 처방 **51**	**피터의 페다고지** 잘한 일이 있을 때마다 칭찬하라

아이의 행위는 어른들의 관심에 의해 강화된다. 따라서 교사와 부모는 아이의 창의력과 자신감, 능력을 얼마든지 키워줄 수 있다. 아이가 공부를 열심히 하거나 친구들과 사이좋게 지내는 모습이 보일 때마다 칭찬하라. 아이가 하나의 완전한 인격체로 자라는 데 칭찬만큼 귀중한 것은 없다.

피터의 처방 52	피터의 짝 두 가지의 강화물을 짝지어라

'피터의 페다고지'가 제시한 양육법의 혜택을 받지 못한 사람에게는 지금 소개하는 처방이 큰 도움이 되리라 생각한다. 앞서 설명한 강화의 발전 단계를 이해했는가? 그렇다면 그 이해를 바탕으로 적절한 강화와 보상을 받지 못하며 살아온 사람들에게 효과적으로 적용할 수 있는 절차를 만들어보자.

대학교수로 재직할 때, 나는 나를 돕던 박사과정의 학생들이 당연히 스스로 연구하고 공부할 거라고 생각했다. 그런데 놀랍게도 자기가 한 일을 스스로 평가할 줄 아는 학생을 찾기가 하늘의 별 따기였다. 대학원생이라고는 하지만 뭐든 시키는 대로 하고 평가는 선생님한테 맡기라는 식의 교육을 수년간 받으며 자라온 아이들이었으니 어쩌면 당연한 결과였다. 나는 재교육을 통해서 학생들에게 자기평가 능력을 길러주기로 마음먹었다. 우선 학생들에게 프로젝트의 목표를 정해오라고 했다. 그런 다음 프로젝트 성공 기준을 나름대로 정하고, 체크해야 할 사항이 무엇인지 정리하고, 프로젝트의 수행도를 각 항목별로 평가해 오라고 시켰다. 그러고는 본인의 프로젝트를 본인의 기준에서 성실히 평가해온 학생들을 아낌없이 칭찬해주었다. 내 기준이 아니라 프로젝트를 자기 기준에서 스스로 평가해온 학생을 칭찬한 것이다. 자기평가 점수가 높든 낮든, 자기평가의 기준이 본인의 목적에 부합하기만 하면 아낌없이 칭찬해주고 좋은 학점을 주었다. 이 과정을 통해서 학생들은 내가 굳이 시키지 않아도 알아서 자기평가를 하는 사람이 되었다.

이 장의 맨 앞에서도 설명했듯이, 사람은 처음에 음식과 포옹에서 만족을 느끼다가 결과의 인식과 자기평가를 통해 만족을 얻는 단계로 발전한다. 이 자연적인 만족의 단계에서, 강화물을 짝짓는 것이 매우 중요한 역할을 담당한다. 엄마가 아기에게 끊임없이 이야기를 해주면서 젖을 물리면 그 목소리와 말투가 아기에게는 강한 강화물이 된다. 또 선생님이 칭찬과 함께 도장을 찍어주면 그 도장 역시 강력한 영향력을 발휘하는 강화물이 된다. 이렇게 두 가지의 강화물을 짝짓는 작업은 평생에 걸쳐 유용하게 활용된다. 사랑하는 사람에게 마음을 담은 편지와 함께 건네주는 꽃은 강화의 효과가 매우 크다. 그래서 꽃을 받은 사람은 나중에라도 꽃을 보면 행복한 기분을 느끼게 된다.

성공이 사람을 사치하게 하고 이기적이게 하고 자만하게 하여
완전히 망쳐버린다는 흔한 믿음은 틀렸다.
오히려 성공은 사람을 겸손하게 하고 관용하게 하고 친절하게 만든다.
실패야말로 인간을 잔인하고 모질게 만든다.
–W. S. 몸

로웰 스코어는 골프를 좋아하는 친구들과 함께 시간을 보내려고 골프 클럽에 가입했다. 그의 골프 실력은 하루가 다르게 향상되었고 친구들은 그의 놀라운 성적을 입이 마르게 칭찬했다. 여기서 우리는 친구들의 인정과 실력 상승이라는 두 가지 강화물이 짝지어진 것을 발견할 수 있다. 얼마간의 시간이 흐른 뒤 로웰은 혼자서도 골프 연습을 하기 시작했고 언젠가부터 흡족한 점수만으로도 친구들이 칭찬해주었을 때 느꼈던 만족을 느끼게 되었다. 어느새 로웰은 골프에 중독되었고 계속해서 실력을 향상시키고 싶다는 의욕으로 가슴이 벅찼다.

그린 앤드 바렛 사의 중앙사업부는 심각한 퇴보를 겪고 있었다. 직원들의 사기가 이미 떨어질 대로 떨어진 상태에서 벤 이피츠가 총책임자로 임명되어 왔다. 그가 보기에 팀장들이나 부장이나 모두 주어진 업무에 필요한 일들만 기계적으로 처리하고 있었다. 벤 이피츠는 우선 사업부의 전체적인 분위기부터 생기 있게 바꿔보기로 했다. 그는 팀장과 부장들을 따로 만나 문제가 무엇이고 원하는 게 무엇인지 물었다. 사람들을 일일이 만나 합리적인 목표를 정하고 업무 수행도를 평가할 기준을 세우느라 꽤 오랜 시간이 걸렸다. 직원들도 점점 힘을 내고 자기만의 목표와 기준을 정한 다음 자기평가를 하기 시작했다. 벤 이피츠는 그런 직원들을 차례로 만나 아낌없이 칭찬해주었다. 자기평가가 칭찬과 짝지어진 것이다. 거기에 더해 특권이 주어지는 경우도 있었다. 직원들은 자기평가 과정을 통해 만족을 느끼는 동시에 목표 달성을 위한 동기부여까지 받은 셈이었다. 벤 이피츠는 각 부서의 책임자들을 독려하여 그들이 데리고 있는 직원들에게도 똑같은 방식을 적용해보게끔 했다. 이 과정을 통해 벤 이피츠는 직원들에게 동기를 부여하고 소속감을 갖게 했다.

고마운 방해는 세상에 오로지 박수밖에 없다.
−A. 글래스고

직원들에게 동기를 부여하는 일에서 관리자가 할 수 있는 영역도 있고 할 수 없는 영역도 있다. 어린 시절의 기억, 일 외의 활동 등 업무 외적인 것들이 사기를 북돋우는 경우가 있는데, 이는 관리자가 개입할 수 있는 부분이 아니다. 그렇다 해도 역시 직원의 사기를 올리고 내릴 수 있는 가장 큰 영향력을 가진 사람은 관리자다. 관리자는 보상을 하거나 혹은 보상을 지연시킴으로써 업무 동기를 자극할 수 있다.

피터의 처방 53	피터의 지급 업무를 잘 수행했을 때 금전적인 보상을 하라

금전적인 보상은 매우 효과적인 동기부여의 수단이다. "금전적

인 보상은 매우 중요하며 능력에 따라 얻을 수 있어야 한다."라
는 사실을 기억하기 바란다. 아무리 일을 잘해도 금전적 보상이
주어질 가능성이 없다면 직원들은 동기부여를 받을 수가 없다.
특히 상사와 직원 간에 뿌리 깊은 불신이 존재하는 조직에서는
능력만 있으면 금전적 보상은 저절로 따라온다는 인식을 갖기
가 힘들다. 상사의 말에 무조건 복종하고 조직의 룰에 따르거나
상사의 친척이 아니면 금전적 보상을 기대하기 힘든 조직에서
일을 얼마나 잘했느냐는 중요하지 않다. 중요한 것은 상사의 눈
밖에 나지 않는 것뿐이다.

> 연봉은 존중과 깨달음에 대한 욕구를 채워주는, 그렇기 때문에
> 더욱 중요한 보상일 수밖에 없는 지위의 상징이다.
> —E. E. 로울러 3세

동기부여 수단으로서의 돈의 가치는 욕구에 따라 다르게 받
아들여진다. 여기서 욕구는 총 3단계로 나눌 수 있다. 우선 1단
계는 기본적인 생존에 대한 욕구로 육체적 건강과 안전에 대한
욕구가 여기에 속한다. 2단계는 사회적 욕구로 소통, 사랑, 깨달
음, 존중, 의미 있는 관계에 대한 욕구가 여기 속한다. 마지막 3
단계는 자아실현의 욕구로 창의성, 자치, 능력 계발의 욕구가 여
기 속한다.

이 욕구의 단계를 반드시 이해해야 한다. 사람들은 낮은 단계의 욕구가 충족되면 더이상 그 단계의 욕구에 집착하지 않는다. 대신 더 높은 단계의 욕구가 중요해진다. 그러므로 금전적인 보상의 효과를 높이려면 상대가 어느 단계의 욕구를 갖고 있는지부터 알아야 한다. 돈이 있으면 음식을 살 수도 있고 안전을 보장받을 수도 있고 다른 기본적 욕구를 해결할 수도 있다. 그런데 대부분의 사람들이 이 정도의 욕구는 비교적 쉽게 충족하며 살아간다. 따라서 1단계의 욕구 정도는 스스로 충족하며 사는 사람에게 1단계만큼의 금전적 보상만 주어진다면 동기부여 수단으로서의 가치가 전혀 없다고 할 수 있다.

> **피터의 처방 54**
> **피터의 승진**
> 승진이라는 보상을 할 때는 신중하라

유능함에 대한 보상으로 승진을 시키는 것은 일시적인 이득은 있을지 몰라도 결국 그를 무능의 단계에 올려놓는 결과를 낳고 만다. 마찬가지로 임금 인상 역시 일시적인 효과만 있을 뿐이다. 장기적으로 볼 때는 오히려 역효과만 나는 경우도 많다. 높은 임금을 받지만 무능한 기계공, 교사, 상인, 의사, 기술자, 관리자, 정치인 등이 그 예다. 돈만으로는 유능함을 창출할 수 없다.

다양한 분야의 전문가들이 포진한 조직이라면 복합적인 승진 사다리를 만드는 것이 좋다. 복합 승진 체계에서는 각 분야별로 그 안에서만 승진이 이루어진다. 그러니까 연구원이나 기술 전문가는 경영 관련 부서로 승진되지 않고 다른 방식으로 보상을 받게 되는 것이다. 전통적인 승진 체계에는 유연성이 부족하다. 하지만 보상의 효과를 높이려면 체계의 유연성은 필수다.

> 우리는 그에게 지나치게 많은 돈을 지급하고 있지만
> 그는 그걸 받을 만한 자격이 있다.
> -S. 골드윈

이지 고즈는 매우 유능한 영업사원이었다. 그러다 영업부장으로 승진하면서 무능의 단계에 도달하고 말았다. 영업부를 이끌어나갈 수 있는 능력이 아예 없는 것은 아니었지만 조직력이 너무 부족했다. 이지 고즈가 영업부장이 된 지 불과 6개월 만에 레디 에임이 정말 뛰어난 조직력과 리더십을 갖고 있는 것으로 드러났다. 레디 에임은 이 조직에서 겨우 2년 남짓 근무했을 뿐이었다. 레디 에임의 뛰어난 능력이 승진으로 보상을 받은 것은 이지 고즈가 은퇴를 한 직후, 그러니까 11년 후의 일이었다.

동기부여의 가치를 높이려면 보상은 손 내밀면 닿을 만큼 가까운 곳에 있는 것처럼 보여야 하고 능력과 비례하는 것처럼 여겨져야 하며 적절한 때에 주어져야 한다. 그러나 승진이 위의 세 가지 조건을 모두 만족시킬 때는 거의 우연의 일치에 불과한 경우가 대부분이다.

피터의 처방 55

피터의 환경
능력에 따라 업무 환경에 변화를 줘라

각각의 사회는 다양한 방식으로 구성원의 지위와 등급을 표시한다. 부족의 족장은 더 큰 바위에 앉는다든지 다른 이들과 구별되는 형태의 집을 짓는다든지 하는 방식으로 자신의 권력과 지위를 드러낸다. 한편 부족민들도 집의 외관이나 휘장, 침대의 높이, 족장이 사는 집과의 거리 등을 통해 지위를 표현할 수 있다.

현대사회의 위계조직도 이와 같은 방식으로 직원들의 지위를 매긴다. CEO의 사무실은 건물에서 가장 좋은 위치, 대개 꼭대기 층에 있다. 넓은 방에 두꺼운 카펫이 깔려 있고 큰 책상과 의자가 멋스럽게 들어앉아 있다.

위계의 아래층으로 내려갈수록 공간이 작아지고 사무기기의 품격이 떨어지고 카펫이 얇아진다. 기업, 공공기관, 학교 등 모든 위계조직은 유능한 구성원에게 양질의 편안한 환경을 제공함으로써 그 유능함을 강화할 수 있다. 능력 있는 기계공에게 작업대와 작업실을 직접 선택할 수 있게 하라. 그런 배려를 통해서 그의 능력을 높일 수 있다. 다음은 조직 내의 지위를 표현

해줄 수 있는 항목들이다.

- 사무실 문 유리에 이름 새겨 넣기
- 금판에 이름을 새겨 문에 걸기
- 천장까지 파티션 설치하기
- 사무실 및 창문의 크기
- 창문을 가리는 커튼이나 블라인드
- 바닥재 및 사무기기

기존의 비서 딸린 큰 사무실도 유능하고 야심 찬 직원에게 동기를 부여하는 수단이 될 수 있지만, '피터의 환경'을 적용하면 유능한 사원을 무능의 단계에 올려놓지 않고도 보다 점진적으로 능력에 보상할 수 있다.

어니스트 어필 부장은 업무 평가에서 소기의 목적을 완벽하게 달성했다는 평가를 받았다. 자기 사무실에 들어선 어필은 막 깔린 듯한 폭신한 카펫에 깜짝 놀랐다. 아무 말도 필요 없었다. 그는 회사가 자기의 능력을 인정해준 것임을 알았다. 발을 한 걸음 뗄 때마다 마음이 안정되고 자신감이 붙었다. 그리고 몇 달 뒤 계속 자기 자리에서 능력을 발휘해온 어필은 주차장에 차를 대다가 또 한 번 깜짝 놀랐다. 전용 주차 자리에 그의 이름이 떡하니 새겨져 있었던 것이다. 그 후로도 업무 평가가 이뤄질 때마다 그는 피터의 환경으로 능력을 인정받고 힘을 얻었다. 특히 회사의 경영에 관련된 중요한 결정에 기여했을 때는 최고의 보상, 임원진 세면실을 쓸 수 있는 열쇠를 받았다.

> 배열한 방식 외에 새로운 것은 없다.
>
> ─W. 듀랜트

전화기, 사무실 가구, 책상 세트, 책상용 명패, 증정용 펜, 재떨이, 의자, 예술품, 상패, 자격증 등으로 사무실을 꾸며라. 이 보상을 받은 직원은 향후 몇 년간은 자신의 능력을 꾸준히 유지할 것이다. 얼마간의 시간이 흐른 뒤 사무실 가구나 집기가 유행에 뒤떨어지게 되면 그때 새 것들로 모두 교체하라.

피터의 환경은 유능한 단계에 있는 직원에게 보상하는 강화의 수단이다. 그러나 때로 피터의 환경은 권고사직 절차에 역이용되기도 한다. 어떤 직원을 무능의 단계로 승진시켰음을 깨달은 경영주는 이제 그를 해고하려 하지만 그러자니 자신의 과실을 인정하는 것 같아 마음이 꺼림칙하다. 그래서 알아서 사직을 하도록 만들기로 결정한다. 월요일 아침, 사무실에 도착한 직원은 곧바로 회사의 메시지를 읽었다. 바닥에 늘 깔려 있던 카펫이 갑자기 사라져버린 것이다. 화요일 아침에는 사무실 문에 걸려 있던 명패가 사라진 것을 보았다. 그리고 마침내 금요일에는 책상이 흔적도 없이 사라졌다.

이 처방을 적용하는 데는 감각적이고 혁신적인 접근이 필요하다. 옛날에는 등급이나 지위와는 상관없이 모든 환경을 동일하게 조성하는 것이 효과적이라고 여겨졌다. 그러나 능력을 불문하고 모두에게 동일한 업무 환경을 제공하는 것은 직원 각자의 능력을 꾸준하게 유지하기 어렵게 한다.

피터의 처방 56 **피터의 성과**
성과에는 반드시 보상이 따라야 한다

유능한 직원이 자기 능력을 더욱 잘 발휘하려면 성과에 맞는 보상이 뒤따르는 환경을 조성해야 한다. 조직 구성원에게 보상이 얼마나 중요한지를 잘 모르는 경영자가 많다. 정해진 보상 체계에 따라 능력에 맞게 보상을 해주는 것은 직원의 사기를 높이는 중요한 강화 요소다.

> 기쁨은 모든 의무를 다 했을 때 비로소 주어진다.
>
> —R. 폴록

벨치파이어 로켓보트 사의 사장인 제이크 빌지워터는 최고경영진과의 회의를 거쳐 회사가 감당할 수 있는 한도 내에서 가장 공정하고 파격적인 보너스 제도를 만들었다. 그러나 야심차게 만든 보너스 제도는 큰 효과를 내지 못했다. 직원 모두가 회사 측의 농담쯤으로 받아들였기 때문이었다. 내가 직원들을 직접 만나 조사를 해본 결과, 직원들은 회사의 보너스 제도를 사장의 또 다른 편법 중 하나일 거라고 생각하고 있었다. 회사의 요직에 앉아 있는 일가친척 및 친구들에게 돈을 더 주기 위해서 사장이 고안해낸 수법이라고 생각했기 때문에 직원들은 그 보너스를 기대하며 일을 열심히 할 이유가 없었던 것이다.

피터의 처방 **57**	피터의 조건 유능함과 무능함 사이에 차별을 둬라

보상이 눈에 띌 만큼 파격적이어야 유능한 직원의 능력을 강화할 수 있다. 이는 연봉을 포함한 모든 보상 체계에 적용된다. 무능한 직원에게 5퍼센트 연봉 인상을 해주고 유능한 직원에게 10퍼센트 연봉 인상을 해주는 것은 아무 효과도 없다. 무능한 직원을 격려하는 차원이라고 해도 차별 없는 보상 체계는 결코 능력을 강화하는 동기부여 수단이 될 수 없다.

모두를 칭찬하는 사람은 아무도 칭찬하지 않는 것과 같다.

-S. 존슨

두 앤드 데어의 법인회사인 랩처 사의 대표 빅맨은 회사 내의 가장 유능한 직원들이 가장 무능한 직원들보다 최소 2배 정도의 성과를 올리고 있음을 알았다. 그래서 그는 '피터의 조건'을 참고하여 연봉을 세 가지 기준으로 나누어 지급하기로 했다. 첫 번째 기준은 각자에게 할당된 업무의 난이도였다. 다시 말해 같은 직위에서 같은 일을 하는 사람들은 똑같은 연봉을 받는 것이다. 두 번째 기준은 연공서열과 생계비였다. 여기에 해당하는 금액은 해마다 다시 정산하여 지급하기로 했다. 세 번째 기준은 이전 분기의 업무 수행도였다. 여기에 해당하는 금액은 맡은 일을 얼마나 잘 수행했는가에 따라 다르게 책정되었다.

이 연봉 체계에 따르면, 가장 무능한 직원은 세 번째 기준에 의해 책정되는 금액은 전혀 없고 반대로 가장 유능한 직원은 세 번째 기준에 의해 나머지 두 기준의 몫을 다 합친 것보다 더 많은 돈을 받을 수 있다. 빅맨은 이 새로운 제도를 통해 이전 분기 성과에 따라 연봉이 천차만별이 될 수 있음을 강조했다. 빅맨의 연봉 체계에서 보면 일을 잘하면 연봉을 많이 받고 일을 못하면 연봉을 적게 받는다. 랩처 사 직원들의 머릿속에 일을 잘하면 반드시 큰 보상이 주어진다는 생각이 각인되기 시작했다. 회사에 진짜 보상 체계가 존재한다는 사실을 인정하게 된 직원들은 어느 때보다도 열심히 능력을 발휘한다.

피터의 처방 **58**	**피터의 수익** 직원과 수익을 나누어 협동을 실천하라

모든 사람을 하나의 개인으로서 존중하고

그 누구도 우상화하지 마라.

−A. 아인슈타인

피터의 처방 **59**	**피터의 보호** 복리후생 제도를 활용하라

복리후생 제도는 직원들의 위신을 세워주고 안정감을 느끼게 해준다. 성과에 대한 보상으로 특별한 복지 혜택을 제공하는 것은 지위를 막론하고 모든 직원들에게 효과적인 동기부여 수단이 될 수 있다.

대부분의 경우 회사 리무진이나 한도 없는 접대비, 부부 동반 해외 출장, 스톡옵션, 클럽 멤버십 카드 같은 추가 복지 혜택을 임원진에게만 제공한다. 그리고는 임원진이 회사에 대한 소유권을 갖도록 해야 한다는 말로 정당화한다. 복리후생 혜택이 능력에 맞게 제공되면 탁월한 조직활성화 효과가 있음에도 불구하고 많은 경우 실패한다.

크게 만족하는 사람은 보수가 많은 사람이다.

-W. 셰익스피어

비이거가 와치 앤드 웨이테 사의 부지점장으로 발령받았다. 처음으로 회사의 중역에 발탁된 그는 역시 처음으로 경영진 인센티브 프로그램의 적용을 받게 되었다. 인센티브의 선택사항 중에는 회사주식 1만주도 포함되어 있었다. 비이거는 회사에 고마움과 신의를 표시하기 위해 적금을 깨고 은행 대출을 받아 주식 1만주를 샀다. 하지만 애석하게도 주식이 폭락하기 시작했다. 결국 그가 산 주식도 반토막이 되고 말았다.

이반 오스틴은 캘리포니아의 산타크루즈에서 뉴욕까지 출퇴근을 해야 하는 부담을 감수하고 승진 제의를 받아들였다. 덕분에 연봉은 인상되었지만 늘어난 생계비를 충당하자니 금세 바닥나버렸다. 회사 리무진이 나왔지만 그마저도 거의 타지 않았다. 리무진을 몰고 끔찍하게 막히는 시내도로를 지나는 건 길에다 시간을 뿌리는 짓이었다. 이반은 딱 일주일 만에 리무진을 포기하고 대신 통근열차와 더불어 시간 절약과 정신 건강을 택했다.

피터의 찬장
직원들이 직접 보상을 선택할 수 있게 하라

직원이 직접 보상을 고를 수 있도록 선택권을 주자는 생각은 보상전문가, 경영 컨설턴트, 행동과학자, 직원, 노조 지도자들 사이에서 폭넓은 지지를 받고 있다. 다양한 음식이 가득 들어있는 찬장이 있다면 자기가 원하는 음식을 골라서 먹고 만족감을 느낄 수 있을 것이다. 마찬가지로 연봉, 위신, 안정감, 자아실현 등 직원들이 원하는 보상 수단을 찬장에 가득 채워 넣고 원하는 대로 꺼낼 수 있게 해라.

> 지금이야말로 우리 모두가 스스로를 도울 때다.
>
> –F. 넬슨

가족을 부양하고 집을 사기 위해서 밤낮없이 일하는 삼십대 초반의 직원에게 스톡옵션이나 퇴직수당, 컨트리클럽 회원권을 보상 수단으로 제공하는 것은 적절하지 못하다. 당장 먹고사는 것이 문제인 그에게 지금 열거한 금전 이외의 보상 수단은 전혀 쓸모가 없는 것들이기 때문이다. 그런 보상 수단은 중년의 직원에게 제공하기에 적합한 것들이다. 찬장 안에 현금 보너스, 특별

휴가, 프로젝트를 고를 수 있는 기회, 창조적인 일을 할 수 있는 기회 등 다양한 선택권을 넣어라. '카페테리아 보상법' 혹은 '슈퍼마켓 보상법'이라고도 알려져 있는 '피터의 찬장'은 직원에게 선택권을 주어 정말 필요한 보상을 해줄 수 있다는 장점이 있다. 일하는 동안 여러 차례 원하는 보상 혜택을 선택할 수 있었던 직원은 그 배려에 힘을 얻어 즐거운 마음으로 최고의 능력을 발휘할 수 있게 된다.

피터의 처방 61	피터의 의도 직원의 목표를 파악하고 잘할 때는 칭찬하라

직원이 달성하고자 하는 목표가 무엇인지 확실하게 파악하고, 업무 수행도를 스스로 평가할 수 있도록 평가 기준을 제공하라.

투너빌 중앙철도에서 일하는 숙련된 휠태퍼wheel tapper(망치로 열차 바퀴를 두드리면서 바퀴의 완성도를 확인하던 직업으로 지금은 사라졌다-옮긴이주) 라이트 온에게 왜 바퀴 주위를 빙빙 돌고 있느냐고 물었다. 그러자 그가 대답했다. "모르겠는데요."

피터의 처방 62	피터의 참여 팀 프로젝트를 실시하라

도전할 만한 일, 뭔가를 성취할 수 있는 기회, 좋아하는 사람들과의 협업은 많은 사람들에게 가장 강력한 동기부여의 수단이 된다. 사실 개인의 업무 수행도는 현실적으로 측정하기 어려운 측면이 있다. 이런 경우에 그룹 수행도를 보상의 기준으로 삼는 것도 좋은 방법이다.

> 제멋대로 노를 젓는 선원은 결코 칭찬받지 못한다.
> −R. W. 에머슨

트로이 트랙터 사가 처음 조립라인을 설치했을 때만 해도 트랙터 생산에 굉장히 좋은 효과가 있었다. 하지만 최근 몇 년간 불량 트랙터 생산량이 부쩍 늘어 회사가 골머리를 앓고 있었다. 아무래도 직원들이 똑같은 일만 계속 반복하는 데 지친 모양이었다. 회사가 이 문제를 해결하기 위해 맨 먼저 택한 방법은 검사관의 수를 늘리는 것이었다. 그러나 시간이 지나자 역시 똑같은 일만 반복하는 데 지친 검사관들이 불량 트랙터에 승인 도장을 찍어주는 일이 생기기 시작했다. 이에 유능한 산업기사인 아이시 라이트가 조립라인을 재조직하고 여러 개의 팀을 꾸렸다. 그리고는 팀마다 주요 부품을 하나씩 맡아 조립하게 했다. 변속기 조립을 맡은 팀이 있는가 하면 전신장치 조립을 맡은 팀도 있었다. 보증기간 동안 불량이 접수되지 않으면 해당 부품을 조립한 팀에게는 보너스를 지급하기로 했다. 협업의 결과는 대성공이었다. 불량이 눈에 띄게 줄고 따분한 분위기도 사라졌다. 직원들은 본인이 생산과정과 결과에 직접적인 영향을 미쳤다는 생각에 몹시 뿌듯해했다.

피터의 처방 63	피터의 주도권 일의 주도권을 주어 능력을 강화하라

유능한 직원들 중에는 관료조직의 규범이나 제약 때문에 좌절하는 사람들이 많다. 좌절을 만족감으로 바꾸려면 어떻게 해야 할까? 정답은 유능한 직원에게 일의 주도권을 주는 것이다. 사람은 자기 일을 자기가 알아서 할 수 있을 때, 맡은 부서를 자기가 알아서 이끌어갈 수 있을 때 만족을 느낀다. 그래야 제도적 절차가 아닌 현실적 목적 그 자체에 온전히 집중할 수 있다.

개성은 세상 모든 좋은 것의 뿌리로서 보호되고 존중받아야 한다.

−J. 리처

관리자는 유능한 직원을 존중하고 그에게 맡은 일을 주도할 수 있는 자율권을 줘야 한다. '피터의 주도권'은 직원의 자아실현 욕구를 충족하고 자존감을 높이는 데 가장 효과적인 처방이다.

피터의 처방 64	**피터의 칭찬** 칭찬의 힘을 활용하라

관리란 조직을 만들고 사람을 채용하고 감독하고 결정하고 계획하고 협동하고 평가하고 통제하는 일련의 과정이다. 그러나 '관리'란 말을 정의할 때 가장 중요한 부분은 목표를 달성하게 해주는 사람들과 일을 함께하는 과정이다. 따라서 관리자는 공감 능력과 이해력, 호의, 친근함, 인정과 같은 감성을 반드시 지니고 있어야 한다. 누가 칭찬하는지도 중요하다. 우리는 신용하지 않는 누군가에게 칭찬을 받으면 그 사람이 무슨 꿍꿍이를 숨기고 있을 거라고 의심한다.

> 사람들은 자기가 칭찬을 싫어한다고 생각하지만
> 실은 칭찬하는 사람의 태도를 싫어하는 것뿐이다.
> −F. 라로슈푸코

　엠티 허트는 자기 권위와 지위를 매우 중요하게 생각하는 관리자다. 그는 늘 계획을 세우고 조직하고 명령하고 통제하는 데만 정신을 집중한다. 그에게 부하직원이란 지시사항을 수행하는 존재일 뿐이다. 한번은 관리자의 인간적인 측면을 강조하는 동료에게 이렇게 말하기도 했다. "사람 좋아봤자 꼴찌밖에 더 하나.”

어느 날 엠티 허트는 행동수정을 주제로 열린 세미나에 참석했다가 어떤 발표자의 연구 결과를 듣고 깊은 인상을 받았다. 그는 자기 뜻을 이루기 위해서라면 부하직원에게 고개를 숙일 때도 있어야 한다는 사실을 배웠다. 그 후로 2주 동안 그는 자기 지위를 더욱 탄탄하게 해줄 직원을 만나면 아낌없이 칭찬을 해주었다. 이에 직원들은 어안이 벙벙했다. 칭찬을 들은 직원들은 엠티 허트의 의도를 의심하고 동료들이 화를 내지나 않을까 그저 걱정할 뿐이었다.

> 정치에서도 악한 행동은 결국 악한 결과를 낳는다.
> 이는 물리학의 원리 혹은 화학의 원리만큼이나
> 명확한 자연의 원리라고 나는 믿는다.
> -J. 네루

프랭크 앤에이블은 직원에 대한 배려와 업무를 성공적으로 수행해야 하는 의무 사이에서 중심을 잘 잡는 관리자다. 그는 직원들의 편의와 복지에 늘 신경을 쓴다. 문제가 생기면 늘 직원들과 함께 해결하려고 애쓴다. 그런 그의 칭찬과 인정은 직원의 능력을 끌어올리는 강력한 강화물이 되어준다.

피터의 신망
서열별로 유능한 직원들과 직접 대화하라

신망 있는 사람과 관계 맺는 것을 싫어하는 사람은 아마 없을 것이다. 성공한 연예인이나 작가, 정치인 주변에 그의 손이라도 잡아보고 싶어 하는 사람들이 구름떼처럼 몰려 있는 것도 그런 이유에서다. 이는 회사에서도 마찬가지다. 최고경영자가 아는 척이라도 해주고 말이라도 걸어주면 그 자체가 직원들에게 엄청난 보상이 될 수 있다.

전통적인 위계조직은 의사가 서열에 따라 아래로 전달되는 구조였다. 다시 말해 아무리 유능한 직원이라도 자기보다 높은 사람과는 수직적인 의사소통을 할 수밖에 없었다. 이런 전통적 구조를 타파하면 서열 내에 승진이 잦아지고 능력 있는 직원에게 더 자주 보상이 주어질 것이다. 이렇게 순환하는 위계조직에서 자기 능력으로 각 서열의 최고 자리에 오른 사람들에게는 회사의 최고경영진과 더 가깝게 대화할 수 있는 자격을 부여하라. 유능한 직원으로 하여금 지금 있는 자리에서 능력을 최대한 발휘할 수 있게 하는 가장 효과적인 인센티브가 될 것이다.

전체는 부분의 총합보다 단순하다.

-W. 기브스

순환하는 위계조직에서는 최고경영진이 각 서열에서 가장 유능한 직원들을 직접 만나 의견을 나눈다. 이런 관행은 모든 서열의 능력을 끌어올리는 효과가 있다. 뿐만 아니라 최고경영진 입장에서는 가장 유능한 직원들의 직접적이고 현실적인 조언을 들을 수 있는 기회이기도 하다.

피터의 처방 66

피터의 격려
목표에 한 걸음씩 다가가도록 도와라

지금까지는 같은 목표를 가진 타인의 유능함에 보상하는 방법을 이야기했다. 관리자가 공통의 목표를 성취하는 데 기여한 직원에게 보상을 해주는 것은 윤리적으로 옳다. 그러나 지금 소개하려는 '피터의 격려'는 공통의 목표를 가진 사람들에게만 해당되는 처방이 아니다. 이 처방을 적용하기에 앞서 과연 내게 타인의 행동을 변화시킬 권리가 있는지를 한 번쯤은 고민해봐야 한다. 내가 이 피터의 격려를 적용한 대상은 발육이 늦거나 정신적으로 문제가 있거나 그 외의 치명적인 장애를 가진 이들이었다. 나는 혼자서 목표를 세울 수조차 없는 이들을 돕기 위해서 피터의 격려를 적용할 수밖에 없었다. 여기서 타인을 변화시킨 내 행위의 정당성을 찾는다.

행위는 또 다른 행위의 결과다. 따라서 체계적으로 얼마든지 개선시킬 수 있다. 어떤 행위에 즉시 강화가 뒤따르면 그 행위는 앞으로도 쭉 지속된다. 그런데 인간의 행위는 완전히 똑같이 반복되지는 않으므로 강화된 행동을 좀 더 목표에 맞게 수정하고 개선할 수 있다. 그러기 위해서는 인간 행위의 가변성을 이용하고 바람직한 행동만을 강화해주어야 한다.

> 세상에 변하지 않는 것은 없다. 모든 것이 변한다는 사실 외에는.
>
> -J. 스위프트

엑셀시어시에 있는 콘티키 보트 사의 회장 디비 존스가 자재부에 사위인 노아 카운트의 자리를 마련해주었다. 디비 존스 회장은 자재부 부장인 지니 유스에게 업무 교육을 부탁했다. 지니 유스가 노아 카운트에게 자재부 업무가 매우 벅찬 일이라는 것을 알게 되기까지는 그리 오랜 시간이 걸리지 않았다. 지니 유스는 인내심을 가지고 설명과 시범을 반복했다. 그래도 노아는 재고품의 개수를 틀리게 적는가 하면 항목에 맞게 재고품을 기록하지 않고 엉뚱한 칸에 적어 넣곤 했다. 그것도 뭐라고 썼는지 알아볼 수도 없을 정도로 휘갈겨 썼다. 이 문제를 어떻게 해결할까 고심하던 지니 유스는 노아가 허용 가능한 수준으로 업무를 처리할 수 있을 때까지 천천히 도와주기로 했다. 그는 노아가 반드시 해야 할 것부터 정리했다. 그리고 노아가 목표에

한 걸음 다가갈 때마다 진심 어린 칭찬을 해주었다. 노아가 글씨를 알아볼 수 있게 썼을 때에도 지니는 너무 깔끔하고 보기 좋다며 칭찬을 아끼지 않았다. 노아가 혼자서도 일 처리를 만족스럽게 할 때까지 지니는 노아의 잘한 행동을 강화해주기로 했다. 노아가 업무를 완벽히 처리할 수 있는 날이 오기만 한다면 지니는 그날이 언제가 됐건 끝까지 기다릴 자신이 있었다.

5부

더 깊은
'피터의 원리' 속으로

17장

새로운 형태의 오염이
번지고 있다

세상에는 난쟁이들에 의해 작동되는 거대한 기계가 딱 하나 있다.

바로 관료주의다.

—H. 드 발자크

앞으로, 위로, 그러다 어이쿠!

어떤 목표를 달성하지 못했을 때 사람들이 그 실패에 대처하는 초반의 방식 중 하나는 투입물을 늘리는 것이다. 돈을 더 많이 쏟아붓고 더 많은 인력을 끌어들이고 전보다 더 많은 양의 시간과 에너지를 분배한다.

과도한 야망의 덫

절대미각을 가진 인정받는 요리사 모이 걸은 아무도 모르는 차우더chowder(생선의 살과 조개 따위를 주로 하여 양파, 감자, 베이컨 등을 넣은 수프의 일종) 요리비법을 몇 가지 알고 있었다. 그는 번화가 부근에 있는 고풍스러운 건물에 작은 식당을 열었다. '모이 걸의 차우더 하우스'가 문을 연 날, 지역신문에 게재한 광고가 효과가 있었는지 가게는 문전성시를 이루었고 손님들은 모이의 요리를 침이 마르게 칭찬했다.

그로부터 6개월이 지난 뒤, 모이는 장사에 뛰어든 지난 몇 개월을 되짚어보았다. 모이는 단 하루도 빠지지 않고 아침이면 직접 가게 문을 열고 밤이 되면 직접 가게 문을 닫았다. 믿을 수 있는 납품업체로부터 신선한 조개와 생선을 사오는 일 또한 그의 몫이었다. 종류가 다양하지는 않아도 메뉴판에 적힌 음식의 맛과 질만큼은 어디 내놓아도 빠지지 않는다고 자부할 수 있었다. 아늑하고 편안한 분위기도 그가 자랑스럽게 여기는 요소 중 하나였다. 단골손님들은 그를 친구로 생각했다. 하루는 가게 문을 닫으려고 하는데 단골손님 중 하나인 몬티 카를로가 헐레벌떡 가게 안으로 뛰어 들어왔다. 그는 모이표 차우더를 먹고 싶어서 먼 거리를 쉬지 않고 달려왔는데 차가 막혀 이렇게 늦어버렸다고 볼멘소리를 했다. "어쩔 수 없지. 다음에 다시 오겠네." 그러자 모이가 그를 붙잡으며 말했다. "무슨 소리. 어서 들어와.

자네가 식사하는 동안 나는 청소를 하면 되지. 그래도 괜찮다면 어서 들어오라고. 빨리 만들어줄 테니." 모이의 친절에 몬티는 고맙다는 말을 몇 번이나 건넸다. 식당은 백퍼센트 모이의 통제 하에 있었다. 어떤 상황에서도 자기 판단에 따라 모든 일을 결정했다. 성취와 만족의 환희로 모이의 얼굴은 늘 홍조를 띠었다.

2주 후, 몬티 카를로가 천금 같은 소식을 들고 모이를 찾아왔다. 동네는 다르지만 목이 좋은 자리에 가게가 하나 있는데, 주인이 가게를 처분하려고 한다는 소식이었다. 몬티는 내부 시설과 소품까지 전부 싼 가격에 매입할 수 있을 거라며 직접 가서 확인해보라고 강하게 설득했다. 덕분에 모이는 분점을 열게 되었다. 모이는 아침에는 본점을, 저녁에는 분점을 직접 살피면 두 가게를 효율적으로 관리할 수 있을 거라고 생각했다.

동시에 두 개의 가게를 직접 돌볼 수 없는 상황에서 모이는 어떻게 대처했을까? 주방장과 직원들에게 일의 결정권을 주었을까? 절대 그렇지 않았다! 그는 규칙을 만들었다! 식재료 구입 규칙을 만들었으나 비상시에는 오히려 그 규칙 때문에 식재료를 구입할 수 없는 상황이 발생했다. 그는 이 문제를 비상시 대처방법에 대한 규칙을 또 만듦으로써 해결하고자 했다. 신속한 서비스와 폐점시간에 관한 규칙도 만들었다. 덕분에 몬티 카를로가 또 다시 폐점시간이 임박하여 가게를 찾았을 때, 이제는 옛날처럼 식사를 할 수 없었다. 모이는 가게 확장에 도움을 준이 친구의 갑작스런 방문에 퇴짜를 놓으면서 규칙 때문에 어쩔 수가 없다고, 규칙을 칼같이 지키는 것만이 가게를 운영할 수 있는 유일한 길이라고 설명했다. 이에 몬티는 지금 식사를 할 수 있느냐 없느냐는 중요하지 않다고 대답했다. 진짜 문제는 모이가 식당을 직접 돌볼 수 없어 서비스의 질이 떨어지고 음식 맛이 예전만 못하다는 사실이었다.

그 후 모이는 분점을 두 개나 더 냈다. 이제 직접 경영에 발 벗고 나서기에는 시간이 턱없이 부족했다. 그가 식당을 비우는 시간이 길어지면서 더 많은 문제가 빈번히 발생했다. 뜻밖의 사고에 대처하기 위해 모이가 선택한 방법은 규칙을 더 만드는 것이었다. 분점은 더 늘었고 이제 모이는 식당에 있을 시간이 전혀 없게 되었다. 분점은 모두 규칙에 따라 운영되었다. 식재료는 본사 사무실에서 주문하도록 했고 그 절차 역시 내규에 따라 진행되었다. 어느새 1호점은 나날이 커져가는 모이의 관료조직 내에서 규모가 가장 작은 곳이 되었다.

사실 직원 중 식당에서 일하는 사람은 4분의 1에 불과했다. 나머지는 규칙을 만들고 집행하는 사람들이었다. 모이 걸의 가게가 관료조직화한 데 따르는 부작용은 규칙을 만들고 지키는 것 그 이상이었다. 규칙과 형식과 복잡한 절차를 만드는 과정에서 모이는 자기 사업체를 직접 관리할 통제력을 잃었다. 통제력을 유지하고자 만든 규칙이 오히려 그의 통제력을 소멸시킨 것이다.

　모이 곁의 작은 음식점이 하나의 기업이 되면서 생겨난 문제들은 여기서 그치지 않았다. 그의 식당은 여느 프랜차이즈 식당들과 똑같이 변해갔다. 분점의 지붕마다 반짝이는 플라스틱 차우더 그릇 모형이 빙글빙글 돌아가고 있었다. 그 모형만 보아도 누구나 그것이 그의 가게라는 것을 알 정도가 되었다. 다른 식당들과 별반 다를 바 없는 뻔한 메뉴와 조미료를 가득 친 요리들. 그의 식당을 자주 찾는 사람들에게 이런 메뉴와 음식은 그다지 놀라울 것도 없었다. 모든 것이 규칙에 따라 좌지우지 되었다. 그리고 이제는 규칙을 만드는 사람이 되어버린 모이는 CEO의 품위를 지키며 그의 제국을 조직화하는 데 모든 시간을 쏟고 있다.

관료주의 공해로 오염된 조직들

어떤 체계든 과하면 오염되기 마련이다. 아무리 영양가 풍부한 음식도 많이 먹으면 소화불량에 걸린다. 과도한 음식섭취는 비만을 유발하여 건강을 해치고 생명을 위협한다. 그뿐인가. 자동차가 너무 많으면 대기가 오염되고, 적당한 양의 비료는 토양을 비옥하게 하여 생산성을 높이지만 역시 과하게 사용하면 환경을 해칠 수 있다. 살충제를 사용하여 생산량을 높이려다가 곤충, 물고기, 새, 가축을 죽이고 생태계를 파괴하는 것만큼 어리석은 일이 있는가. 인공 및 산업 쓰레기의 증가로 한때 수정처럼 맑았던 호수와 강이 거대한 오수 구덩이로 변해가고 있다. 인간의 욕심은 자원이 풍족한 세상을 쓰레기가 풍족한 세상으로 바꿔놓을 수 있다.

오염은 과도한 욕심에서 비롯된다. 적당하면 득이 될 것을 너무 과하게 바라는 데서부터 문제가 시작된다. 좋은 것도 과하면 독이 된다. 사회생태학자들은 새로운 형태의 오염이 관료조직의 비대화에서 비롯된다고 경고한다. 대기오염과 수질오염이 물리적 환경에 악영향을 미치는 것과 마찬가지로, 오염된 조직은 사회적 환경에 악영향을 미친다. 물리적 환경오염의 피해자는 대개 상태가 아주 심각해지기 전까지는 자신이 오염물질에 중독되어 있음을 인지하지 못한다. 그 이유는 오염물질의 축적속도가 더디고 치사량을 측정하기가 매우 어렵기 때문이다. 관료조직의 오염에서도 똑같은 현상이 관측된다. 조직이 서서히 형식주의에 물들어가고 최후의 날이 왔을 땐 이미 더이상 손쓸수가 없을 정도로 병들어 있는 상태다. 처음에는 꼭 필요한 서비스를 제공하다가 시간이 지날수록 스스로 만든 형식에 어긋나지 않기 위해서 또 다른 형식과 절차만을 만들어내는 정부기관이 얼마나 많은가. 진짜 목적은 사라지고 형식이라는 독약만 남는 꼴이다.

물론 개인을 보호하고 사회의 안전을 보장하기 위해서 규칙과 규제는 반드시 필요하다. 하지만 조직의 형식화는 그 조직의 구성원을 쓸데없이 괴롭히고 탈진하게 하며 나아가 사회의 건강을 해친다. 관료조직의 과도한 상승욕과 형식주의가 사회의 체계를 무너뜨리는 것이다. 지금 우리 사회에는 정부기관, 군대, 학교, 사업체 할 것 없이 어디에나 관료들이 넘친다. 안타까운 점은 관료만 존재할 뿐 개인이 보이지 않는다는 사실이다. 자기 자신이 어떤 존재인지조차 모르는 채 의무에 쫓겨 일생을 보내는 사람들, 아니면 권위의 명찰을 자랑스럽게 가슴에 달고 규칙은 규칙이라고 큰소리치는 사람들뿐이다.

'관료주의 공해Bureaucratic Pollution'는 구성원의 자유를 앗아간다. 조직이 사적인 영역을 침범하고 나아가 구성원의 삶 전체를 야금야금 갉아먹는다. 군대의 과도한 상승욕이 거대한 위계질서를 만들어내면 국민은 군을 위해 세금을 더 내야 할지도 모른다. 그런다고 해서 군이 국민을 위해 더욱 봉사할 것이라고 생각하면 오산이다. 군대의 관료주의가 국민의 자유를 보장한다는 초기의 사명이 무색할 정도로 국민의 사생활을 감시하고 세금을 갉아먹고 자유를 침해하는 체계로 전락한 것이 현실 아닌가. 교육과 복지에 대한 지나친 욕심은 무지와 가난이라는 문제에 대한 근본적인 해결책이 되지 못한다. 오히려 지불해야 할 대가만 커질 뿐이다.

융통성 없는 관료주의 체제는 구성원 모두를 규제의 틀 안에 가둬놓고 한 발짝도 나갈 수 없게 만든다. 관료주의 체제의 가학성을 직시한 현명한 자들이 이 사회생태학적 위기에서 사람들을 구하고자 한다. 그러나 관료주의 체제에 물든 정부는 국민의 창의성과 개혁 정신마저도 정부의 규범이 허락하는 내에서만 받아들이므로 개혁적 인물들도 이내 큰 벽에 부딪게 된다.

관료주의 체제에 익숙해진 사람들은 점점 자신의 운명을 가늠하지 못하게 된다. 현상 유지는 방향 전환을 불가능하게 만들고, 체제의 벽에 갇혀 삶의 방향을 바꾸지 못하고 쩔쩔맨다. 신분상승에 인생을 걸고 투쟁하듯 살았지만 평생을 바쳐 얻은 부는 행복을 가져다주지 못하더라고 말하는 사람들이 얼마나 많은가. 부의 축적은 원치 않는 책임을 불러오고 높은 직위는 부담감과 고뇌를 만든다. 그런데도 우리는 왜 더 올라가려고 발버둥 치는가?

여성의 삶과 피터의 원리

과거 대부분의 위계질서를 만든 것은 남성이었다. 여성의 사회참여가 이루어지지 않았던 시절에 이미 교회, 기업, 학교, 군대의 위계질서는 모두 남자들에 의해 확립되었다.

여성의 사회참여가 늘어나면서 이미 확립된 위계질서의 위로 올라가고자 했던 여성들은, 남성들이 그러했듯 조직의 희생양이 되어야 했다. 남자들은 위계질서를 확립하는 동시에 여자에 대한 신화까지 만들어놓았다. 여자는 구조적으로 큰일을 처리하는 능력이 남자에 비해 떨어진다는 것이었다. 이러한 편견은 여성이 무능의 단계까지 오르는 데 걸림돌로 작용했다. 그 결과 스트레스성 신경과민, 심장 발작, 알코올중독, 위궤양에 걸려 고생하는 것은 관리자의 자리에 앉은 남자들의 몫이었다. 그러다 여성해방운동의 영향으로 남녀 모두에게 균등한 기회가 제공되는 시대가 열렸고, 이제 여자도 남자와 똑같은 질병에 시달리게 되었다.

결혼도 피터의 원리에서 예외일 수 없다

서로 맞지 않는다고 말하는 부부가 왜 이렇게 많을까? 배우자가 외도를 하고 있다고 의심해본 적이 있는가? 남편은 회사가 싫다고 입버릇처럼 말하면서 왜 늘 야근을 할까? 옆집 부부는 맞벌이를 하는데 나만 집에 틀어박혀서 사회생활이라곤 전혀 모르고 지내는 게 불만스러웠던 적이 있는가?

이런 문제로 고민하는 여자는 얼마든지 많다. 이는 모두 결혼 제도라는 늪에 빠졌음을 보여주는 증상이다. 이 증상을 객관적이고 이성적으로 직시하려면 무엇보다 피터의 원리를 정확히 이해해야 한다. 피터의 원리로 보면 결혼은 '부부가 부부 사이에 위계질서를 만들고 서로 사회적·성적 기대 수준을 무능의 단계까지 끌어올리려는 싸움'이다.

성역할에 대하여 상당한 의식의 변화가 생겼지만 여성에게 결혼은 여전히 생존의 한 방식으로 작용하는 듯하다. 동화 속 신데렐라와 백마 탄 왕자는 정말 '그 후로 영원히 행복하게' 살았을까? 아니다. 둘의 결혼생활은 비극에 가까웠을 것이다. 신데렐라를 도왔던 요정은 하늘이 주신 선물이 아니라 그녀를 시험에 들게 한 악한이었을지도 모른다.

요정은 누더기를 걸친 신데렐라를 일시적으로 부유한 양갓집 아가씨로 탈바꿈시켜 젊은 왕자의 사랑을 얻게 했다. 그로 인해 신데렐라는 그녀가 가진 사회적 능력의 한계를 뛰어넘어 신분상승에 성공할 수 있었다. 그러나 알고 보니 왕자는 전형적인 바람둥이에 지나지 않았다. 한때 신데렐라의 소박한 매력에 빠졌던 이 바람둥이 왕자는 이내 그녀에게 싫증을 느꼈다. 왕가의 여인이 되었다고 해서 왕가의 교양이 저절로 생기는 것은 아니었다. 신데렐라 역시 곧 왕가에서의 생활에 흥미를 잃었다. 신데렐라에게 왕자비로서의 교양이 없다는 비난이 쏟아질수록 왕자는 그녀의 삶을 더욱 비참하게 만들었다. 둘의 결혼은 처음부터 실패할 수밖에 없는 운명이었다.

신데렐라는 요정에게 속았다. 요정의 즉각적인 신분상승 유혹에 넘어간 죄로 하룻밤 사이에 무능의 단계에 도달하고 말았다. 만약 젊고 잘생긴 목수와 결혼했더라면 사회적 능력을 발휘할 수 있는 수준에서 성취감을 느끼며 훨씬 행복하게 살았을 것이다. 왕과 기사가 존재하던 봉건시대에 신분의 벽을 넘어서는 것은 의도했든 그렇지 않든 본인에게 결국 저주로 작용했다. 그리고 그것은 오늘날의 결혼생활에서도 똑같이 적용된다.

현대판 신데렐라 버전들

캐시 코에드는 대학에서 현대무용을 전공한 금발의 미인이었다. 캐시는 불우한 가정에서 태어났지만 타고난 미모를 이용하여 교내 여학생회 회장에 오르면서 사회적 신분을 끌어올렸다. 교내 축구팀의 선수들 여럿과 염문을 뿌리기도 했지만 부유한 여학생회 친구들이 말하는 남편감의 기준에는 하나같이 턱없이 부족한 남자들이었다. 보다 세련되고 고상한 남자를 찾던 그녀 앞에 어느 날 '파이 베타 카파 클럽(성적이 우수한 미국 대학생과 졸업생으로 조직된 모임-옮긴이주)'의 토론회 회장인 스칼라가 나타났다. 그녀는 한눈에 그에게 반했다. 그리고 스칼라와의 결혼에 골인했다. 그러나 스칼라의 부인이 된 캐시는 아름다운 외모만으로는 지적이고 고상한 남편의 수준을 맞출 수 없다는 사실을 깨달았다. 스칼라는 늘 어린애같이 징징거리고 날마다 쇼핑에만 빠져 사는 아내에게 조금씩 실망해갔다. 한편 소비와 사치를 경계하는 학자적 생활방식에 적응할 수 없었던 캐시는 결국 배관공과 바람을 피웠다. 둘의 결혼생활은 그렇게 빠른 속도로 시들어갔다.

앨리스 놉은 유복한 가정에서 태어났다. 그녀의 부모는 대학에 진학한 딸이 괜찮은 사윗감을 데리고 올 거라고 기대했다. 앨리스의 눈에 들어온 남자는 체육학 학위를 받기 위해서 경영학 수업을 듣고 있던 거구의 축구선수, 헤프티였다. 헤프티가 프로 축구선수로 성공만 하면 앨리스는 부와 명예를 다 가질 수 있을 것으로 여겼다. 게다가 은퇴한 다음에는 경영자로 변신할 수도 있을 터였다. 앨리스는 대학 재학 중에 헤프티와 결혼식을 올렸다. 그러나 전도유망했던 헤프티가 대학에서의 마지막 경기에서 큰 부상을 입으면서 꿈은 산산조각이 났다. 헤프티를 지명하는 프로 축구팀은 한 군데도 없었고, 헤프티를 서로 데려가겠다고 싸우던 기업들도 이젠 그의 낮은 대학 학점을 들먹이며 난색을 표했다. 꿈꿨던 부와 명예는 이미 앨리스의 것이 아니었다. 그녀는 그저 110킬로그램 거구를 가진 중고차 판매원의 아내일 뿐이었다. 그녀는 사교모임에 나가지 못하는 자신의 신세를 한탄하며 매일 남편을 괴롭혔다.

스포일 부부가 낡은 아파트에서 넉넉하진 않지만 행복하게 산 지 10년째 되던 어느 날이었다. 아내가 프랑스에서 살던 숙모로부터 값비싼 그림 몇 장을 유산으로 물려받게 되었다. 그녀는 집에 그림을 멋들어지게 걸어놓고 동네 사람들에게 자랑하고 싶었다. 그런데 그림을 걸어놓고 보니 안 그래도 초라한 집이 더욱 초라해 보였다. 그래서 비싼 오리엔탈 융단을 사서 바닥에 깔았다. 그래도 마음이 흡족하지 않았던 아내는 적금을 깨서 유럽풍 가구를 샀다.

이웃들은 너무 고급스러워진 스포일 부부의 집에 가는 것이 점점 부담스럽게 느껴졌다. 스포일 부인의 과시에 기분 상한 이웃들이 그녀의 초대를 거부하는 일이 많아졌다. 이에 스포일 부인은 품위 있는 삶을 즐길 줄 모른다며 이웃에게 화를 내기 시작했다. 그러더니 "이 동네는 교양 있는 우리 가족이 살기엔 너무 질이 떨어진다."라는 말로 남편을 설득하여 부자들이 모여 사는 동네의 펜트하우스로 이사를 갔다. 그때부터 남편은 비싼 집세를 감당하기 위해 야근을 밥먹듯이 해야 했고, 진이 다 빠진 채로 집에 와서는 불평만 늘어놓았다. 아내는 그런 남편을 보며 예술의 '예' 자도 모르는 무식한 남자라 생각하기 시작했고, 결국 얼마 지나지 않아 둘은 이혼하고 말았다. 그리고 얼마 뒤 스포일 부인은 부유한 남자와 재혼을 했다.

두 번째 남편인 아트 에이펙스는 교양 있고 지적인 사람으로, 그가 아내의 지식과 예술에 대한 얕은 허위의식을 꿰뚫어 보기까지는 그리 오랜 시간이 걸리지 않았다. 아트는 아내를 무시하기 시작했다. 마치 그녀가 전남편에게 그러했던 것처럼. 이제 에이펙스 부인이 된 그녀의 결혼생활은 끔찍하기 그지없었다.

그녀는 스스로 위계를 만들고 행복을 버리고 비극의 계단을 올랐던 것이다.

무능의 단계 직전에 선 부부

위에서 열거한 일화들의 공통점은 무엇일까? 이들의 결혼생활은 도대체 어디서부터 잘못되었을까? 문제는 이들이 모두 더 높은 곳으로 올라가는 데서 행복을 찾으려 했다는 사실에 있다. 경제적·사회적·성적으로 자신의 능력 안에서 보다 현실적으로 살았더라면 무능의 단계에 도달하지 않고 부부관계를 더욱 돈독히 하며 만족스러운 결혼생활을 유지할 수 있었을 것이다.

'피터의 원리'가 발표되기 전까지만 해도 상승을 위한 욕망은 긍정적인 것으로 받아들여졌다. 사람들 모두가 부와 권력, 사회적 특권을 축적하는 것은 좋은 일이라고 생각했다. 상위 계층의 일원이 되는 것은 추구해야 할 가치였다. 능력 있는 배우자를 만나는 것 역시 매우 가치 있는 일로 여겨졌다. 그러나 오늘날의 이혼 법정은 무능의 단계에 직면한 부부들로 가득 차 있다. 본인의 환경과 사회적 능력을 현실적으로 직시하지 못하고 그저 높은 계층으로 진입하고자 하는, 우리 사회에 만연한 신분상승 욕구가 불러온 결과다. 다행히 결혼생활에 있어서 무능의 단계에 진입하지 않고 행복을 유지할 수 있는 방법은 있다. 사랑과 나눔은 결혼생활에 만족을 가져다주고, 야망과 욕심은 결혼생활에 덫이 된다. 다음의 두 사례를 비교해보자.

오토 워크맨은 자동차 정비공장에서 일하는 유능한 수리공이었다. 오토는 서류를 볼 일이 거의 없는 자기 일에 아주 만족했다. 그러던 어느 날 공장 측으로부터 관리직으로 승진시켜주겠다는 제의를 받았다. 그 제의를 거절하고 싶었지만 동네 부녀회 활동에 열심인 아내 위니는 생각이 반대였다. 오토가 승진만 하면 부녀회 회장에 당선될 수도 있을 거고, 새 차와 예쁜 옷도 살 수 있을 거고 아들에게 미니 오토바이를 사줄 수도 있을 터였다.

오토는 늘 해오던 일을 버리고 사무실에 앉아 서류나 들여다보기는 싫었지만 위니의 성화에 못 이겨 마지못해 승진 제의를 받아들였다. 그로부터 6개월이 지난 지금 오토는 위궤양으로 고생하고 있다. 의사가 당장 술을 끊으라고 경고하지만 쉽지 않다. 위니는 오토에게 새 비서와 바람을 피우는 게 아니냐고 몰아세우고, 그것도 모자라 오토가 승진 제의를 빨리 받아들이지 않고 미적거리며 뜸을 들이는 바람에 자기가 부녀회 회장이 되지 못했다고 밤마다 투정이다. 오토의 결혼생활은 이제 전처럼 행복하지 않다.

트루하트는 오토와 같은 공장에서 일하는 동료로, 역시 능력을 인정받아 승진 제의를 받았다. 하지만 그의 아내 샐리는 남편이 얼마나 자기 일을 좋아하는지 알고 있었다. 또 남편이 사무직으로 전환하여 많은 업무량과 책임감에 시달리는 것은 그녀 역시 원하는 바가 아니었다. 샐리는 남편이 원하지 않는 승진이라면 권할 마음이 조금도 없었다. 결국 트루하트는 계속해서 능력 있는 수리공으로 남았고 위궤양에도 걸리지 않았다.

트루하트는 늘 표정이 밝았다. 시간이 남을 때면 장년부 대표로 마을을 위해 봉사활동을 하는 그였기에 이웃 간에도 신망이 두터웠다. 이웃들은 트루하트에 대한 고마움의 표시로 차가 고장이 나면 늘 그가 일하는 공장에 맡겼다. 공장주 또한 트루하트가 공장의 위대한 자산임을 깨닫고는 보너스를 지급하고 지속적인 고용을 보장해주었다. 적정 한도 내에서는 연봉 인상도 얼마든지 가능했다. 트루하트는 오른 연봉으로 새 차도 구입하고 아내에게 예쁜 옷도 사주고 아들에겐 자전거와 야구글러브도 사주었다. 그의 가정생활은 충분히 만족스럽고 행복했다. 이들은 친구들과 이웃들의 부러움을 샀고, 오토의 아내 위니가 꿈꾸던 마을 내에서의 위상도 트루하트 부부의 몫이 되었다.

남자들이 만든 신화

자동화 혁명과 전자화 혁명 이후로 업무 시간이 급격히 줄었지만 남자들은 물리적 힘, 용기, 정력이 필요하지 않은 곳에서 더욱 자기의 행동력을 과시하려고 한다. 과거에 비해 적은 양의 육체적 노동을 하면서도 돈은 더 많이 버는 데서 불안감과 좌절감이 생겨난다. 남자는 힘을 써야 한다고 배우며 자랐는데 현실은 그 반대이니 거기서 죄책감과 불안을 느끼는 것이다. 힘든 일을 해야 진정한 남자라고 교육받으며 자라지 않았는가? 거기다 산업의 자동화가 청교도적 윤리마저 배반한다는 생각이 들면 남자들의 자존감은 바닥으로 내려앉고 만다.

남성의 자아에 타격을 입힌 것은 비단 전자화 혁명뿐만이 아니다. 휘청거리는 남성의 자아는 통신 혁명에 의해 쓰러지고 여성해방운동으로 인해 다시 한 번 짓밟혔다. 텔레비전 광고는 연일 남자들을 무능력한 존재로 희화화한다. "남자보다 지혜로운 것이 여자이고, 여자보다 지혜로운 것은 어린이이며, 어린이보다 지혜로운 것은 동물이다." 웃음거리가 되어버리고, 정체성을 잃은 남자들은 남성성이 기거할 최소한의 공간마저도 이미 여자들에게 침범당했다고 절망한다. 그래도 남자들은 예를 갖추고자 한다. 그러나 남자의 기사도는 거부당하고 그저 남성우월주의에 빠진 바보로 치부된다. 결혼생활에서도 남자로서의 자아를 지키려는 그들의 노력은 여성을 착취하는 성차별주의자라는 뼈아픈 낙인이 되어 돌아올 뿐이다.

사회의 근간이 결혼이고 가정임에도 불구하고 독신 남성의 수가 늘어나는 이유는 무엇인가? 그에 대한 해답을 찾기 위해서는 먼저 위에서 설명한 현상들의 원인을 분석해야 한다. 거기에 하나 더, 여자가 남자보다 일반적으로 더 일찍 성숙한다는 점도 그 원인 중의 하나다. 그 때문에 남자가 좋은 여자를 만나는 문제가 더욱 복잡해진다. 어릴수록 여자를 만나 사랑에 빠지기는 쉽다. 욕망은 강하고 정력이 넘치며 분별력이 덜 발달했기 때문이다.

요즘에는 아예 사랑에 빠지지 않거나 연애만 하고, 결혼은 하지 않는 남자들을 흔히 볼 수 있다. 남자가 나이 들면 감정에 치우치지 않고 분별력이 더욱 강해지는데, 그때는 피가 더이상 끓지 않고 이성이 그 자리를 차지한다. 무작정 결혼부터 하기보다는 결혼으로 인해 얻게 될 것과 잃게 될 것을 생각한다. 그래서 어느 정도 나이가 든 남자에게 결혼의 가치는 그다지 큰 비중을 차지하지 않는다. 성에 대해 끓어오르는 욕망도 전보다 줄어든다. 결혼이 주는 이득이 없어도 이미 경험을 통해 자기가 필요한 것을 스스로 충족하는 방법을 터득한 탓이다. 성적인 욕구를 돈을 주고 해결할 경제적 능력도 된다.

독신 남성은 어린 시절에 그랬던 것처럼 외로움을 타지도 않는다. 혼자서 사는 법을 배웠기 때문이다. 자기만의 사회적 욕망도 스스로 충족할 줄 안다. 남자, 여자 구분하지 않고 친구로 잘 지낸다. 그렇기에 혼자 있는 것에 익숙한 남자는 자기가 누리고 있는 모든 것을 포기할 수 있을 만큼 특별한 즐거움을 주는 여자를 꿈꾼다. 그러나 기준이 이미 높아질 대로 높아진 상태에서는 누구를 만나도 성에 차지 않는다. 하루하루 시간이 갈수록 꿈속의 아내를 만날 확률은 줄어든다. 이성적인 선택을 할 수 있는 능력이 커질수록 선택권이 적어지는 것이다.

그리하여 독신 남성들은 결혼이 성공적일 확률을 계산해보고 자 결혼한 친구들을 관찰한다. 그러나 결혼한 친구들은 사무실 여직원을 따라다니거나 아내 몰래 바람을 피우고 있으니, 결혼 해서도 애인을 만들고 사랑과 섹스는 집 밖에서 찾아야 한다면 굳이 결혼을 해서 지금보다 더 나빠질 이유가 없다는 결론을 내 리게 된다. 결국 독신 남성은 돌다리를 열심히 두들기기만 했지 건너지는 못하는 사람이 된다.

여자들의 실수

남자는 스스로 무능의 단계까지 올라간다. 문명의 진보를 막고 나아가 인류의 종말까지 야기할 수 있는 군대, 산업사회, 정치의 위계를 조직한 것은 남자들이다. 각종 기관을 설립하여 지금의 이 혼란을 야기한 것도 남자들이었다. 남자들은 이 위계조직 내 에서 요직을 도맡아왔다. 다시 말해, 이 무능한 자들의 세상을 만 들고 주도한 것은 모두 남자인 셈이다. 그래서 과거에는 무능해 지는 것도 남자들만이 가질 수 있는 권리였다. 그러나 이제 남자 들과 같은 승진의 사다리를 오르는 여자들도 피터의 원리의 희 생양이 될 수 있다. 성별에 구애받지 않고 균등하게 기회가 주어 지면 여자도 남자와 똑같이 무능의 단계에 도달하게 된다.

여자의 사회적 지위 향상은 남자가 만들어놓은 무능한 세계에 뛰어들어 남자들과 열심히 싸워가며 망각의 쳇바퀴를 돌리는 것인가? 아니면 피터의 원리를 받아들이고 좀 더 나은 세계를 만드는 데 그 에너지를 쏟는 것인가? 아니면 더 나아가 위계질서에 억눌려 투쟁하던 과거에서 벗어나 더 살기 좋은 새 세상을 건설할 새로운 방향을 제시할 만큼 초능력적인 모습을 보이는 것인가?

여기저기 다 미끄러운 사다리

피터의 원리에 관한 첫 책을 집필할 때만 해도 나는 피터의 원리가 모든, 아니 적어도 대부분의 직업인들에게 적용될 거라 생각을 하면서도 완전히 확신할 수는 없었다. 물론 세상의 모든 회사를 조사하기는 불가능했지만 최소한 내가 연구 대상으로 삼았던 곳들에서는 내 원리가 정확히 들어맞았다.

무능한 대학

첫 책 출간 직후, 나는 한 유명 대학교의 경영·행정대학에서 교직원과 대학원생들을 대상으로 강연을 해달라는 요청을 받았다. 나는 깜짝 놀랐다. 행정 전문가들이 내게 무슨 얘기를 듣겠다는 걸까? 내가 놀라워하자 학장은 강연을 요청한 것이 진행위원회 측이었다고 답해주었다. 그로부터 이틀 뒤에 대학원생 대표 네 명이 사무실로 찾아와 내게 인터뷰를 요청했다. 짧은 인터뷰를 통해서 학장이 내 책을 읽었을 리가 없다는 사실을 확인할 수 있었다. 만약 내 책을 읽었다면 절대 내 강연을 허락하지 않았을 사람이었다. 대표단 학생들의 말에 의하면 학장은 앨저콤플렉스(3장 참고)에 걸려 있었다. 학장실 벽을 '앞으로 그리고 위로', '망설이는 자는 실패한다', '뜻이 있는 곳에 길이 있다' 따위의 문구로 거의 도배하다시피 했다는 이야기만으로도 충분히 미루어 짐작할 수 있었다.

강연시간에 맞춰서 나는 경영·행정대학 건물에 도착했다. 강의실을 찾아야 하는데 로비에 안내도가 없어서 복도 구석구석을 뒤지기 시작했다. 강의실 번호가 있긴 했지만 강의실은 번호와는 상관없이 뒤죽박죽으로 배치되어 있었다. 그러다 무심코 멈춰 선 게시판 앞에서 내 강의에 관한 안내문이 세 건이나 공지되어 있는 것을 발견했다. 하나는 내 강의가 제5강의실에서 열린다고 적혀 있었고, 또 하나는 제25강의실에서, 나머지 하나는 경제대학 건물 내의 강당에서 열린다고 적혀 있었다.

지저분하기 짝이 없는 이 게시판 앞에 서서 엉터리 공지와 의미 없는 강의실 번호에 대해 생각하고 있는데 옆에 누군가 와서 섰다. 내 옆에 서서 게시판을 들여다보고 있는 그 청년도 '피터의 원리' 강의실을 찾아 헤매고 있는 중이었다. 우리는 같이 강의실을 찾아보기로 했다. 가는 길에 몇 명이 더 합류했다. 사방으로 강의실을 찾아다니는 사람들이 한둘이 아니었다. 누구는 세미나실로 가야 한다고 소리치고, 누구는 강당으로 가야 한다고, 또 누구는 학생 휴게실로 가야 한다고 외쳤다. 교직원 몇 명이 학생 대표를 하나씩 대동하고 이 강의실 저 강의실을 뒤지고 다녔다. 그러면서 이런 소동은 늘 있는 일이니 크게 걱정할 것 없다고 나를 안심시켰다. 강의 하나 때문에 그 많은 사람들이 그렇게 오래 돌아다닌 것은 내겐 처음 있는 일이었다.

이 대학은 피터의 원리를 몸소 보여주고 있는 듯했다. 행정 전문가라는 사람들이 행정적 무능에 빠져 있지 않은가. 그런 사람들이 어떻게 남에게 행정 기술을 가르친단 말인가? 그런 생각에 빠져 있는데 문득 또 다른 의문이 생겼다. 진행위원회가 학장을 과소평가한 것은 아닐까? 학장은 피터의 원리를 알고 있는지도 모른다. 그렇지 않고서야 내가 굳이 강의를 할 필요도 없도록 이렇게 자신의 무능을 만방에 자랑할 이유가 없지 않은가?

예외 조직은 없다

그 후로 몇 달 동안 강연 요청서가 수도 없이 쏟아졌다. 덕분에 나는 전문가들을 모아놓고 여러 번 강의를 했다. 재미있는 것은 강의를 요청한 곳에서 내게 보내는 사전 정보가 모두 엉터리였다는 사실이다. 1년에 한 번씩 열리는 산업기사 모임 회의에서 강의를 해달라는 편지를 보내면서 정작 강연 장소를 알려주지 않은 경우도 있었고, 경영 컨설턴트 회의에 와달라는 강연 요청서에 회의 시작 시간만 2시라고 적혀 있고 날짜가 생략된 경우도 있었다. 또 한번은 시스템 전문가 국제 워크숍에서 시간 관리의 중요성을 주제로 강연이 열렸다. 회의 진행 순서에 따르면 내 연설은 오후 3시이고, 회의가 끝나는 시간이 오후 4시였다. 강연자들 모두가 시간 엄수의 중요성을 주제로 강연을 하면서 정작 자기에게 주어진 강연시간을 조금씩 초과하고 있었다. 이윽고 내 차례가 왔을 때는 이미 오후 4시 25분이었다. 무슨 수로 강연을 4시까지 마치겠는가. 그런가 하면 뻔하고 지루한 연설만 듣다가 오는 경우도 있었다. 동기부여에 관한 강의라든지, "강의는 아무 효과가 없다."라고 말하는 강의 같은 것들이 그랬다.

사람이라고 예외일까

위와 같은 일들을 겪으면서, 또 많은 경영 컨설턴트들과 대화를 나누면서 나는 물론 그들 중엔 능력 있는 이들도 많지만 그 못지않게 무능의 단계에 도달해 있는 사람들도 많음을 확신할 수 있었다. 승진을 해서 전문가의 위치에 오른 경영 컨설턴트의 수만큼이나 똑같은 길을 걸었으나 무능의 단계에 부딪히고 만 경영자도 많다. 컨설턴트의 수가 많다는 것은 조언을 필요로 하는 경영자가 그만큼 많다는 것을 뜻한다.

나는 조사 끝에 일부 유능한 경영자들 역시 무능한 컨설턴트가 많다는 사실을 인지하고 있음을 알게 되었다. 그러나 문제를 인지하고 있는 경영자들의 충고에는 다소 비논리적인 부분이 있다. 도움이 필요한 경영자는 컨설턴트를 선정하기에 앞서 후보에 오른 컨설턴트들의 자질과 능력을 평가할 수 있어야 한다. 그런데 자기 사업체도 제대로 꾸리지 못하는 경영자가 컨설턴트의 자질을 제대로 평가할 수 있을까?

경영 컨설턴트는 학자 혹은 교수 집단에서 채용되는 것이 일반적이다. 따라서 대부분의 경우 경영 컨설턴트가 되는 것은 일종의 승진이라 여긴다. 경영 컨설턴트가 제공하는 전문 지식의 범위는 급속도로 광범위해지고 있다. 미국 내에서 초기에는 소규모에 지나지 않았던 경영 전문가 직업군은 현재 거대 산업으로 발전하였다. 산업기사, 시스템 분석가, 경영 컨설턴트 등이 경영 전문가 직업군에 속한다. 컨설턴트의 숫자가 무섭게 증가한다고 해서 능력 있는 경영자들이 많아질 거라 생각한다면 오산이다. 컨설턴트를 기용해서 능력을 높여보려는 시도는 결코 성공을 보장해주지 않는다.

소위 전문가들뿐만 아니라 일반 직장인들 또한 피터의 원리에서 벗어나지 않는다. 다음의 두 사례를 살펴보자.

디자인부에서 근무하는 피터 루트는 창조적인 아이디어가 샘

솟는 직원으로 인정받아 프로모션 팀장으로 승진하게 되었다. 피터는 새로운 팀으로 옮겨서도 여전히 빛나는 아이디어를 쏟아냈지만 불행히도 부하직원들의 일을 계획하고 관리하고 평가하기에는 참을성이 부족했다. 그는 여전히 넘치는 위트와 재치로 사람들을 즐겁게 해주었지만 새로운 일에 대한 열정은 그리 오래가지 않았다. 결국 팀에서 그가 거둔 성적은 능률의 저하로 드러났다.

슈퍼소닉제플린 주식회사는 회사의 원활한 운영을 가로막는 인물로 한스 저프와 구스타프 윈드를 지목했다. 한스 저프는 공장 생산라인의 책임자였을 때만 해도 사교적인 성격으로 직원들의 단결을 이끌어낸다는 점에서 매우 좋은 점수를 얻었다. 그런데 총감독관으로 승진해서도 모든 직원의 요구를 들어주고 쩔쩔매는 것은 윗선에 그의 무능을 드러내는 계기가 되고 말았다. 승진을 함으로써 그는 자신의 무능에 부딪히고 만 것이다. 결국 회사는 그를 가짜로 승진시킴으로써 이 문제를 해결하고자 했다. 상층으로 쫓아버린 것이다. 회사는 사내 규범 및 연혁을 담당하는 부사장 자리를 새로 만들고 그 자리에 한스를 앉혔다. 유능한 총책임자였던 한스는 아무 일도 하지 않는 명목상의 부사장이 되었다. 그리고 회사는 다시 정상으로 돌아갔다. 한편 구스타프 윈드는 정부기관에 늘 공격적인 태도를 보였다. 회사가 정부 보조금에 의존하고 있는 상황에서 구스타프의 공격적인 태도는 회사에 악영향을 미칠 우려가 있었다. 구스타프에게도 가짜 승진의 기회가 주어졌다. 그에게서 실질적인 업무를 뺏어오겠다는 의도였다. 결국 그는 개혁위원회 부의장을 보좌하는 부대리인 자리에 임명되었다.

조직의 위계적 퇴보 추적

툭하면 고장 나는 가전제품, 불친절한 고객서비스, 형식에 치우쳐 망쳐버리는 일들, 컴퓨터 오류, 게으른 부하직원, 우유부단한 상사. 주위를 한번 휙 둘러봐도 온통 무능의 사례투성이다. 그러나 어떤 조직이든 초기에는 유능한 사람들로 채워진다. 그러다 부조리하고 형식적인 관료주의에 점차 물들어가고, 전성기를 지나고 나면 고인 물처럼 썩어버린다. 통신사, 철도공사, 항공사, 가스공사, 전기공사 등 지금은 '위계적 퇴보Hierarchial Regression'를 겪는 조직들도 과거에는 유능한 사람들로 가득했다.

계층 계좌

모든 위계조직에는 '계층 계좌Status Account'가 존재한다. 이 계좌는 조직의 구성원에 의해 풍성해지기도 하고 빈곤해지기도 한다. 그 균형은 몹시 변동이 심하다. 새로 생겨난 위계조직은 빠르게 성장하고 열정, 창의성을 지닌 유능한 사람들로 채워진다. 그리고 유능한 사람들은 자신의 능력을 필요로 하는 상층으로 이동한다. 유능한 사람이 배치된 계층은 그가 계층 계좌에 투자하는 유능함의 정도에 비례하여 확장될 것이다. 그리고 각 계층마다 유능한 사람이 많이 채워질수록 그 조직은 성장을 거듭하게 된다. 위계조직 내의 각 부서가 건강한 계층 균형을 유지한다면 그 조직의 지위도 격상될 수 있다. 과거 대부분의 학교들이 위와 같은 방식으로 발전했다.

조직의 체계가 어느 정도 무르익으면 피터의 원리를 증명하는 사례들이 하나둘 생기기 시작한다. 관료주의 공해가 유능한 인재의 성장을 가로막고 이미 최종 승진 단계에 도달한 무능한 사람들을 감싼다. 무능한 사람들에 의해 점령당한 계층의 계층 계좌는 금세 빈곤해지고 점차 파산의 길로 접어든다.

모든 계층이 무능한 사람들로 채워지면 그 조직 전체가 위계적 퇴보를 겪을 수밖에 없다. 불행하게도 지금 우리는 대부분의 학교가 위계적 퇴보로 시름하고 있는 시대에 살고 있다. 정부, 교회, 교육기관, 군대, 기업 등을 비롯해 모든 분야의 계층 계좌가 바닥나버린 상태다.

나는 어디에 위치하고 있는가

직장, 사회, 학교를 포함한 모든 위계조직이 공통적으로 가지고 있는 문제는 구성원들이 자기가 서 있는 자리를 파악하지 못한다는 사실이다. 사람들은 통신판매자, 지역사회 발전협의회 회계부장, 중학교 2학년 학생, 국회의원 같은 자신의 명목상 지위는 잘 알고 있지만 이는 '외관상 위계 직위Apparent Hierarchal Status'일 뿐이다. '실제 위계 직위Real Hierarchal Status'를 알려면 자신의 기술과 평판(기술은 소기의 목적을 달성하는 데 필요한 진짜 능력이고, 평판은 다른 사람과의 관계를 의미한다. 기술과 평판이 긴밀한 관계를 맺을 때 조직 내 진짜 지위가 높아진다)을 객관적으로 따져보아야 한다. 그것을 토대로 본인이 계층 계좌 내에서 어떤 위치를 차지하고 있느냐가 실제 위계 직위를 나타낸다.

기존의 가부장적 위계조직은 사장과 직원들이 서로를 속속들이 알고 있는 구조이므로 구성원들이 자신의 위치를 파악하기가 어렵지 않았다. 가령 사장이 기계를 만지고 있는 A의 어깨를 두드리며 웃어준다. 안내데스크를 지날 때는 꼭 잠시라도 멈춰서서 B에게 말을 건다. 관리주임 C를 볼 때는 늘 얼굴을 찌푸린다. 회계사인 D와는 가끔 점심 식사도 같이 한다. 영업부장 E는 집에 초대해 저녁 식사를 같이 한 적이 있다. 이럴 경우 직원들은 사장의 태도를 보고 회사 내에서 자신이 차지하는 위치가 어느 정도인지를 정확히 파악할 수 있다.

자신의 실제 위계 직위를 인지하지 못하는 것은 매우 위험하다. 자신의 위치를 정확히 알지 못하는 사람은 '무지한 무능력자Unwitting Incompetent'가 될 가능성이 있기 때문이다. 무지한 무능력자들은 자기 자신뿐 아니라 주위 사람, 자기가 속한 조직 안에 어떤 무능이 숨겨져 있는지를 알지 못한다.

무지한 무능력자들은 위계조직에 심각한 악영향을 미친다. 그들은 자기에게 주어진 일을 제대로 처리하지 못함으로써, 자기가 속한 계층 계좌를 빈곤하게 하고 능력 있는 동료들에게 짐이 된다. 무지한 무능력자가 조직의 상층부에 있으면 그는 조직의 행정 체계 전체를 시들게 하는 하나의 썩은 사과가 될 수도 있다. 최종 승진 상태에 있는 무지한 무능력자는 부하직원의 사기마저 떨어뜨린다. 무능한 상사가 미치는 악영향은 능력 있는 부하직원마저도 좌절감을 느끼게 하고 의욕 저하로 고통을 겪게 하는 데 있다. 이런 경우 부하직원은 무능한 상사 밑에서 아무리 열심히 일해봤자 소용이 없다는 것을 깨닫고 창조적 무능력을 발휘하기도 한다. 무지한 무능력자가 자신의 무능을 깨닫지 못할 때에는 그래도 괜찮다. 그러나 무지에서 벗어나 자신의 위치를 깨닫는 때가 오면 자신감을 상실하고 최종 승진 단계에서 머무른 시간에 비례하여 충격을 받게 된다. 충격의 여파는 생각보다 크다. 다음의 사례가 이를 보여준다.

아들리 아벨은 엑셀시어시 천문관 홍보 감독보의 자리에 오르면서 무능의 단계에 도달했다. 아벨이 감독보가 되어 처음으로 한 일은 시민을 대상으로 천문관 유지 기금 모금 행사를 실시한 것이었다. 그는 이 행사를 홍보하면서 엑셀시어시의 공장 매연이 하늘을 덮어 낮에는 태양을 보기가 힘들고 밤에도 별을 볼 수 없다고 목소리를 높였다. 그러자 당장 엑셀시어 철강, 엑셀시어 오일, 엑셀시어 세라믹 등 시의 주요 공장들이 해마다 내오던 천문관 기부금을 일제히 중단하는 사태가 벌어졌다. 이에 따라 천문관에 기부를 해오던 주요 인사들도 덩달아 기부 의사를 철회했다. 아벨은 자신이 무능의 단계에 이르렀음을 그때 깨달았다. 그 후부터 아벨은 서류를 모으는 데 편집 증세를 보이고 강박적으로 책상 위를 정돈한다. 최종 승진 증후군이다.

지금까지 살펴본 바와 같이 위계조직의 계층은 변동이 심하며 결국에는 위계적 퇴보를 겪게 된다. 조직에 속한 개인은 자신의 실제 위계 직위를 인지하지 못하는 경우가 많고, 최악의 경우 무지한 무능력자로 전락하기도 한다. 이런 경우 조직 내 위계질서에 변화는 생기지만 그 변화는 결코 진보가 아니다. 진보는 변화를 뜻하지만 변화가 늘 진보인 것은 아니다. 해마다 더 좋은 휘발유가 시장에 나오지만 운전 매너는 더 포악해지고, 달에는 안전하게 갈 수 있어도 횡단보도를 건널 때는 위험한 것이 지금 시대 아닌가.

컴퓨터 시대가 낳은 무능

컴퓨터 자체가 실수하는 법은 거의 없지만 컴퓨터로 인해 세상은 더욱 무능해졌다. 컴퓨터는 입력되는 정보와 명령의 신뢰도에 전적으로 의존한다. 전화공사 직원이 컴퓨터 키보드 한 번 잘못 눌러서 휴가를 떠나 집을 비운 그 달의 통신비가 무려 200만 원이 넘게 나올 수도 있다. 불행히도 컴퓨터는 키보드를 누르는 사람의 실수를 알아챌 수가 없다. 그 고지서를 받을 사람이 휴가를 떠나 집 전화는 한 통도 쓰지 않았다는 것을 알 도리도 없다.

무능한 컴퓨터

컴퓨터의 메모리 저장장치와 초고속 회로는 용량 면에서 제한적인 인간의 두뇌를 훌쩍 뛰어넘는다. 그러나 저장되는 정보의 질이 저하되면 그것은 기고현상GIGO, Garbage In, Garbage Out(쓰레기를 넣으면 쓰레기가 나온다, 즉 불완전한 정보를 입력하면 불완전한 답이 나올 수밖에 없음을 뜻하는 컴퓨터 용어-옮긴이주)을 초래할 뿐이다. 게다가 인간에게는 컴퓨터를 현명하게 사용할 줄 아는 능력이 없다. 그 좋은 기계를 쓸모없는 자료나 엄청나게 모으는 용도로 쓰는 관료들을 보라.

불을 피우기 위해 나무를 베고, 시내로 나가려면 말을 몰고 마차를 끌어야 하고, 가족이 먹을 우유를 얻기 위해서 소를 길러야 했던 그때에는 적어도 모든 일을 스스로 통제할 수 있다는 자신감과 일이 어떻게 되어가고 있는지를 아는 데서 오는 만족감이 있었다. 현대인도 이런 만족을 느끼는가? 첨단 기술에 전적으로 의존하면서 스스로의 가치를 낮추고 있지는 않은가?

보다 편안한 삶을 살기 위해 만들었던 기계가 오히려 삶을 힘들게 만든다. 컴퓨터가 우리 일을 대신하면서 우리는 어느새 컴퓨터의 노예로 전락했다. 이제 우리는 얼마든지 혼자 할 수 있었던 간단한 일조차 컴퓨터 없이는 할 수 없게 되었다. 컴퓨터 전문가들은 근시안적 식견으로 통계적 · 경험적 · 디지털식 사고방식을 장려한다. 이들은 건전한 가치판단에 필요한 능력을 평가절하하고 디지털 사고방식의 효용성만을 강조한다. 종합적으로 가치를 판단하려면 시스템 전체를 볼 수 있는 폭넓은 시각이 필요한데, 폭넓은 시각은 정신적 노력과 깊이 있는 분석 없이는 얻을 수 없다.

현대의 컴퓨터 시스템이 새로운 관료 세대를 만들고 있다. 이들은 가치판단의 영역에서 과거 세대보다 훨씬 무능하다. 컴퓨터 세대가 위계적 퇴보라는 후퇴의 소용돌이에 구심점이 되는 것은 이러한 연유에서다.

침묵하는 다수

위계적 퇴보가 만연하면 삶의 질이 떨어지고, 가능성 있는 사회 시설들도 비능률적이고 구태의연한 거대한 관료조직으로 전락한다. 위계조직 내에 뛰어난 인재들이 사라지면 더이상 재미있는 일도 재미있는 사람도 없어지고, 그저 조직에 순응하는 평범한 사람들만 남게 된다. 위계조직은 점차 구성원의 개성을 몰살한다. 그 결과, 사람들은 이미 주어진 절차에 따라서 기계처럼 움직일 뿐이면서도 스스로 주어진 임무를 성실히 수행했다고 믿는다. 자연 세계에서도 이와 비슷한 일이 일어난다.

유럽에 서식하는 어떤 나비의 애벌레는 기어가는 모습이 매우 특이하다. 각자 자기 앞에 있는 애벌레의 뒤꽁무니에 머리를 갖다 댄 채로 줄지어 이동하기 때문이다. 이들은 숲길에 떨어져 있는 떡갈나무 잎을 갉아먹으며 계속해서 앞으로 나아간다. 이 광경을 본 곤충학자들이 애벌레의 행렬을 동그란 반지 모양으로 만들어 화분가에 올려놓고 실험을 실시했다. 그러자 애벌레들은 여전히 각자 자기 앞에 있는 애벌레의 뒤꽁무니에 머리를 박은 채로 계속해서 화분가를 빙글빙글 돌더니 결국 모두 굶어 죽고 말았다. 재미있는 사실은 화분 주변에 애벌레가 좋아하는 떡갈나무 잎이 널려 있었다는 점이다. 이들은 문제를 해결할 수 있는 방법이 바로 옆에 있는데도 새로운 환경에 적응하지 못하고 여전히 줄지어 제자리만 돌다가 죽고 만 것이다.

행렬하는 애완동물

적응 행동과 지적 능력, 그리고 선택의 자유가 인간다움을 규정한다. 그런데 위계적 퇴보가 인간답게 사는 것을 점점 어렵게 만든다. 인간은 본능적 메커니즘에 따라 움직이는 애벌레가 결코 아니건만 인간 사회에서도 위와 같은 현상은 쉽게 목격된다. 인간의 행위는 그가 사는 조직의 위계질서에 크게 좌우된다. 인간은 애벌레보다는 흡사 한 마리의 애완동물처럼 행동하는 경향이 있다. 애완동물은 외부의 압력에 지배당한다는 점에서 인간과 매우 닮았다. 위계적 퇴보에 희생당하는 인간을 '행렬하는 애완동물'에 비유할 수 있을 듯하다. 그런 사람들에게 인생이란 그저 카드에 구멍을 뚫고 서류를 작성하고 의미 없는 행사를 진행하는 것에 불과하다.

오늘날 행렬하는 애완동물들은 역동적인 사회적 권력으로서의 역량을 십분 발휘하고 있다. 보통 사람, 침묵하는 대중, 대중사회의 인간, 소비자 등 이들을 지칭하는 이름은 다양하다. 행렬하는 애완동물들은 업무의 내용에는 냉담하면서 더 나은 관료절차를 새로 만드는 데에는 진지하고 열성적이다. 일 자체가 지니는 의미보다는 일을 하는 방식에 훨씬 큰 가치를 둔다. 우주비행사를 예로 들어보자. 사람들은 우주비행사의 능력을 우러

러보고 한 편의 영화와 같은 우주항해에 환호를 보낸다. 사람을 달에 보낼 수 있다는 과학자들의 꿈은 행렬의 선두에 선 사람들이 높이 사는 가치다. 그래서 과학자들은 우리 도시, 우리 나라, 우리 세계와 같은 현실적인 문제에는 등을 돌린다.

행렬하는 애완동물의 지위가 높아지면 사람들은 힘겨운 선택을 해야 할 위기에 놓인다. 물론 기술적 지식은 우리 사회의 문제를 해결하는 힘이 된다. 하지만 인간을 달로 보내기 위해 고심하는 이 순간에도 지구의 환경은 파괴되고 학교는 문을 닫고 수백만의 사람들이 빈곤에 허덕인다.

행렬하는 애완동물이 직업을 갖고 있을 경우 우리는 그를 '조직인'이라고 정의한다. 조직인은 현대사회에서 형식에 사로잡힌 조직을 이끌어가는 사람들을 말한다. 조직인은 현대사회의 문화를 상징하는 원형이자 지표로서 신新엘리트 집단을 표방한다. 이 집단은 높은 전문성을 요하기 때문에 성공의 폭이 제한되어 있다. 따라서 이 위계조직 내에서 승진하려면 반드시 조직의 체제를 신봉해야 한다. 이런 환경에서는 개인의 잠재력이 발휘될 수 없고 인간적인 책임감도 소멸된다.

'직장 내 행렬하는 애완동물Professional Processionary Puppet'은 자기 분야에 전문적 지식을 가진 사람으로, 자신이 승진할 자격이 있는 사람임을 객관적으로 증명할 때 전문 지식을 활용한다. 현재 맡은 일을 탁월하게 처리하는 모습을 보여주고, 그 상으로 능력을 발휘할 수 있는 현재의 자리를 떠나 한 단계 높은 곳에 있는 늪으로 끌려들어가게 된다는 점이 매우 역설적이다. 이게 바로 '직장 내 행렬하는 애완동물'이 채용되고 승진되는 방식이다. 정책을 만들 의무는 없지만 그것을 잘 수행할 수 있는 있는 사람, 그런 사람이 승진한다.

직장 내 행렬하는 애완동물이 책임자의 위치에 오르면 수단이 목표가 된다. 그들은 "할 수 있는 일은 해야 한다."라고 말하면서 우주를 탐험하고 수많은 사람들을 죽음에 이르게 할 수 있는 핵무기를 개발한다. 10억 명의 사람을 죽일 수 있는 무시무시한 세균을 개발해놓고 세계 인구가 30억 명(1972년의 저작임을 감안, 인류를 멸망시킬 수 있는 무능을 꼬집은 것-편집자주)에 불과하다는 경고에는 귀를 기울이지 않는다. 왜일까? 이유는 그들이 정신적인 것을 등한시하고 편협하고 정서적으로 메말라 있으며 규칙에만 매달리는 관료주의자들이기 때문이다. 그들은 위에 제기된 여러 문제에 어떤 해결책도 마련하지 않는다. 해결책이라는 것은 책임감, 즉 인간적인 가치와 관련 있는 것이기 때문이다. 이들에게 총과 버터 중 무엇이 더 중요한가는 중요하지 않다. 시민 수백만 명을 위해 고속 교통수단을 만드는 것과 300억을 들여 달 탐험을 하는 것 중 더욱 가치 있는 일이 무엇인가에 대해서도 그들은 전혀 숙고하지 않는다.

직업의 전문화는 사다리를 따라 올라가는 무책임한 전문가들을 양산한다. 위로 갈수록 무책임한 전문 경영인이 많아진다. 전문화는 또 관료주의를 강화한다. 관료조직 내의 평범한 사람들이 규칙을 더욱 철저하게 제도화한다.

군대의 고위급 장성들은 충실한 애완동물의 전형적인 예다. 그들은 영웅이 되기 위해서 직무의 범위까지 확장한다. 그러고는 농부들과 전쟁을 벌이고 대량 학살도 마다하지 않는 이유를 물으면 그들은 진지한 표정으로 이렇게 답한다. "그건 내 관할이 아닙니다."

기술 전문가는 체제 순응력이 뛰어나기 때문에 아돌프 아이히만Adolf Eichmann(1906~1962, 정부가 문서화한 정책을 반드시 수행해야 한다고 생각했던 행렬하는 애완동물형의 전형적 인간. 독일 나치 친위대의 장교로 수백만 명의 유대인 학살을 지휘했고, 이스라엘에서 교수형에 처해졌다-편집자주)처럼 파괴적인 힘을 발휘할 수도 있다. 이런 사람들은 자신의 존재 가치가 일에서 시작해 일로 끝나는 로봇형 인간이 될 가능성이 있다. 다행히 그렇게 극단적인 경우는 소수에 불과하지만 현대를 사는 우리들 중 누구도 조직적 행렬에서 자유로울 수 없다.

중우사회에서 애완동물이 사는 법

오늘날 우리 사회의 모든 주요 조직이 위계적 퇴보를 겪고 있다. 그 영향으로 사람들은 조직 내에 만연한 부패에도 이제 더

이상 관심을 갖지 않는다. 또 위계적 퇴보는 문명 체제의 붕괴와 사회의 불안을 불러오기도 한다. 행렬하는 애완동물의 대열에 합류한 사람들에게서는 근심하는 기색을 거의 찾아볼 수 없지만, 위계적 퇴보와 개인의 소멸을 걱정하는 사람들은 문제를 인식하고 있기 때문에 괴로워한다.

위계조직에 적응하지 못하는 사람들이 변화의 필요성을 아무리 역설해도 침묵하는 다수는 체제에 순응하여 윤리, 교육, 법, 상업, 정치, 모든 분야에서 뛰어나게 잘나지도 못나지도 않은 상태로 살아간다. 개인의 소멸은 곧 남들과 똑같이 평범하게 살아가는 사람들이 많아짐을 뜻한다. 위계조직에서 바람직한 기준은 다름 아닌 평범함이다. 평범한 다수로 구성된 사회를 '중우사회 Mediocracy'라고 하며, 행렬하는 애완동물들에 의해 번성한다.

중우사회가 원하는 애완동물형 인간상은 조직을 위해서 상상력과 창의력, 천성, 꿈, 개성을 버리는 사람이다. 공교육이 교육과정을 구획화하고 지식을 잘게 나누면서 우리는 모두 똑같아졌다. 공교육 과정에서부터 중우사회에서 기계적 역할을 담당할 준비를 해온 것이다. 그렇게 중우사회에 끌려간 사람들은 압도적인 권력의 눈치를 보며 자발적 의견이나 감정을 표현하지 못하게 된다. 비인간적, 기계적 조직생활은 나아가서 개인의 소멸이란 결과를 가져온다. 조직의 일부로서만 존재하는 사람들이 만족을 느끼는 순간은 오직 체계에 순응하여 윗사람을 따라가는 데 성공했을 경우뿐이다.

대중매체의 영향으로 취향이 획일화되고 특출난 사람들이 퇴행화됨에 따라 행렬하는 애완동물은 개성 없이 획일화된 소비자 집단이 된다. 이 집단에서는 취향의 차이가 존재하지 않는다. 행렬하는 애완동물이 모여 대중문화, 대중교통, 대중유행, 대중윤리, 대중정치를 만들어낸다. 기술의 발전으로 비인간화, 획일화된 사회는 그 사회의 구성원들에게서 책임감을 덜어준다. 이 사회에 사는 사람들은 결정의 의무로부터 자유롭다. 그들은 조직의 질서에 부합하는 행동만 하면 도태될 위험 없이 안전하다고 생각한다. 다시 말해 행렬하는 애완동물은 중우사회의 희생양인 동시에 상품, 선전, 정책의 맹목적인 소비자가 되어 사회체제의 강화에 일조하는 공범자인 셈이다. 따라서 행렬하는 애완동물은 소속감을 중시한다. 지극히 평범한 수준에 머물러 있으면서도 자신이 국가, 종교, 다수에 소속되어 있다는 것을 굉장히 자랑스러워한다. 조직의 중간층에 있는 사람들은 각종 여가모임과 친목회에 가입하여 소속감을 느끼고, 고위경영자들은 아무나 들어갈 수 없는 비밀모임을 조직해 우월함을 과시한다.

중우사회의 행정조직에는 각 부서마다 무사안일하고 구태의연한 태도로 업무에 임하는 사람들로 가득하다. 관료주의의 부패가 바로 여기서 비롯된다. 규제, 규범, 내규 등 수많은 규칙이 개인을 통제하고 개인의 삶을 조금씩 갉아먹는다. 그래서 중우사회의 관료조직에 있는 사람들에게서는 종종 심리 병리학적 증상이 나타난다. 그들은 자신의 안전이 조직의 규칙과 규제, 행사, 업무 기록 따위에 달려 있다고 생각하므로, 분별력 없고 규격화된 행동을 보인다. 이러한 행동은 종종 극도의 편집증으로 발전하기도 한다. 관료조직 체제 내에서는 절차와 형식이 결과나 공공의 이익보다 훨씬 가치 있게 여겨진다. 중우사회는 구성원을 조직적으로 빈틈없이 압박하여 관료주의의 형식을 수호하도록 한다. 이에 조직의 구성원들은 자연히 기존의 관료 체계에 복종하고 형식적인 절차를 따른다. 규칙에 순응하는 것만을 중시하느라 업무의 결과나 공공을 위한 봉사는 뒷전으로 미룬다. 조직에 길들여진 애완동물들은 조직의 규칙 하나까지도 잊지 않고 기억한다. 그들에게 조직 밖의 대중은 체제를 붕괴하고 변화를 꾀하려는 파괴적인 세력에 불과하다.

관료는 위계조직으로부터 부정적인 영향을 받은 희생양이라 볼 수도 있다. 위계조직에서는 규칙을 어기지 않고 변화를 선동하지 않는 것이 곧 능력이다. 이런 풍조가 만연한 환경에서 특출한 재능은 필요하지 않다. 상사나 부하직원이나 하는 일은 똑같다. 그들은 조직적인 행동에 익숙해져서 자기 일만 하고 자신의 재량을 발휘하길 꺼린다. 위계적 퇴보와 부패가 자기 자리와 직장과 사회와 국가를 파괴하고 있다는 사실은 까맣게 모르고 그저 주어진 일만 열심히 한다.

정치적 리더십도 예외는 아니다. 중우사회의 정치적 리더십은 행렬하는 애완동물들에게 그들이 생각하는 정치인의 이미지를 파는 데서 나온다. 이는 상품을 만들고 포장해서 대중에게 판매하는 전략과 다르지 않다.

미국의 제37대 대통령 리처드 닉슨Richard Nixon(1913~1994)은 대선 후보로 활동할 당시 심혈을 기울여 포장한 정치인으로서의 선례를 남겼다. 그는 최초로 여론조사를 실시하고 컴퓨터로 정보를 수집했다. 이런 방식으로 닉슨은 유권자가 듣고 싶어 하는 연설 내용을 하나로 모을 수 있었다. 그는 텔레비전 광고에 등장하여 유권자가 듣고자 하는 내용을 토씨 하나 틀리지 않고 연설했다. 전례를 찾아보기 힘들 정도로 정교하게 기획된 판매 기술이었다.

고객이 원하는 것을 알아내서 "이 상품 안에 당신이 원하는 모든 것이 들어 있다."라고 말하라. 상품이든 정치인이든 이 방법대로라면 대중에게 성공적으로 판매할 수 있다. 내용 대신 이미지와 포장, 브랜드 이름을 팔아라. 닉슨의 당선으로 고배의 쓴 잔을 마셔야 했던 휴버트 험프리Hubert H. Humphrey(1911~1978)도 다음과 같이 말함으로써 닉슨이 대선에 활용한 홍보방식만큼은 인정했다. "내 정치 인생에 가장 큰 실수는 텔레비전을 활용하는 법을 배우지 않은 것이다."

행렬하는 애완동물은 소비를 할 때도 조직의 계획대로 움직인다. 이들은 기술의 진보가 끊임없이 새롭고 놀라운 상품을 제공한다고 믿는다. 기존의 세탁용품보다 훨씬 효과가 좋다는 비누가 출시된다. 그런 다음에는 첨가제를 넣어 색깔, 모양, 입자, 크기를 달리한 비누들이 쏟아져 나온다. 그 뒤에는 새로운 재료를 첨가했다는 '엑스트라 버전' 비누와 신기술로 만들었다는 '뉴 포뮬러' 비누가 등장한다. 심지어는 세탁 전에 미리 담그는 세제와 세탁 후에 쓰는 섬유유연제까지 앞다투어 시장에 나온다. 행렬하는 애완동물들은 이런 광고를 보고 기술이 엄청나게 발전하고 있다고 믿는다.

그들은 크롬으로 도금한 자동차와 전자제품을 보고 엄청난 발전이라며 열광한다. 그들은 자신도 진보의 일부라고 생각한다. 자기 자신을 큰 사건과 동일시하고 우주탐사계획과 같은 과학적 성취에 뿌듯함을 느낀다. 하지만 실제로 그들은 과학적 성취와는 아무런 관련도 없고 심지어 과학적 성취의 진실에 대해서도 전혀 알지 못한다. 텔레비전이라는 음식을 꾸준히 섭취한 결과, 행렬하는 애완동물들은 포장되어 나온 정치인을 존중해야 할 가치로 인식하는 지경에 이르렀다. 안타까운 점은 보기 좋게 포장된 정치인이 행렬하는 애완동물들에게는 가치의 척도가 될 가능성이 높다는 사실이다. 이른바 후퇴의 소용돌이가 조직의 하층부터 상층까지를 모두 휩쓸고 있다.

중우사회에 진정한 지도자는 없다. 명목상의 지도자도 알고 보면 체제를 쫓는 신봉자에 불과하다. 여론조사와 컴퓨터가 행위를 규정한다. 대중은 변덕스러워서 늘 신재료와 신기술로 중무장한 새로운 상품의 탄생을 기다린다. 정치인에게 기대하는 바가 이와 다르겠는가. 그간의 여론조사 결과를 살펴보면 대중이 원하는 정치인상은 늘 변해왔다. 대통령은 바비큐 파티장에도 참석해야 하고 텔레비전도 봐야 하고 강아지도 쓰다듬어줘야 하고 골프도 쳐야 한다. 대중이 기존의 이미지에 식상함을 느끼지 않도록 대통령은 늘 새롭고 또 새로운 모습을 보여야 한다. 그래서 머리 모양도 자주 바꾸고 입담도 기른다. 새로운 이미지와 새로운 공약을 제시하기 위해서다.

뾰족한 방법이 없을까

보다 창조적이고 당당하고 유능하게 살 수 있는 방법은 분명히 있다. 무능의 단계에 도달하지 않는 방법, 나아가서 사회를 파괴시키는 위계적 퇴보에 대항할 수 있는 방법은 얼마든지 있다.

행렬하는 애완동물의 대척점에 있는 개념이 바로 휴머나이트다. 휴머나이트는 정신적 성숙, 자비심, 자아실현의 욕구와 같이 인간이 가져야 할 자질을 갖춘 인간상을 뜻한다. 휴머나이트는 창조적이고 당당한 삶의 태도로 잠재력을 끌어올리고 스스로 만족을 찾는 인간이다.

18장

피터의 원리로 본
인류의 발전과 퇴보

온유한 자가 세상을 물려받을 것이다.

— 나사렛 예수

피터식 역사 해석

생명체라는 거대한 위계조직에서 인간은 많은 진보를 이루어냈다. 인간은 나무에서 동굴로 이동했고 불을 사용하게 되었으며, 돌과 청동, 철을 연마하는 등 종種으로서의 생존 가능성을 높여왔다. 자만하는 사람들은 지금까지 인류가 그랬듯이 인간이 끝없이 상승하리라고, 무한히 발전하리라고 생각한다. 하지만 조만간 인간은 생존의 무능 단계에 도달할 것이다.

다른 종 역시 많은 진보를 이루었으나 결국 무능의 단계에 이르고 말았다. 공룡, 익룡, 매머드는 각각 크기, 날개, 엄니 등 자신만의 강점이 있었기 때문에 계속 번성하고 발전했다. 하지만 종의 진보를 보장했던 바로 그 우수성이 결국에는 무능력을 가져왔다. 즉, 능력은 항상 무능력의 씨를 숨기고 있다고 할 수 있다. 서민적인 쾌활함, 비독창성, 비민주적인 성격은 승진의 기회를 제공하기도 하지만 바로 이 점 때문에 더이상의 승진이 불가능해지기도 한다. 이미 많은 종이 영겁의 시간을 두고 진화한 끝에 무능의 단계에 도달하여 진보를 멈추거나 혹은 극도의 무능 상태가 되어 멸종했다. 이러한 현상은 인간 사회와 문명에도 나타났다. 강대국의 식민 통치 아래 발전했던 어떤 민족은 자치 정부를 세울 때 무능을 드러냈다. 도시국가나 공화국, 혹은 군주제도 아래에서 번영을 구가했던 나라는 제국으로 거듭나는 데 실패했다. 역경 속에서도 번성했던 문명은 막상 성공과 풍요의 시대에 생겨나는 갈등에는 효과적으로 대처하지 못한다.

이제 인류는 어떻게 될까? 인간의 '영리함'은 인류의 진보를 가능케 했던 원동력이다. 그 영리함이 앞으로의 진보에 장애물이 될 것인가? 그것이 인류를 무능의 단계로 후퇴시켜 결국 생의 위계조직에서 사라지게 하지는 않을까?

퇴보의 두 가지 징조

위계조직으로 인한 퇴보

사회는 학교를 통해서 인류의 새로운 구성원을 교육하고 훈련시킨다. 우리는 교사들에 대해서는 이미 앞에서 검토했다. 이제 학생들에게 영향을 미치는 학교의 모습을 살펴보자.

예전의 학교 제도는 피터의 원리를 전형적으로 보여줬다. 학생들은 한 학년씩 차례로 올라가다가 마침내 자신의 무능의 단계에 도달했다. 그리고 언젠가 '낙제'했다는 말을 듣는다. 낙제한 학생은 '그 학년을 반복'해야 한다. 즉 무능의 단계에 머물러야 한다. 만약 유급 기간 동안 지적 능력이 발달한다면 다음해에는 위의 학년으로 진급할 수 있다. 그렇지 않다면 다시 '낙제'와 '유급'을 반복하게 될 것이다. 이러한 '낙제'가 직장에서의 '성공', 즉 최종 직위에 오르는 것과 같다는 사실에 대해서는 어떻게 생각하는가?

학교 공무원들은 이러한 시스템을 좋아하지 않는다. 그들은 무능한 학생들이 많아지면 학교 수준이 낮아진다고 생각한다. 한 행정가는 이렇게까지 말한다. "어리석은 학생들은 올려 보내고 똑똑한 학생들을 낙제시킬 수 있었으면 좋겠어요. 그렇게 하면 학교 수준이 향상될 테니까요. 둔재들을 계속 데리고 있으면 우리 학교의 수준만 떨어지죠."

하지만 이처럼 극단적인 정책은 현실적이지 못하다. 그래서 행정가들은 차선책으로 능력에 상관없이 모든 학생을 일괄 진급시키는 계획을 추진했다. 그들은 학생들에게 낙제의 고통을 주지 않기 위해서라고 말하면서 이 정책을 심리적으로 정당화한다. 하지만 그들은 지금 무능한 학생들에게 파격적인 승진 요법을 사용하고 있는 것이다. 그 결과 고등학교 졸업생의 수준은 해가 갈수록 점점 낮아진다. 이러한 현상을 나는 '위계조직의 퇴보'라고 부른다.

퇴보의 결과

이제 교육 수료증이나 학위 증서는 능력을 평가하는 잣대로서의 가치를 상실했다. 예전의 교육 체제에서는 낙제한 학생이 적어도 그 아래 단계의 수준은 된다는 것을 알 수 있었다. 예를 들어 대학 1학년을 낙제한 학생이 적어도 능력 있는 고등학생이었다는 사실을 알았던 것이다. 그러나 이제는 그와 같은 것을 가늠할 수가 없게 되었다. 지금의 수료증은 그 학생이 해당 학년을 버틸 능력이 있었다는 정도만을 입증한다. 한때 능력을 증명하는 수료증 역할을 했던 고등학교 졸업장은 마치 무능의 증서가 되어서, 고등학교 졸업장만 가지고는 좋은 직장에 취직하기 어렵게 되었다.

이러한 현상은 고등학교 이후에도 똑같이 나타난다. 학사와 석사 학위의 가치는 이미 퇴보했다. 오직 박사만이 여전히 능력 있다는 느낌을 주지만, 그 가치 역시 급격히 떨어지고 있다. 박사 학위가 또 다른 무능력의 배지가 되면 사람들은 박사보다 훨씬 더 높은 학위를 따기 위해 열심히 더 열심히 공부해야 할 것이다. 그러나 이러한 노력이 커질수록 퇴보의 과정은 촉진된다. 당신이 열중하는 무엇인가를 더 많이 더 빨리 얻으려고 할수록, 그 수준은 저하되고 위계적인 퇴보가 시작된다. 이것을 극복하는 방법에 대해서는 뒤에 다시 언급하겠다.

컴퓨터로 인한 무능력

술 취한 사람은 차를 운전하면서 일시적인 무능의 상태에 빠진다. 만취한 상태로 걷는 사람은 본인만 위험할 수 있지만 음주 운전은 다른 수십 명의 사람까지 위험에 빠뜨릴 수 있다. 즉 내가 사용하는 수단이 강력할수록 나의 능력에 따라 더 큰 이익이나 손해를 본다는 것이다. 실제로 출판물, 라디오, 텔레비전이 차례로 등장하면서 인간의 무능력을 점점 널리 확산시켰다. 이제는 컴퓨터 차례가 되었다.

두 가지 조짐의 해석

퇴보의 두 가지 조짐, 즉 위계적인 퇴보와 컴퓨터로 인한 무능력은 삶 전체를 무능하게 만들 수 있다. 따라서 이것이 계속된다면 총체적인 생존의 무능 단계로 확대될 것이다. 우리는 앞에서 투입물input에 대한 강박관념이 위계조직의 존재 목적(성과 output)을 파괴할 수 있다는 사실을 알았다. 경솔하게 교육적인 노력을 강화하거나 부정확하고 시대에 뒤떨어진 자동화 개발을 추진하는 것은 투입물에만 집착하는 또 다른 예다. 정치, 과학, 교육, 산업과 군사 분야의 지도자들은 훌륭한 투입물이 훌륭한 성과를 산출한다는 어리석은 믿음에 현혹되어 최대한 빠르고 멀리 발전해야 한다고 주장해왔다. 하지만 위계조직학을 알고 있는 당신은 계속 투입만 강화하는 것은 '피터의 도치'일 뿐이라는 점을 알고 있을 것이다.

인류의 총체적인 무능력

결과적으로 우리는 영리함과 상승에 대한 맹목 때문에 불행에 처하게 되었다. 수십 년 전, 땅에는 수정처럼 투명한 호수가 있었고, 시원하고 맑은 물이 흐르는 개울이 어디에나 있었다. 토양은 건강에 좋은 식량을 생산해냈다. 시민들은 고요한 아름다움이 있는 시골 풍경을 쉽게 접할 수 있었다. 하지만 지금의 호수와 개울은 시궁창이나 다름없다. 공기는 매연과 스모그로 가득차 있고, 땅과 바다는 살충제로 오염되어 새와 벌, 물고기와 가축이 죽어가고 있다. 전원은 쓰레기장이 되어버렸다.

이것이 진보인가! 너무나 많이 진보하여 인류 생존의 전망을 확신할 수도 없을 지경이 되었다. 우리는 이 세기의 희망을 꺾어버렸고, 과학의 기적은 곧 핵폭발에 대한 공포로 바뀌었다. 만일 우리가 이러한 진보를 계속 계획하고 추진한다면 우리는 총체적인 생존의 무능 단계에 도달하게 될 것이다.

행복한 삶을 위한 피터의 제안

나는 다음과 같이 제안한다.

- 피터의 예방 : 무능의 단계로 상승하지 않는 방법
- 피터의 완화 : 이미 무능의 단계에 도달한 자들의 생존 방법
- 피터의 이미지 조작 : 최종 승진 증후군의 증상을 억제하기 위한 것
- 피터의 처방 : 세계의 병폐에 대한 치료법

피터의 예방 : 무능의 수준까지 승진하지 마라

위계조직학 견지 차원에서 예방약이란 최종 승진 증후군이 나타나기 전 혹은 위계적 퇴보가 시작되기 전에 적용되는 수단이다.

부정적 사고의 효과

나는 부정적인 생각을 함으로써 삶의 활력을 유지하는 방법을

강력히 추천한다. 7장에 소개된 말 드마르가 사장이라는 직위의 부정적 측면에 대해 생각했다면 과연 승진을 수락했을까? 그가 "이사들이 나를 어떻게 생각할까? 부하직원들은 나에게 무엇을 기대할까? 내 아내는 무엇을 바랄까?"라고 물었다면 어떻게 됐을까? 말 드마르가 승진의 부정적 측면에 대해 고려해보았다면 자신의 건강을 해칠 일련의 행동을 중지했을까? 그에겐 지적인 능력이 있었다. 따라서 앞서 설명한 규범의 충돌, 친구들과의 변화된 관계, 컨트리클럽에 가입해야 하는 부담, 언제나 정장 차림을 해야 하는 것, 자선단체의 요청, 그리고 승진과 관련된 그 밖의 모든 압력을 포함하여 부정적 측면을 모두 떠올릴 수도 있었다. 그랬다면 그는 승진하기 전의 인생이 성취감과 만족을 준다는 것을 알게 됐을 것이고, 현재 상태와 사회적 삶, 취미와 건강을 유지할 가치가 있다고 결정했을지도 모른다.

당신도 부정적 사고의 효과를 경험할 수 있다. 자신에게 이렇게 물어보라. "나는 내 상사의 상사를 위해 일하는 것을 좋아하는가?" 당신은 당신의 상사가 아니라, 상사의 상사를 보아야 한다. 당신보다 두 단계 위에 있는 사람을 직접 상대하면서 일하는 것이 어떨 것 같은가? 그 질문에 대한 답을 생각하다보면 나쁜 결과를 막을 수 있다.

도시나 국가 혹은 세계적 규모의 무능력을 처리할 때에도 부정적 사고의 잠재적 효과는 매우 크다. 예를 들어 비싼 해저탐험 프로그램의 장점을 생각해보고 해저에서의 불쾌감과 위험에 대해 진지하게 고려해보자. 이것을 수영장에서 보내는 오후나 해변의 저녁 파티가 주는 편안함과 안전함과 비교해보자. 온 세상에 살충제를 뿌렸을 때의 불쾌한 냄새와 위험을 생각해보자. 그리고 이를 정원에 물을 줄 때의 소박한 기쁨과 비교해보자. 부정적 사고는 우리가 스스로를 생존의 무능 단계로 끌어올리는 것을 피하게 하고, 세상의 파괴를 막도록 돕는다.

창조적 무능력을 활용하자

인간의 생존이 무능력에 이르는 심각한 문제를 예방하는 또 다른 방법은 창조적 무능력을 활용하는 것이다. 우리가 생명이라는 위계조직의 발전을 포기할 필요는 없으나, 생존과 직접적인 상관이 없는(음식을 얻고 몸을 따뜻하게 하고 건강한 환경을 유지하고 아이를 양육하는 등 종족보존의 필수요소와 관계없는) 영역에서 무능력을 실천하여 무의미한 발전을 막을 수 있다.

한 예로, 그동안 인간은 수송 문제를 유능하게 해결했다. 그래서 우리는 짧은 시간 안에 지구의 어떤 지역으로든 여행할 수 있다. 인간은 지상을 여행하는 수준에서 우주여행의 수준까지 발전했다. 하지만 이것은 여행 그 자체를 위한 상승이다. 대부분의 사람은 개인적으로 달이나 화성, 금성을 탐험할 필요가 없다. 인간은 이미 이러한 행성들을 생생히 보여줄 레이더, 텔레비전 그리고 촬영 장비를 고안했고, 이것을 통해 다른 행성이 사람이 살기에 적합하지 않다는 사실을 알고 있다. 인간은 우주여행자가 되지 않고도 잘 살 수 있다.

그러나 우리가 관찰한 대로, 진보를 거부하기란 쉽지 않다. 안전하고 즐겁고 효과적인 방법은 왠지 발전의 대상으로서 가치가 없어 보인다. 이것을 추구하는 것이 바로 창조적 무능력이다. 우리는 우주여행이라는 분야에서 창조적 무능력을 발휘할 기회를 갖고 있다. 우리 자신의 위험한 꾀를 억제하고 약간의 건강한 무능력을 보일 기회 말이다.

한 가지 예를 더 살펴보자. 인간은 마술이나 주술, 종교치료로부터 현대의 정통 의약과 수술에 이르는 치료의 역사를 발전시켰다. 인간은 이제 신체의 일부, 자연 혹은 합성품에서 인간을 창조할 수준에까지 이르렀다. 이러한 진보는 인간을 치료자에서 창조자로 발전시킬 것이다. 그러나 인구 폭발과 기아의 확산에 직면한 인간이 과연 그러한 발전을 받아들일 필요가 있을까? 이 시점에서 창조적 무능력을 발휘해서 쓸모없고 잠재적으로 위험한 발전을 피하는 것은 시대착오적인 것일까?

당신에게 달려 있다

생각을 조금만 달리하면 당신은 이 창조적 무능력이나 유순함이 잘 적용될 수 있는 다른 분야를 더 발견할 수 있다. 대기오염,

핵전쟁, 기아 혹은 화성 박테리아의 침투 등 총체적인 생존의 무능 단계로 발전할 위험에 직면해 피터의 예방법을 써보는 것이 좋을 것이다. 우리가 부정적 사고와 창조적 무능력을 사용해 최후의 단계를 밟는 것을 피한다면 인류 생존의 가능성은 더 커질 것이다. 피터의 예방법은 병적인 진보를 막아준다.

피터의 완화 : 1온스의 구원

아직 전 인류가 총체적인 생존의 무능 단계에 도달하지는 않았지만, 우리가 관찰한 대로 많은 이들이 이미 그 단계에 도달해서 빠른 속도로 스스로를 도태시키고 있다. 나는 이러한 사람들을 위한 완화제에 대해서 일찍이 언급했다. 이것은 그들을 상대적인 행복과 위안 속에서 살아가게 하는 수단이다. 지금부터 그와 같은 완화제가 어떻게 더 큰 규모로 적용될 수 있는지 알아보자.

타의에 의한 발전을 막자

우리가 앞서 본 대로 교육 체제의 위계적 퇴보는 예전 같으면 낙제되었을 학생들을 무더기로 진급시키면서 시작되었다. 나는 파격적인 승진 요법을 사용하는 대신 수평이동 방법을 쓸 것을 제안한다.

현재는 8학년에서 낙제하는 학생도 9학년으로 올라간다. 내

계획대로 하면 그 학생은 8학년에서 1년짜리 심층학습 프로그램 과정으로 수평이동을 해야 한다. 그렇게 되면 전에 이해하지 못한 부분들에 대한 강화학습을 하면서 8학년 공부를 다시 할 수 있다. 또한 부가적 경험, 자기 성숙의 과정을 겪고 운이 좋으면 더욱 훌륭한 교육을 받으면서 9학년을 대비할 것이다. 이 1년 동안 성과를 올리지 못하더라도 부모는 그 학생이 심층학습 프로그램 과정을 1년 더 밟는 것을 반대하지 못할 것이다. 만약 그 학생이 학교를 떠날 나이가 되도록 성적이 오르지 않는다면 심층학습 프로그램의 평생회원 증서를 받게 될 것이다.

이처럼 수평이동은 학생을 옆길로 내보낸다. 이것은 계속 상승하는 학생들의 학업을 방해하는 것도, 그들의 학년이나 학습과정의 가치를 떨어뜨리는 것도 아니다. 이 기술이 개개인에게 성공적으로 적용된 사례도 있다. 따라서 대규모로 교육 현장에서도 시도할 가치가 있다고 생각된다. 피터의 완화는 파격적인 승진을 예방한다.

피터의 이미지 조작 : 1온스의 이미지

피터의 이미지 조작은 무능의 단계에 이르러 나타나는 바람직하지 않은 결과를 억제하여 더 발전하지 않게 하는 방법이다.

8장에서 소개했던 벤더의 경우를 떠올려보자. 그녀는 무능의 단계에 있었으며, 수학을 가르치는 것이 아니라 수학의 가치를 찬양하는 데 모든 시간을 쏟았다. 그녀는 이미지를 업무 수행 능력으로 대체하고 있었다. 즉, 피터의 이미지 조작 방법을 쓴 것이다. 이때 작은 이미지는 큰 업무를 성취한 것과 같은 가치를 지닌다.

이제 그 이미지 조작이 큰 규모에서 어떻게 적용되는지 살펴보자. 무능한 사람들은 승진을 위해 분발하는 대신 노동의 숭고함에 대해 열변을 토한다. 유능하지 못한 교육가들은 가르침을 포기한 채 교육의 가치를 찬양하는 데 온 시간을 보낼 것이며, 능력 없는 화가들은 예술의 감상에 대해서만 얘기할 것이다. 또한 무능한 우주과학자들은 과학소설을 쓰려 할 것이며, 연애에 서툰 사람들은 사랑에 대한 유행가를 만들려고 할 것이다.

피터의 이미지 조작을 사용하는 사람들은 훌륭한 일을 하지는 못해도 남에게 피해를 주지는 않는다. 또한 그들은 다양한 직업에 종사하는 유능한 인재들을 방해하지도 않는다. 피터의 이미지 조작은 직업적 마비를 방지한다.

피터의 처방 : 1파운드의 치료법

피터의 처방은 수백만의 사람들이 무능의 단계에 도달하는 것을 방지한다. 결과적으로 현재의 시스템 아래에서 좌절하는 비생산적인 사람들이 행복을 되찾고 사회에 유용한 구성원으로 거듭날 수 있다. 피터의 완화와 피터의 이미지 조작을 사용하면 무능의 단계에 도달했던 사람들이 더이상 남에게 피해를 주지 않고도 행복하고 건강하게 지낼 수 있다.

지금은 수많은 무능한 사람들이 건강을 돌보랴 자기 실수를 만회하랴 바쁘게 움직이지만, 나의 제안대로 변화한다면 생산적인 일을 할 수 있을 만큼 자유로워질 것이다.

이러한 변화의 결과는 무엇인가? 우리의 막대한 시간과 창의력, 열정이 건설적인 목적에 쓰이게 될 것이다. 예를 들어 대도시 사이에 안전하고 효율적이며 신속한 수송 시스템을 개발할 수도 있다. 이것은 달 탐사선보다 적은 비용으로 더 많은 사람들에게 혜택을 줄 것이다. 혹은 대기를 오염시키지 않을 동력 자원을 개발할 수도 있다. 무연 쓰레기 소각기로 동력을 공급하는 발전소 같은 것 말이다. 그리하여 건강을 증진하고 아름다운 환경을 만들 수 있을 것이다. 그리고 자동차의 품질과 안전성을 향상시키고 도로를 정비하여 여행할 때 안전과 즐거움을 높일 수도 있다. 농약을 쓰지 않고도 토양을 비옥하게 하여 유기 농산물을 생산할 수도 있다. 지금까지는 폐기해버렸던 많은 쓰레기를 현재의 분배 체계만큼이나 복잡한 수거 체계를 이용하여 새로운 상품으로 개발할 수도 있을 것이다. 이렇게 하지 않으면 폐기물을 매립하느라 건설적인 목적에 쓰일 토지가 사라질 것이다.

당신의 삶에 적용할 차례다

피터의 원리를 진지하게 받아들였다면 삶과 일, 그리고 도시와 국가, 지구의 메커니즘에 피터의 원리를 어떻게 적용할 수 있는지 알게 됐을 것이다. 양적 팽창만을 추구해서는 위대한 성취를 이룰 수 없다. 인간은 삶의 질을 개선함으로써, 즉 삶의 무능력을 피함으로써 성취감을 얻을 수 있기 때문이다.

나는 당신이 피터의 원리를 이해하고 활용하기를 바라는 마음으로 이 책을 썼다. 이것을 받아들이고 적용하는 것은 당신의 몫이다.

부록 피터의 원리는 어떻게 탄생했나

피터의 원리는 결코 피할 수 없다

로런스 피터

어떤 원리를 발견한 사람이 언제 그 원리를 떠올리게 됐는지를 정확히 기억하기는 쉽지 않다. 나 역시 마찬가지인데, '피터의 원리'는 내가 어느 날 갑자기 떠올린 것이 아니라 인간의 무능력에 대해 오랫동안 관찰하면서 서서히 알게 된 것이기 때문이다. 나는 여기서 피터의 원리를 어떻게 발견하게 되었는지를 설명하겠다.

분명히 '원리'가 있다

어떤 사람들은 자신의 능력을 십분 발휘하고 있지만 대부분의 사람들은 자신의 힘에 부치는 지위에 올라 업무를 제대로 처리하지 못하고 다른 이들까지 실망시킨다. 모든 사람에게는 적성에 맞지 않는 일이 있게 마련이다. 나는 지금 우리를 당황스럽게 하는 실수나 잘못, 실언 등에 대해 말하는 것이 아니다. 누구나 실수를 저지를 수 있다. 역사적인 위인들도 실수를 저지른다. 반대로 무능한 사람들도 가끔은 좋은 평가를 받을 때가 있다. 나는 이와 같은 '우연'이 아니라, 왜 모든 직장의 중요한 직책이 그처럼 무능한 사람들로 채워지고 있는지를 설명할 수 있는 '원리'를 찾아내려고 노력했다.

피터의 원리가 공개적으로 발표된 것은 1960년 9월에 열렸던 한 세미나에서였다. 그때 나는 연방정부의 지원을 받는 교육연구 사업체의 이사들을 상대로 연설하기로 되어 있었다. 그 이사들은 모두 그럴듯한 제안을 한 덕에 한두 사업체에서 이사로 승진한 이들이었다. 이들 중 몇몇은 실제로 연구 기법을 알고 있었지만 이것 때문에 이사직에 오른 것은 아니었다. 그나마 다른 이들은 별 의미도 없는 통계 작업만 반복하면서 자리만 차지하고 있었다. 나는 그들이 시간과 세금을 축내고 있다는 것을 알게 된 뒤 피터의 원리를 소개하여 그들의 자괴감을 덜어주고자 했다. 하지만 나의 설명을 들은 그들은 적대감을 보이거나 비웃을 뿐이었다. 어떤 젊은 통계학자는 너무 웃다가 의자에서 떨어질 정도였다(나중에 그는 자신의 행동이 나의 충격적인 발표 내용 때문이기도 했지만, 다른 참석자들의 얼굴이 발표를 듣고 처음엔

벌겋게 상기되었다가 나중에는 새파랗게 질려버리는 것을 보고 의도적으로 취한 것이었다고 고백했다). 이 경험을 통해 내가 연구하고 정리한 사례가 정확하고 취합한 자료가 매우 현실적이더라도 글 전개는 풍자적으로 해야겠다고 생각하게 되었다. 그래서 나는 1960년과 1964년 사이에 실시한 많은 강연과 그 후에 발표한 글에서 매우 흥미로운 사례들을 골라서 인용했다. 하지만 이들의 명예를 보호하기 위해 모두 가명을 사용했다.

레이먼드 헐과의 만남, 출간의 어려움

1963년 12월 어느 날, 나는 레이먼드 헐과 한 극장에서 형편없는 연극을 관람하고 있었다. 나는 막간에 헐에게 왜 주연배우가 관객들을 등지고 대사를 읊으며 엉뚱한 곳을 쳐다보고 있는지에 대해 이야기했다. 유능한 배우였던 이 날의 주연배우는 배우 · 감독 · 제작자의 역할을 모두 하려다가 이런 지경에 이른 것이었다. 계속 이어진 대화 도중 헐은 내가 강연에 참석하는 몇몇 선택받은 사람에게만 피터의 원리를 설명하고 있다고 지적했다. 그는 나에게 피터의 원리를 책으로 써서 모든 이들이 읽을 수 있도록 해야 한다고 했다. 내가 책을 쓰지 않는다면 다른 사람이 이 원리를 발견하여 먼저 출간할지도 모른다는 충고도 잊지 않았다. 마침내 우리는 함께 책을 쓰기로 합의하고 1965년 봄에 집필을 끝냈다.

우리는 원고를 몇몇 대형 출판사에 먼저 보냈다. 제일 처음 받은 회신은 다음과 같았다. "우리는 이 책이 팔릴 가능성이 없다고 생각합니다. 출간할 마음을 접으시기 바랍니다. 어떤 방법으로도 판매 목표를 달성할 수 없습니다." 두 번째 편지에는 이렇게 적혀 있었다. "당신은 그처럼 복잡한 문제를 너무 가볍게 다룬 것 같습니다." 이런 편지도 있었다. "이런 코미디를 쓰려고 그렇게 많은 비극적 사례를 수집하셨나요?" "만약 당신이 마음을 바꿔 이 책을 우스운 것이나 혹은 아주 심각한 책으로 만든다면 한번 출간을 고려해보겠습니다." 나는 2년 동안 수십 군데의 출판사로부터 거절당하고 난 후, 도대체 세상이 나의 이론을 받아들일 준비가 되어 있는지 심각하게 고민하기 시작했다.

고민 끝에 우리는 우선 이 원리를 몇 편의 논문으로 나누어 서서히 발표해보기로 결심했다. 헐이 「에스콰이어」 1966년 12월호에 원고를 게재했고, 나는 1967년 4월 17일자 「웨스턴 매거진」에 글을 기고했다. 「웨스턴 매거진」에 실린 글에 대한 독자들의 반응은 대단했다. 수개월 동안 400여 통의 편지가 날아들었다. 그 후 강연 요청과 원고 청탁이 쇄도했고, 우리는 이 요청을 가능한 한 모두 받아들였다.

마침내 1968년 3월, 윌리엄 모로 출판사 사장이 피터의 원리를 책으로 내면 어떻겠느냐고 제안했다. 나는 원고에 쌓인 먼지를 털어내고 이 원고를 그에게 넘겨주었다. 1969년 2월에 출간된 이 책은 비소설 부문의 베스트셀러가 된 후 20주 동안 1위 자리를 지켰고 그 후에도 1년 이상 베스트셀러 목록에 올라 있었다. 동시에 이 책은 14개 국어로 번역·출판되었고 많은 대학 강좌의 필독서가 되었으며 세미나의 단골 주제가 되었다. 아울러 피터의 원리가 객관적 타당성을 지니는지 여부를 조사하는 많은 연구도 수행되었다.

다다多多익선, 고고高高익선?

인간은 누구나 자신의 능력 이상으로 올라가려는 경향이 있다. 우리는 무엇이든 높을수록 많을수록 좋다는 식으로 행동한다. 그러나 이처럼 어리석은 행동 때문에 큰 희생을 치르는 사람들이 얼마나 많은가. 인간은 필요 이상으로 생산능력을 확대함으로써 환경을 오염시키고 생태계의 균형을 파괴하고 있다. 앞으로 닥쳐올 한계상황으로부터 인류를 구하려면 어리석은 확장이 어디에 맞닿아 있는지를 살펴보아야 한다. 우리는 목표를 차분히 검토해야 한다. 또 진정한 진보는 생존의 무능 단계로 올라가는 것이 아니라 삶의 질을 높임으로써 달성된다는 사실을 깨달아야 한다. 우리는 삶의 의미를 재평가하고 자신의 지능과 기술을 인류의 보존과 인간다운 특성을 개발하는 데 사용할 것인가 아니면 자신의 창조적 능력을 거대한 죽음의 덫을 만드는 데 사용할 것인가를 결정해야 한다.

무능을 이해하는 지혜

레이먼드 헐

작가이자 저널리스트인 나는 문명사회에 대해 연구할 기회가 많았다. 나는 정부와 기업, 교육, 예술 등 다방면에 걸쳐 많은 조사를 하고 글도 수없이 썼다. 그러면서 아주 고상한 사람들을 비롯하여 평범한 사람과 하층민에 이르기까지 다양한 직종에 종사하는 여러 사람들을 만나 질문하고 그들의 흥미진진한 이야기에 귀를 기울이기도 했다. 이 과정에서 내가 깨달은 사실은 누구나 실수를 한다는 것이었다. 무능력은 어디에나 있었다. 더욱 놀라운 점은 무능력자들이 승승장구하고 있다는 사실이었다.

세상엔 무능한 사람이 왜 이렇게 많을까

나는 1,300미터가 넘는 간선도로의 다리가 무너져 바다에 잠긴 것을 본 적이 있다. 여러 차례의 검사와 확인 작업을 거쳤다지만 정작 교각의 설계가 잘못된 것은 잡아내지 못했던 것이다. 도시계획 당국자들이 장마철만 되면 물에 잠기는 지역에다 도시를 건설한다고 서두르는 것을 본 적도 있다. 영국의 한 발전소에서 거대한 냉각탑 3개가 무너졌다는 기사를 읽은 적도 있다. 냉각탑 하나를 짓는 데 100만 달러나 들였다지만, 거센 바람 한 번에 쓰러질 만큼 약한 것이었다. 텍사스의 휴스턴에 있는 실내 야구장은 다 지어진 후에야 야구경기에 적합하지 않다는 사실이 드러났다. 햇빛이 강한 날에는 천장에 빛이 반사되어 선수들이 날아오는 공을 볼 수 없었다. 어떤 가전제품 제조 회사는 보증기간 안에 대부분의 제품이 고장날 것이라는 예상을 하고(실제로 그렇다는 점은 경험으로 알 수 있다) 지역마다 애프터서비스 센터를 운영하고 있다. 나는 새 차를 구입한 운전자들이 고장 때문에 불평하는 소리도 자주 들었다. 또한 주요 자동차 회사에서 생산한 차량의 약 5분의 1은 생산 때부터 결함이 있어서 잠재적인 위험을 안고 있다고 한다. 뭐, 새삼 놀랄 일도 아니다.

혹시나 해서 하는 말이지만, 나를 편견에 사로잡힌 극우보수주의자로 밀어붙이지는 말기 바란다. 내가 이런 일을 비판하는 것은 단지 내가 지금 그들과 함께 살고 있기 때문이다. 무능력은 시간과 장소를 가리지 않는다. 그럼 이쯤에서 과거에는 어떤 일이 있었는지 한번 들춰보자.

맥컬리는 사무엘 페피스의 보고서를 인용하여 1684년의 영국 해군의 실상을 폭로했다. "해군 당국은 낭비와 부패, 무지와 나태의 온상이었다. 믿을 만한 자료는 하나도 없고 (…) 계약이 체결된 흔적도 없으며 (…) 제대로 조사가 이루어진 적도 없다. 처음 참전하는 신참 중 어떤 이는 너무 나약해서 군대생활에 적응하지 못하고 배에서 내리기도 한다. 선원들은 월급을 제때 받지 못하는 바람에 월급 전표를 40퍼센트나 깎더라도 대금업자에게 넘기려고 안달이었다. 바다에 대해서는 아무것도 모르는 자들이 책임자랍시고 배를 지휘하고 있었다." 1810년 포르투갈 전투에 참전하는 장교 명단을 조사한 웰링턴은 이렇게 말하기도 했다. "적군도 자기 병사들의 명단을 보고 나처럼 떨기만을 바랄 뿐이다."

남북전쟁에 참전한 리처드 테일러 장군은 남부연합의 수도인 리치먼드를 공격했던 '7일 전투'를 회고하면서 이렇게 말했다. "남군 장군들은 리치먼드시의 지형에 대해 거의 백지상태였다. 리치먼드시를 하루 종일 행군하고 나서도 중앙아프리카의 오지만큼도 모르고 있었다." 실제로 남군의 사령관이었던 로버트 리는 "내 명령이 제대로 수행되는 꼴을 못 봤다."라며 벌컥 화를 낸 적도 있었다.

이와 비슷한 예는 얼마든지 있다. 2차 세계대전 중에 영국 육군은 독일보다 성능이 떨어지는 폭탄을 가지고 싸웠다. 영국의 과학자들은 1940년 초에 약간의 알루미늄 가루만 추가하면 기존보다 두 배나 강한 폭탄을 값싸고 간단하게 만들 수 있다는 사실을 발견했다. 하지만 영국 군대는 1943년이 저물 즈음에야 그 이론을 활용했다. 역시 2차 세계대전 때, 어떤 오스트레일리아 장군은 당시 병원으로 쓰던 배의 물탱크를 수리한 후 검사를 한 결과, 탱크 안쪽이 납이 함유된 페인트로 칠해진 것을 발견했다고 한다. 배에 타고 있던 사람들을 모두 납중독 환자로 만들 수 있는 사건이었다.

이것보다 더 심한 이야기도 얼마든지 있다. 이는 모든 사회에 무능력이 보편화되었다는 증거들이다. 나는 달로켓이 무언가를 잃어버려서 혹은 어딘가가 고장나서, 무엇인가가 작동을 안 하거나 갑자기 폭발해버려서 이륙을 못하는 사태가 발생해도 놀라지 않았다. 나는 정치가들이 자신의 공약을 이행할 능력이 없다는 것도 자연스럽게 알게 되었다.

내가 든 예를 보고 혹시나 무능력이 공공사업이나 정치 그리고 우주여행처럼 자신과 동떨어진 거대한 분야에 국한된다고 생각한다면 당신은 귀찮지만 그런대로 지낼 수 있을지도 모른다. 하지만 실상은 그렇지 않다. 무능력은 우리와 너무도 가까운 곳에서 항상 우리를 따라다니면서 불쾌하게 한다. 지금 이 글을 쓰고 있는 순간에도 옆집 여자는 전화 통화를 하고 있다. 나는 그녀가 하는 말을 모조리 들을 수 있다. 지금은 밤 10시, 맞은편 아파트에 사는 남자는 요즘 감기에 걸려 일찍 잠자리에 든다. 나는 그의 간헐적인 기침 소리를 들을 수 있다. 그가 돌아누울 때면 침대 스프링이 삐걱거리는 소리도 들린다. 내 집이 싸구려 아파트여서 그럴 것 같은가? 결코 아니다. 이 집은 현대식 고층 아파트다. 이 아파트를 설계한 사람은 도대체 무슨 생각을 하고 사는 사람인지 한심하기만 하다.

또 언젠가는 새로 지은 고등학교 강당에서 녹음기를 사용하려 했지만 전원을 찾을 수 없었다. 강당 관리인은 자신이 그곳에 근무한 지 1년이 넘었지만 무대에서 스위치를 본 적이 없다고 했다. 그는 강당에 전선 자체가 없는 것은 아닌지 의심하고 있었다.

어느 날에는 스탠드를 사러 나갔다. 나는 가구와 가전제품을 파는 큰 상점에서 마침내 마음에 드는 스탠드를 발견했다. 점원은 곧바로 스탠드를 포장하려고 했지만 나는 성능을 시험해보고 싶다고 했다(나는 매사에 신중해졌다). 그가 한참을 헤매면서 전구 소켓을 찾는 걸 보니 매장에서 전기제품을 시험해본 적이 없는 것이 분명했다. 우여곡절 끝에 전원에 연결하긴 했지만 불은 들어오지 않았다. 같은 스타일의 다른 제품들도 마찬가지였다. 그 가게에 있는 모든 스탠드의 스위치가 고장나 있었던 것이다. 최근에는 이런 일도 있었다. 별장을 수리하면서 유리섬유 단열재 56평방미터를 주문했다. 그때 나는 계산대에 서서 점원이 주문사항을 제대로 기록하는지도 확인했다. 하지만 결과는 어처구니없었다. 상점에서 65평방미터짜리 청구서를 보냈고, 정작 도착한 물건은 84평방미터짜리였다.

흔히 교육으로 모든 걸 고칠 수 있다고 말하지만 무능력은 절대 치유될 수 없다. 심지어 교육 분야에도 무능력은 만연해 있다. 고등학교 졸업생 중 3분의 1은 5학년 수준의 책도 제대로 못 읽는 것으로 조사되었다. 대학에서 신입생들에게 책 읽는 법을 강의하는 것은 이제 당연한 일이 되었다. 몇몇 대학에서는 신입생의 20퍼센트가 전공 서적을 읽고도 내용을 제대로 이해하지 못한다고 한다.

어떤 대학은 내가 15개월 전에 이사를 했는데도 여전히 예전 주소로 우편물을 보냈다. 이사할 때 분명히 바뀐 주소를 대학에 통보했는데도 말이다. 주소가 변경되었다는 통지서를 두 차례 보냈고, 전화도 한 번 했다가 결국은 직접 찾아가기까지 했다. 나는 손가락으로 예전 주소를 짚어준 다음 새 주소를 받아쓰게 했고, 담당자가 받아 적는 것도 지켜보았다. 그렇게까지 했는데도 내 우편물이 여전히 옛 주소로 가는 것이다. 이틀 전에는 더욱 기막힌 일이 벌어졌다. 내 옛날 집에 살면서 지난 15개월 동안 내 우편물을 대신 받아주던 여자로부터 전화가 왔다. 그녀가

하는 말이, 며칠 전에 다른 집으로 이사를 했더니 내 우편물이
그녀의 새 집으로 배달되더라는 것이었다.

이러한 일들을 겪고 난 후 나는 어디에나 따라다니는 무능력
에 두 손 두 발 들어버렸다. 하지만 나는 무능력의 원인이 밝혀
진다면 치료 방법도 찾을 수 있다는 생각은 버리지 않았다. 그
래서 여러 가지 질문을 던지기 시작했고, 그 과정에서 정말로
많은 이론을 접했다.

한 은행가는 "요즘 아이들은 효율적으로 일하는 습관을 배우
지 못한다."라면서 학교를 비난했다. 교사는 정치인들을 욕하면
서 이렇게 말했다. "정부 부서에 있는 사람들도 저렇게 비효율
적인데 시민들에게 무엇을 기대할 수 있겠는가? 게다가 그들은
적절한 교육예산을 책정하라는 우리의 당연한 요구도 거절하고
있다. 학교마다 컴퓨터 한 대씩만 있어도 좋을 텐데……." 무신
론자는 교회를 이렇게 비난한다. "'천국의 열쇠'라는 황당무계
한 이야기로 사람들을 현혹하고 현실에 충실하지 못하도록 방
해한다." 반면 성직자들은 "텔레비전과 라디오, 영화 같은 매체
들이 오락물만 쏟아내는 바람에 현대인들이 교회의 도덕적인
가르침에서 점점 멀어진다."라고 비난한다. 노동조합은 "경영
자는 제 욕심만 채우면서 우리에게는 최저생계비도 제대로 주
지 않는다. 직원들은 임금이 너무 낮아서 일할 의욕도 잃어버렸

다."라고 하면서 경영자를 손가락질하고 경영자는 노동조합을 비난하면서 "요즘 직원들은 임금 인상이나 휴가, 퇴직금 외의 것은 생각도 하지 않는다."라고 말한다.

개인주의자들은 복지국가를 추구하면 사회적으로 무책임한 태도가 만연하게 된다고 지적한다. 어떤 사회사업가는 "가정에서 도덕이 모호해지고 가족이 해체되면서 직업에 대해서도 무책임하게 되었다."라고 말한다. 그런가 하면 어느 심리학자는 "어릴 적부터 성적 충동을 억압하면 속죄 의식의 하나로 잠재적인 패배 의식이 생겨난다."라고 주장한다. 반면 어떤 철학자는 "우리가 인간인 한 사고事故는 언제든지 일어날 수 있다."라고 말한다.

무능력의 원인을 찾아내다

이렇게 분석 결과가 각기 다르게 나온다는 것은 대안이 하나도 없다는 것을 의미한다. 마침내 나는 무능력을 절대 이해할 수 없을 것이라고 생각하게 되었다. 그러던 어느 날 저녁, 나는 지루하기만 한 연극의 2막이 끝난 후 사람들과 무능한 배우, 감독에 대해 불평하다가 오랫동안 무능력에 대해 연구해온 로런스 피터 박사와 이야기를 나누게 되었다. 하지만 막간 휴식시간을 이용한 대화는 너무나 짧아서 내 궁금증만 커진 꼴이 되었다. 연극이 끝난 후 나는 그의 집으로 가서 새벽 3시까지 그의 명쾌하고도 놀라운 원리에 대한 설명을 들었다. '우리는 왜 무능해지는가'라는 의문에 대한 해답을 얻은 것이다. 그는 우리 사회에 존재하는 무능력의 원인을 아담의 원죄를 밝히듯이 명쾌하게 설명했다.

무능력의 원인을 찾아내다니! 나는 피터의 설명에 흥분을 감출 수 없었다. 그리고 무능력이 뿌리째 뽑힐 것이라는 기대로 가슴이 벅차올랐다. 피터 박사는 그때까지 몇 명의 친구와 함께 자신의 발견에 대해 토론하거나 설명하는 것으로 만족하고 있었다. 그가 조사한 방대한 무능력 사례와 이론은 한 번도 책으로 나온 적이 없었던 것이다. 피터는 그 점에 대해 이렇게 말했다.

"내가 발견한 원리는 인류에게 큰 도움이 될 겁니다. 하지만 나는 강의와 관련된 업무만으로도 너무 바쁩니다. 그리고 교수 위원회에도 참석해야 하고 연구도 계속 진행해야 합니다. 언젠가는 그 자료들을 분류하고 정리해서 출판해야겠지만, 10년이나 15년 안에는 어려울 것 같습니다."

하지만 내가 출판을 늦추는 건 적절하지 않다고 설득하자, 마침내 피터 박사는 나와 공동으로 책을 출간하기로 결심했다. 그는 광범위한 연구 보고서와 어마어마한 양의 원고를 내게 맡겼고, 나는 그것을 정리하여 책으로 만들었다. 나는 '피터의 원리'가 20세기 최고의 통찰력이 돋보이는 사회심리학적 발견 중 하나가 될 것이라고 믿어 의심치 않는다.

행복한 무능력을 배우다

당신은 학교가 지혜를 가르치지 않는 이유, 정부가 질서를 유지하지 못하는 이유, 법정에서 정의가 실현되지 않는 이유, 번영을 구가하면서도 행복해지지 않는 이유, 그리고 유토피아를 꿈꾸지만 이루지는 못하는 이유를 알게 됐을 것이다. 일단 이 책을 읽은 후에는 차라리 모르는 편이 나았을 예전으로 되돌아갈 수 없다. 즉 예전처럼 무작정 상사를 존경하거나 부하직원에게 복종을 강요할 수 없을 것이다.

또 이 책을 통해 당신은 자신의 무능력을 극복하고 다른 이들의 무능력을 이해함으로써 일을 좀 더 쉽게 수행하게 되어 승진도 하고 돈도 더 많이 벌게 될 것이다. 고통스러운 질병을 피하면서 리더의 자리에 오를 수도 있다. 아울러 여가를 즐기고 친구를 즐겁게 하며, 경쟁자를 당황하게 만들 수도 있다. 자녀에게 감동을 주고 윤택하고 활기찬 결혼생활을 보낼 수도 있을 것이다. 즉, 이 책에 담긴 지혜는 당신의 삶을 구원하고 혁신적으로 바꾸어 놓을 것이다.

KI신서 7485

피터의 원리

1판 1쇄 발행 2009년 9월 28일
2판 1쇄 인쇄 2019년 10월 25일
3판 1쇄 발행 2022년 9월 8일

지은이 로런스 피터 · 레이먼드 헐 **옮긴이** 나은영 · 서유진
펴낸이 김영곤 **펴낸곳** (주)북이십일 21세기북스
출판마케팅영업본부 본부장 민안기
출판영업팀 최명열
제작팀 이영민 권경민
표지디자인 김종민

출판등록 2000년 5월 6일 제406-2003-061호
주소 (우 10881) 경기도 파주시 회동길 201 (문발동)
대표전화 031-955-2100 **팩스** 031-955-2151 **이메일** book21@book21.co.kr

(주)북이십일 경계를 허무는 콘텐츠 리더

21세기북스 채널에서 도서 정보와 다양한 영상자료, 이벤트를 만나세요!
페이스북 facebook.com/jiinpill21   포스트 post.naver.com/21c_editors
인스타그램 instagram.com/jiinpill21   홈페이지 www.book21.com
유튜브 www.youtube.com/book21pub
서울대 가지 않아도 들을 수 있는 명강의! 〈서가명강〉
유튜브, 네이버, 팟캐스트에서 '서가명강'을 검색해보세요!

ISBN 978-89-509-7532-6 03320